AF385922

Herstellung: Libri Books on Demand

ISBN 3-8311-0687-8

Christa Vogel

HEISSES SIBIRIEN

Leben, Leiden und Lieben in Omsk

Mit einem Nachwort von Margarethe von Trotta

Christa Vogel, geboren 1943 in Dobbrikow, Brandenburg. Sie studierte Slawistik und Theaterwissenschaften in Berlin, Wien, Krakau und Konstanz. Arbeitete als Theaterdramaturgin, Hörspiel- und Fernsehredakteurin in Berlin.

Viele Übersetzungen aus dem Polnischen, Russischen und Englischen sowie zahlreiche Publikationen, u.a. „Macht und Freiheit im modernen polnischen Drama" liegen von ihr vor.

Seit 1990 arbeitet sie als Übersetzerin und Dramaturgin in Omsk, der alten Hauptstadt Westsibiriens mit 1,3 Millionen Einwohnern, darunter 120.000 Deutschen.

Bis 1992 war Omsk noch eine geschlossene Stadt, weil hier unter anderem der Sputnik gebaut, die SS 20 – Raketen hergestellt wurden, die ersten Chipfabriken entstanden.

Christa Vogel schildert mit liebevollem Humor, wie sie als Ausländerin unter erschwerten Bedingungen in einer anderen Kultur Fuß gefaßt, eine Wohnung gekauft oder einen Film gedreht hat. Aber im Vordergrund steht das Theater und die vielen Künstler und Freunde, die gegenseitige Liebe. „Sibirien ist meine Heimat geworden" schreibt sie. „Die Polen nennen das den sibirischen Bazillus, der einen befallen hat."

„Es gibt nur eine Art und Weise, eine andere Kultur zu verstehen. Sie zu leben. In sie einzuziehen, darum zu bitten, als Gast geduldet zu werden, die Sprache zu lernen. Irgendwann kommt dann vielleicht das Verständnis."

Peter Hoeg

„Wir Russen sind außerstande, gut funktionierende Schlösser zu öffnen, kommen aber mit defekten bestens zurecht. Und wenn wir eines Tages den Westen erobern, dann nur, um erst einmal alles zu zerstören und dann den westlichen Tölpeln beizubringen, wie man in ihrer von uns ruinierten Welt zu leben hat."

Sinowjew

Aufbruch in die sibirische „Heimat"

Ich behaupte nicht, daß ich die Russen kenne, daß ich sie wirklich verstanden habe.

Eigentlich bin ich ganz zufällig nach Omsk gekommen. Ich hatte ein viertel Jahr frei vom Sender in Berlin, in dem ich als Redakteurin und Dramaturgin im Fernsehspiel arbeite. Zwei Freundinnen erzählten mir, sie wollten nach Sibirien, nach Omsk - ein Ort, von dem ich noch nie etwas gehört hatte - zu einer Premiere des polnischen Wahlberliners Henryk Baranowski.

Das Abenteuer lockte, gleichzeitig hatte ich ein unerklärliches, aber unwiderstehliches Gefühl, da mußt du hin. Überraschenderweise bekam ich auch noch rechtzeitig ein Visum für die damals noch verbotene Stadt, wo ich dann später als Dramaturgin, Beraterin, Übersetzerin und Organisatorin der verschiedenen Gastspiele arbeiten sollte. (Im Internet fungiere ich heute als „consultant of the Omsk drama theatre")

Vor allem aber habe ich versucht, mit den Russen zu leben, habe in vielen Dingen dieselben Probleme wie sie, von Kakerlaken bis zu Strom- oder Wasserausfällen, vom nicht funktionierenden Telefon bis zu endlosen Fußmärschen, weil die Busse aus unerfindlichen Gründen ausfallen, habe Geduld von ihnen gelernt und stachele sie mit meiner Ungeduld immer wieder an, etwas zu ändern.

Das ist ein Buch der Impressionen. Wirklichkeit mischt sich mit Erdichtetem. Ich will von wunderbaren Menschen erzählen, von Freundschaft, Lebensfreude, Liebe, von sehr tapferen Leben, von viel Fröhlichkeit und Ausdauer, aber auch vom „Geruch der „zerschlagenen Hoffnungen", das heißt von Wodka und Selbstgebranntem.

Die Namen und Lebensläufe sind oft verändert. Die Männer wären sicher empört, daß ich so viel mehr über die Frauen schreibe, aber vielleicht auch nicht? Bei den Russen kann man das nie so genau wissen.

Sibirien ist meine zweite Heimat geworden. Die Polen nennen dieses Phänomen den „sibirischen Bazillus", der einen befällt. Die Deutschen fragen verwundert oder verständnislos: „Warum fährst du dauernd nach Sibirien?"

„Ich muß mich einfach manchmal von Deutschland erholen."

„Wieso? Wovon?"

„Von dem Reichtum, von dem tierischen Bierernst, von der Gründlichkeit, der Gefühlskälte, der Prinzipienhaftigkeit, der Wichtigtuerei und der Wichtignehmerei, von den überspannten Ansprüchen an sich und andere, von dieser Geldgier, dieser Arbeitssucht, diesem Pflichtbewußtsein, dieser Pünktlichkeit, dieser blitzblanken Sauberkeit, von der Problematisiererei und von der Jammerei, von dieser Unsolidarität, von dieser unverbindlichen Höflichkeit, von der Gleichgültigkeit, vom Polizisten-Nachbarn, von der Aggressivität, von dieser Lebensunlust und dieser Unfähigkeit, sich zu freuen, das Leben zu genießen, einfach hemmungslos zu leben..."

„Und was findest du in Sibirien?"

„Sibirien ist eine Sauna der Seele, wenn man sich auf die Wärme der Menschen einlassen kann. Bei allen Schwierigkeiten des täglichen Lebens heißt die Devise: „Niemand kann uns verbieten, gut zu leben."

Es fängt schon mit der Ankunft an. Auf dem Omsker Flughafen wartet selbstverständlich ein Empfangskomitee, in meiner Wohnung ist für die notwendigsten Vorräte gesorgt, Butter, Brot, Kartoffeln, Milch und ein Empfangsschluck sind vorbereitet. Bei der Rückkehr in die heimatlichen deutschen Gefilde stehe ich mutterseelenallein auf dem Flughafen und nehme mir ein Taxi, weil keiner der Freunde Zeit hat oder schlicht vergessen hat, wann ich wieder komme.

„Was ist in Sibirien anders?"

„Na ja, ich kann zum Beispiel nicht so `leicht zufällig' sterben. Das Miteinander ist viel enger. Zu Anfang dachte ich: Ein Westeuropäer hält das gar nicht aus. Ich fühlte mich fast beobachtet, eingekreist. Jeder in Omsk wußte - von wem auch immer - wo ich war, bei wem ich eingeladen war. Aber dann gewöhnte ich mich an diese Nähe und Wärme und Fürsorge. In einem Sommer ging es mir in Omsk nicht so gut mit dem Herzen. Ich weigerte mich, einen Arzt kommen zu lassen. Am nächsten Tag blieb ich zu Hause. Da ich mich abends wieder fit fühlte, folgte ich dem Hilferuf von einem Schauspielerehepaar des Omsker Drama-Theaters. Sie hatten amerikanische Gäste, sie brauchten mich zum Übersetzen, weil die Unterhaltung wegen der gegenseitigen nur pantomimischen Verständigung etwas holprig war. Sie brachten mich um ein Uhr nachts wieder nach Hause, wo das Telefon stürmisch klingelte und mich ein zorniger Wortschwall übergoß. Ich verstand gar nichts. Es stellte sich heraus, daß Aljoscha mich um neun Uhr abends telefonisch nicht erreicht und deshalb angefangen hatte, sich ernsthafte Sorgen zu machen. Er fand mich bei keinem der engsten Freunde, keiner hatte eine Idee, wo ich sein könnte. Eine ganze Gruppe von Besorgten beriet, was zu tun sei, die Wohnung zu stürmen, die Tür einzuschlagen, die Polizei zu alarmieren oder Leitern zu organisieren, mit denen man bis zum Fenster des dritten Stocks klettern könnte. Aber bevor diese Großaktion zum Zuge kam, fanden sie mich. Meine Gastgeber erzählten mir nichts von den wüsten Schimpfkanonaden, die sie abbekommen hatten, weil sie mich „entführt", einen kranken Menschen brutal „ausgenutzt" hatten ... Und ich hörte, daß man selbst dem liebsten Menschen nicht alles opfere, daß man sich gefälligst um sich selber zu kümmern hätte ...

Aber das war noch zu Beginn meiner sibirischen Zeit. Inzwischen ist es für mich selbstverständlich, daß ich mich „abmelde".

„Aber du lebst doch dort auch allein?"

„Der Unterschied liegt in der Summe von Kleinigkeiten, in der Bescheidenheit und in der Großzügigkeit der Menschen. Die meisten leben sehr genügsam und geben trotz allem immer den anderen noch was ab. Einmal kam Mascha kurz vorbei - sie war gerade in der Nähe - und brachte mir eine Zitrone. Tanja schenkte mir statt Blumen oder Wodka eine Pampelmuse. Nina brachte ein Glas mit Kohlsuppe. Im Herbst plündern sowieso alle ihre Gemüsebeete der Datschen und ich werde mit Kartoffeln und Paprika und Pfefferschoten eingedeckt. „Bra uchst du noch was?"

Besonders ist auch die russische Art, mit Bedürfnissen oder mit Gesetzen umzugehen. Ein Sprichwort heißt: „Wenn was nicht erlaubt ist, du es aber sehr gerne willst, dann darfst du auch."

„Das grenzt an Anarchie."

„Nicht unbedingt. Wenn ich bedenke, wie viele Gesetze unsinnig, bürokratisch oder im Sozialismus gegen den Menschen gerichtet sind, dann kann so ein Satz sehr befreiend sein. Ebenso wie die russische Flexibilität und Phantasie angesichts von abrupt sich verändernden Situationen oder plötzlich auftauchenden Widrigkeiten.

Ich erinnere mich an ein Picknick. Wir versammelten uns alle bei Aljoscha, die Körbe sind gepackt, Klappstühle, Decken alles vorbereitet, wer nicht kam, war Witek samt seinem Auto. Ohne Auto aber kein Picknick. Eine wilde Telefoniererei geht los.

Kaum jemand von unseren Bekannten ist im Besitz eines Autos. Der Theaterbus fährt natürlich auch in der Gegend herum, wie immer eigentlich, wenn man ihn brauchen könnte, so daß wir nach viel Geschimpfe über die Unzuverlässigkeit von Autobesitzern und unübersetzbarem Gefluche von Wanjas Seite verärgert und frustriert, etwas ratlos vor unseren vollen Körben sitzen, bis jemand auf die rettende Idee kommt, Picknick zu Hause zu spielen. Ich verteile als erstes mein Mückenspray, damit wir nicht zerstochen werden. Wir breiten die Decken aus, anstelle des Feuers stellen wir einen Spirituskocher auf den Tisch (denn im Wald gibt es traditionsgemäß Schaschlik), packen die Körbe aus, trinken einen Wodka, um in Stimmung zu kommen, Aljoscha holt die Gitarre. Wir singen, die russische Musik läßt bekanntlich selbst vereiste Herzen schmelzen, und wir haben ein äußerst vergnügtes Heimpicknick. Mit Phantasie und Humor läßt sich vieles leichter bewältigen.

Außerdem heißt ein russisches Sprichwort: „Die Arbeit ist kein Wolf. Sie läuft nicht in den Wald."

Man darf Gefühle zeigen. Man darf schlicht traurig sein, ohne das mit „Depressionen" bemänteln zu müssen. Und ich fühle mich ein bißchen mehr mitten im Leben, unter Menschen und nicht in einem abstrakten Computergefüge, in dem die Hauptsache ist, daß man funktioniert. Ich habe im „kalten Sibirien" Wärme gefunden, im „armen" Osten Reic h-tum.

Jedes Mal, wenn ich mich wieder auf die lange Reise von Berlin nach Omsk begebe - mit dem Zug sind es vier Tage und drei Nächte - aber meistens fliege ich, bin ich aufgeregt wie als kleines Mädchen vor meinem Geburtstag. Aber erst einmal gilt es, die üblichen Schwierigkeiten zu überwinden. Wie immer habe ich mindestens 70 Kilo Gepäck und versuche, das Bodenpersonal davon zu überzeugen, daß ich 50 Kilo „gut" habe, da ich nur 50 Kilo wiege, der Mann neben mir aber bestimmt 110 Kilo. Manchmal klappt es. Auf dem Moskauer Flughafen bestehe ich mittlerweile den Kampf um einen Gepäckwagen und den gegen die frechen aufdringlichen Taxifahrer siegreich und schaffe es auch, mich gegen Bürokratie zu behaupten. In den deutschen Computern gibt es den Flug 229 von Moskau-Wnukowo nicht, so daß ich immer den Flug 227 von Moskau Domodedowo (Großväterchens Heim) buchen muß. In Wnukowo erkläre ich kategorisch, daß ich nur von diesem Flughafen mit diesem Flug fliegen muß", aber mein schlagendes Argument ist jedes Mal: „Das ganze Omsker Drama-Theater wartet in Sibirien auf dieses Flugzeug."

Wer keine Vorstellung hat, ist Teil des Empfangskomitees für mich. Jeder hat eine Blume in der Hand. Wenn ich in Omsk aus dem Flugzeug steige, muß ich mich um nichts mehr kümmern. Während ein Teil einen Champagnerbegrüßungsschluck mir trinkt, holen andere das Gepäck und verstauen es im Theaterbus.

Wir fahren gleich ins Theater. Umarmungen, Freudentränen. Und ich bin auch ein guter Vorwand zum Feiern. Die Russen verstehen es, aus jedem Anlaß ein Fest zu machen. Im Theaterbüfett, das natürlich traditionsgemäß mit rotem Plüsch ausgeschlagen ist, warten sibirische Köstlichkeiten auf uns. Jeder hat etwas von zu Hause mitgebracht: selbstgeräucherten Speck, die Spezialsalate der einzelnen Familien, Gläser mit selbsteingelegten gesalzenen Tomaten, sauren Pilzen, Gurken, drei riesige Torten - die Wirtin des Büfetts spendiert Pelmeni, kleine Teigtaschen in Bouillon, eine sibirische Spezialität besonders zu Neujahr, große Krüge mit Birkenwasser - und natürlich Unmengen von Wodka, Kognak und Champagner. Der erste Toast ist natürlich der Ausdruck der Freude über meine glückliche Ankunft, den zweiten muß ich ausbringen. Vorsicht, kein allzu volles Glas. Der „Toastende" muß ex trinken, sonst beleidigt er seine Freunde. Ich werde mit Fragen bestürmt, wie lange ich bleiben kann, was die Deutschen von Jelzin halten. Man erzählt von neuen Vorstellungen, Plänen, Projekten des Theaters, dann Anekdoten, Witze. „Auf unsere Erfolge, auf unsere hoffnungslosen Geschäfte!" schreit Dima.

„Wie schön ist es auf der Welt, niemand soll uns verbieten können, gut zu leben!" übertönt ihn Mischa.

„Es gibt Wunder auf der Welt" zitiert Aljoscha aus einem Stück, das sie gerade spielen. „Mögen sie endlich hier bei uns geschehen!" Wir trinken auf die Liebe, das Glas in der linken Hand, nah beim Herzen, jetzt haben wir die 121.Spielzeit, also darf man eigentlich erst beim 121.Toast auf das Theater trinken, aber das fiele selbst den Russen schwer. Irgendwo findet sich eine Gitarre, sie singen, mein Herz schmilzt, sie beginnen zu tanzen, glücklicherweise nicht auf den Tischen wie letztes Jahr, als wir auf der kleinen Kammerbühne meinen Geburtstag feierten. Mehrere altersschwache Tische hielten die Begeisterungsstürme nicht aus, was für einige Schauspieler mit empfindlichen Geldstrafen endete.

Ich möchte aber nun doch nach Hause und zitiere einen altrussischen Toast: „Gebe Gott, daß es nicht das letzte Mal ist!"

Das Ritual der „Pasaschoks", des letzten Abschiedsschlucks. Die Theaterleute sind trinkfest, wollen den schönen Abend noch ein bißchen ausdehnen, erinnern an den „stremennoj", den Steigbügelschluck. Mangels Pferden spielt er sich auf dem Flur ab, wenn man schon „gestiefelt und gespornt" ist, und an der Ausgangstür folgt nun wirklich der allerallerletzte Schluck, der „otvalnaja" der „Hau ab!" Rauswerfer-Schluck.

Begegnung mit Omsk

Das Brockhaus Konservationlexikon von 1898 vermeldet folgendes: OMSK: 1) Kreis im nordöstl. Teil des russ.centralasiat. Gebietes Akmolinsk, im NO eben, fruchtbar, vom Irtysch bewässert, im S Steppe mit Salzseen, hat 44 391,4 qkm, darunter 3112,5 qkm Seen, 99 548 E., meist Kirgisen und Viehzucht. Nur am Irtysch und kirgisischen Trakt sind Russen, die Ackerbau und Handel treiben. 2) Hauptstadt des Steppengeneralgouvernements, des Gebietes Akmolinsk und des Kreises O., in baumloser Steppe und an der Mündung des Om in den Irtysch sowie an der West- und Mittelsibirischen Eisenbahn, hier verbunden durch eine 800 m lange Brücke über den Irtysch, hat (1897) 37 470 E., 12 russische, 1 katholische, 1 evangelische Kirche, 2 israelische Betschulen, 1 Moschee, alte Festung, 1 Knaben-, 1 Mädchengymnasium, Lehrerseminar, technische Schule, Kadettenkorps, Kirgisenschule, öffentliche Bibliothek, Theater, 2 Zeitungen, einige Fabriken, Stadtbank, Flußhafen. O. ist Stapelplatz europ. Waren für die Gebiete Tobolsk und Semipalatinsk."

Mehr als siebzig Jahre später schreibt die Brockhaus Enzyklopädie: OMSK, Gebietshauptstadt in W-Sibirien, Russ SFSR, zu beiden Seiten der Om-Mündung in den Irtysch, mit (1969) 826.000 Einw., erstreckt sich bogenförmig am rechten erhöhten Irtyschufer. O. ist wichtiger Hafen, Umschlagplatz und Bankknoten an der Transsib. Eisenbahn und hat Maschinenbau- (Landmaschinen, Traktorenteile, chem. (eine der größten Erdölraffinerien der SU, synthet. Fasern und Kautschuk, Gummi) Nahrungsmittel-, Textil-, Bekleidungs- und Lederindustrie; neun Hochschulen, mehrere Forschungsinstitute, 16 Fachschulen, vier Theater, zwei Museen.

O., 1716 am linken Ufer als Festung gegen die Kasachen gegr., wurde 1760 am rechten Ufer neu aufgebaut und 1782 Stadt. 1822 wurde es Sitz der Verwaltung, 1893 des Gen.-Gouv.- von Westsibirien. Durch den Anschluß an das Eisenbahnnetz (1894) wurde O ein Handelsmittelpunkt in Sibirien."

Inzwischen ist Omsk 280 Jahre alt, Hauptstadt von Westsibirien und hat 1,3 Millionen Einwohner. Bis 1992 war es noch eine „geschlossene Stadt". Kein Ausländer durfte rein, die Einheimischen nur mit Sondergenehmigung raus. Was die Lexika nicht zu wissen scheinen: Hierhin verlagerte Stalin 1942 die kriegswichtige Industrie, hierhin siedelte er den größten Teil der Wolgadeutschen an, hier wurde der Sputnik gebaut, hier fand man in den fünfziger Jahren Erdgas, stellte die SS 20 her, die erste Chipfabrik entstand hier.

Aber bei meiner ersten Reise nach Sibirien wußte ich das alles auch noch nicht. Viel eher war ich gewarnt worden. Omsk? Das ist doch eine geschlossene Stadt. Im Winter sind da 40 Grad minus und im Sommer 40 Grad plus. Da wohnen nur sibirische Häftlinge. - Dorthin war Dostojewskij verbannt. - In den Reisebüros hatte man mich angesehen, als wolle ich auf den Mond, bestenfalls erntete ich ein ungläubiges Kopfschütteln. In einem Spezialgeschäft für ausgefallene Reiseziele fand ich immerhin zwei dicke teure Bildbände über Sibirien (mit einer Erwähnung von Omsk) und einen Band sibirischer Schamanengeschichten, nach deren Lektüre ich von wilden Rentierherden, Wolfsrudeln, grimmigen Bären, gefrorener Milch vor riesigen Holzstößen, überraschenden schrecklichen Schneestürmen und Strömen von wärmendem Wodka und unheimlichen kältegefeiten Geistern träumte.

Wir landeten dann im September 1990 um sechs Uhr früh in Omsk, und mein erster realer wirklich unwirklicher Eindruck im Dunkeln auf merkwürdig gewellten, aber asphaltierten Straßen war der eines Ameisenhaufens. Es wimmelte von Arbeitern, Trauben von Menschen standen an Bus- oder Straßenbahnhaltestellen und quetschten sich in völlig überfüllte Transportmittel. Mitten in der Stadt Fabriken, Fabriken und nochmals Fabriken. Vom Hotel aus sah ich auf den Om und den Irtysch, sah die Tag und Nacht angelnden Fischer zum ersten Mal und hatte ein Gefühl endloser sibirischer Stille inmitten einer Großstadt.

Die Flüsse sind schön, es sind noch richtige Flüsse, ohne Eindämmungen und Befestigungen, außer am Flußbahnhof und neben den Brücken. Und die vielen Parks, die Blumen überall! Obwohl die Omsker darüber jammern, ihre Stadt sei früher „Blumenstadt" genannt worden, jetzt sei davon kaum mehr etwas zu bemerken. Es gibt eine architektonisch intakte Jugendstilstraße, den früheren Lubljanski Prospekt, der heute immer noch Leninstraße heißt, mit dem krönenden Abschluß durch das Drama-Theater. „Omsk hat sein eigenes Gesicht. Es ist individuell, unwiederholbar ..." lese ich in einem 1991 dort herausgegeben Omsk-Buch. „Die Architektur aus den ersten Jahren der Sowjetmacht ist bescheiden und nicht anspruchsvoll." Ihr Hauptanliegen war die Schaffung einer neuen, sozialistischen Mitte für den Menschen." Das deckt sich eher mit meinen Beobachtungen. Omsk ist in vielen Stadtteilen eigentlich furchtbar häßlich mit seinen verfallenen und verfallenden kleinen Häuschen, die nur durch ihre extreme Häßlichkeit wieder akzeptabel sind und neugierig machen, und den trostlosen Neubauvierteln, den scheußlichen Hochhäusern - die wie überall in der Welt zum Selbstmord herausfordern, mit langweiligen, endlosen Straßen, mit häßlichen, an

Kasernen erinnernden Backsteinbauten, Betonklötzen und einfallslosen Fassaden. Eine Art von Stadtplanung ist schwer zu erkennen.

Aber es gibt auch noch die alten, endlos scheinenden Sandstraßen mit Holzhäusern aus dem vorigen Jahrhundert, mit wunderschön kunstvoll geschnitzten Portalen, Fenstern, Balkonen und Giebeln, jedes einzelne Detail liebevoll und individuell gearbeitet. Ein kurioses Haus in der Innenstadt versinnbildlicht den Wandel der Zeiten. Über dem alten holzgeschnitzten Davidstern prangt ein holzgeschnitzter Hammer samt Sichel. Unzählige kleine Höfe mit Spielplätzen, Häuserkarrees mit grünen Plätzen in der Mitte wirken fast pariserisch, einen Hauch von Italien vermitteln die vielen kleinen Bänke vor den Häusern (auch vor den Hochhäusern), wo die Sibiriaken sogar im tiefsten Winter sitzen und sich über die gerade gegenwärtigen Tücken des Alltags austauschen. Aber bei den völlig windschiefen Häusern geht jede Romantik flöten, wenn die dazu gehörigen schrägen Bretter, sprich antike Plumpsklos, benutzt werden müssen. Kriecht man in die winzigen Behausungen hinein, wird man mit überströmender Herzlichkeit empfangen. Hier leben auf neun Quadratmetern etwa fünf Menschen, und man kann sich kaum vorstellen, wie sie alle liegend Platz finden sollen.

Und sonst? Viele Parks, viele Denkmäler. Allerdings ist von den über siebzig Lenindenkmälern die Hälfte inzwischen abgerissen oder entfernt. Das erste, was verschwand, war ein überdimensionaler hohler Draht-Lenin-Kopf über einem der ersten Hotels und dem Flußbahnhof, direkt an der Mündung zwischen Ohm und Irtysch gelegen. Doch, er fehlt. Er war so herrlich absurd. Und an manchen Orten, wie vor dem postmodernen Musiktheater, das wie eine Skischanze aussieht, befallen einen schon wehmütige Gefühle - wie lange wird da wohl noch sein großes Denkmal - jedem Sozialismus realer sowjetischer Prägung trutzend - stehen dürfen? Während einige fragen, war denn wirklich nur Lenin an unserer ganzen Misere schuld, rechnen andere aus: Wenn schon in Omsk über siebzig Denkmäler stehen, wie viel Geld ist dann wohl im ganzen großen Land für sein Konterfei ausgegeben worden?

Bürgerliche Stadtteilfragmente sind nur rudimentär vorhanden, der Neubau des „Hauses des Schauspielers" mitten auf der schönen Jugendstilstraße ist von außen potthäßlich, nein, das „ästhetische Leben" spielt sich in Omsk nicht auf den Straßen ab. Und obwohl nichts organisch gewachsen zu sein scheint, stören so monolithische Findlinge wie die seit langem als Kino benutzte, quadratische Synagoge mitten in einer „Wüste" in der Stadt, nicht. Eher die Umrahmung der ältesten erhalten gebliebenen russisch orthodoxen Kirche von scheußlichen zehnstöckigen Hochhäusern oder die unweit davon gelegene häßliche neue evangelische Backsteinkirche, die deutsche Architekten verbrochen haben.

Meine erste Wohnung, die ich mir 1993 für einen „Appel und ein Ei" kaufte, liegt in einem der fünfstöckigen Blocks, quadratisch angeordnet mit einem Platz in der Mitte, zwischen einem Krankenhaus, das wie eine Fabrik aussieht, einem großen alten Backsteinwohnblock, der ebenfalls wie eine alte Fabrik aussieht und ein paar Schuppen. In einem dieser Schuppen wird billiger Wein verkauft, der andere ist zum Kiosk avanciert, draußen steht FRÜCHTE UND GEMÜSE dran. Die aber gab es da noch nie, sondern immer nur Getränke, Alkohol, Tabak. Und das auch erst nach acht Uhr abends. Und auf dem Platz direkt vor dem Haus rivalisieren Bäume, Blumen, ein Kinderspielplatz, eine kleine Mülldeponie und eine Schaukel miteinander, alles traut nebeneinander.

Will man von einem Ende der Stadt an das andere, braucht man eine Weile. Nicht nur, weil die Busse oder Trolleys kommen, wann sie wollen und dann hoffnungslos überfüllt sind, sondern weil sich die Stadt fast 70 Kilometer lang am Irtysch entlangzieht. Zu den Neubauten auf dem „linken Ufer", ein unüber sehbares Panorama vom Fluß her, kann man am frühen Abend noch hingelangen, aber wie gestaltet sich dann der Rückweg? Natürlich wird jeder eingeladen, dort zu übernachten, aber das ist jedenfalls für mich auf die Dauer nicht erstrebenswert. Ähnlich schwierig ist es manchmal mit den Wetterverhältnissen.

„Komm, laß uns auf dem Irtysch Ski fahren gehen, es ist so schön draußen, ganz warm. Nur achtzehn Grad (Minus natürlich)," fordert mich Tanja auf.

Es ist Winter. Januar. Die sogenannte Epiphaniaskälte. Eigentlich müßten 40 Grad minus sein. Dann fangen die Nasenflügel an zu klirren und die Wimpern frieren an. Wir Frauen sehen alle wie Haremsdamen aus.

Die Fenster werden bis auf ein kleines Eckfenster für den Winter verklebt. An den Häusern Hängen bis zu zwei Meter lange bizarre Eiszapfen, und ich kann oft nicht mehr ausmachen, ob ich nun noch auf Festland oder auf dem Irtysch spazieren gehe, der sogar von Lastern befahren wird. Auf den Straßen bilden sich statt Bordsteinkanten tiefschwarze Kristalle, im Laufe des Tages in der Sonne geschmolzene Bächlein, die sich in bizarre Granitfelsen verwandeln. Auf den Bürgersteigen malt gefrorene Spucke seltsame Muster. Auf den großen Straßen wird der Schnee einigermaßen weggeräumt, nur ist es etwas schwierig, sich vom 60 Zentimeter höheren Bürgersteig an den wenigen Fußübergängen auf die Straße hinunterzulassen. Auf den kleineren Straßen oder auf den „Straßen" zu den einzelnen Häusern ist das Autofahren eine einzige Rutschpartie über 30 mal 40 cm große Hügelchen und Eisrinnen in alle Richtungen, aber auch das Rutschen ist einfach Glücksache.

Einmal überraschte uns der Wintereinbruch im Oktober. Nach Hause zu kommen, war undenkbar. Am nächsten Morgen lagen zwei Meter Schnee, alle Busse streikten, der Schneesturm wütete weiter, so kämpften wir uns zu Fuß möglichst mit dem Wind im Rücken durch die Gegend. Die ungefähre Richtung wußten wir ja. Aus irgendwelchen Heizungslöchern stieg Rauch hoch. Die Straßen dampften. Selbst die Menschen dampften.

Der Steppenwind kann enorme Klimastürze mit sich bringen. Im Sommer kann man abends bei 35 Grad schwitzen, und am nächsten Morgen schneit es. Pech hat man eigentlich nur, wenn so ein Temperatursturz in der Nacht vom 31.Mai auf den 1.Juni passiert. Während wir im Mai bei absolut perfekt funktionierender Fernheizung (die natürlich weder regulierbar noch etwa abstellbar ist) und Außentemperaturen von 38 Grad in den Wohnungen mit Leichtigkeit 45 Grad erreichten, mußten wir uns ab 1. Juni - wo es schneite - alle möglichen Tricks einfallen lassen, um nicht jämmerlich zu frieren. Getreu nach sozialistischer Planwirtschaft wurde an diesem Tag die Heizung abgestellt, und es begann mit 4-6 Grad der kälteste Juni seit Jahrzehnten.

Frühling und Herbst sind meist wunderschön. Wenn es taut und die Schollen aufbrechen, die Flüsse langsam wieder in Bewegung geraten und grollend und krachend ungeheure Eiswassermassen vor sich herschieben, (das passiert immer um den 22.April herum, Lenins Geburtstag) die Luft samtig wird und eben einfach nach Frühling riecht, kann einen selbst ein Regenguß nicht schrecken, der die Straßen und kleinen Wege sehr bald in Bäche mit Schlamm und tiefen Pfützen verwandelt, so daß man oft mit Mühe eine Stelle suchen muß, wo man die Straße überqueren kann, ohne bis an die Knie im Morast zu versinken.

Große Katastrophen passieren nur an den ganz kalten Tagen. Im Februar 1996 herrschten schlappe 52 Grad minus. Nicht einmal die Hunde waren zu einem Spaziergang zu bewegen, offensichtlich hatten sie auch Angst, mit ihren nackten Pfoten am Eis kleben zu bleiben. Abends fiel zunächst in unserem Bezirk das warme Wasser aus. Das ist an und für sich nichts Ungewöhnliches. Aber dann wurde es merklich kühler. Die Heizung ging anscheinend auch nicht mehr. Nur bei mir? Da beginnen auch schon die telefonischen Hilferufe, Informationen, Ratschläge. „Wie weit runter ist bei dir die Zimmertemperatur?" fragt Lilja. „Geht noch , 15 Grad." Aljoscha, der ungeschützter direkt am Irtysch wohnt und damit unmittelbarer dem Eiswind ausgesetzt ist, rät: „Mach den Gasofen in der Küche an, dann kann es nicht ganz auskühlen." Müßte man das Gas bezahlen, würden in dieser Nacht in unserem Bezirk die Rechnungen in astronomische Höhen steigen. Tanja gibt den praktischen Ratschlag, alle verfügbaren Töpfe mit heißem Wasser aufzustellen. David und Mascha empfehlen ganz gegen ihre Gewohnheit kontinuierlichen Wodkaverzehr.

Statt uns Sorgen zu machen, werden wir bei unserer „Telefonseelsorge" immer alberner. Niemand regt sich auf, keiner wird wütend, nur ich frage, ob die „Panne" vielleicht behoben werden könnte.

Die letzten Ratschläge lauten: „Zieh dir deinen Pelzmantel an, setz die Pelzmütze auf, warme Socken, alles, was du hast. Wenn bis morgen früh um 7 Uhr nichts passiert ist, holen wir dich ab und wohnen fortan im Theater." Die Grenze unseres Bezirks verläuft kurz vor dem Theater, dort ist es noch warm. Aber um 6 Uhr früh ist die Welt wieder in Ordnung.

Das Omsker Drama-Theater als
Biotop und Familie

Jelena Psarewa, 76 Jahre alt, „Nationalschauspielerin",
ausgezeichnet mit dem Staatspreis der UdSSR

Die älteste Schauspielerin des Omsker Drama-Theaters sah bei unserer Ankunft gleich neben dem Bühneneingang in der Raucherecke auf einem Sofa. Wenn sie nicht auf der Bühne ist, raucht sie dort, immer strahlend, freundlich mitteilsam und neugierig. Sie spielt seit über 40 Jahren an diesem Theater.

„In diesem Saal fliegen die Seelen meiner toten Freunde herum und verbinden sich mit den jüngeren, geben ihnen Kraft. Ich habe mich immer wohlgefühlt an diesem Theater. Wir hatten gute Regisseure aus den verschiedensten Städten, talentvolle und sogar grandiose Schauspieler. Die gibt es heute nicht mehr. Aber hier arbeiteten und arbeiten Profis. Omsk hatte immer ein gutes Publikum. Und wir, die Schauspieler sollten im Zuschauer das Gute erwecken, Mitleid, Wärme. Leiden und Frohsinn. Die Leute sind hart geworden. Sie haben vergessen, wer sie sind, warum sie leben. Man muß ihnen den Sinn des Lebens wieder neu vermitteln. Ich möchte das, was ich vom Leben verstehe, was klar ist, dem Zuschauer weiter geben."

Sie wohnt keine drei Minuten vom Theater entfernt, mit ihrer Schwester, in einem wunderschönen alten Bürgerhaus in einer Vierzimmerwohnung, in der sie eigentlich gar nicht, und wenn schon, nur in ihrem eigenen Zimmer rauchen darf. Die ältere Schwester bemuttert sie, wie früher die ganze Familie, ein Leben lang. Die ganze Wohnung ist mit Fotos tapeziert. Erinnerungen an ihren Mann, einen der großen alten Schauspieler, an ihre Glanzzeiten in der Jugend und im Alter, an ihre beiden Kinder und Enkelkinder, die in der Ukraine wohnen. Seit einiger Zeit ist es schwierig für Jelena, ihre Kinder zu besuchen. Die Fahrkarten sind teuer, die Ukraine gehört nicht mehr zu Rußland, man braucht ein Visum. Seit der Theaterreform 1992, die vom festen Gagensystem auf Honorarbasis umgestellt wurde, sind die Alten auf eine Mindestgage herabgesetzt. Das hat sie nicht nur tief verletzt, sondern auch nicht gerade reicher werden lassen. Aber ihre Heiterkeit hat Jelena nicht verloren.

Sie spielte die unterschiedlichsten Rollen. In Rasputins 'Die letzte Frist' eine sterbende alte Frau, die ihre Kinder mit einem letzten Fest über ihren Gesundheitszustand täuscht. Sie macht alle Experimente mit, verwandelt sich in Genets 'Balkon` auch in einen Mann, in den liebeshungrigen Bischof, in den 'Moskauer Küchen` stellt sie singend eine stalinistische falsche Zeugin dar, (immer mit Szenenapplaus), in Dostojewskijs 'Spieler` tritt sie abwechselnd mit unserer zweiten Grande Dame, genial als die reiche, verrückte, eigentlich totgesagte Fürstin auf, die putzmunter in Baden-Baden auftaucht und zum Schrecken des Spielers ihr Vermögen in den Casinos verjubelt. Eine ihrer Lebensrollen ist die Kommandantin einer Fliegerabwehrabteilung in der Theaterfassung von Swetlana Alexijewitschs 'Der Krieg hat kein weibliches Gesicht.`

Als der polnische Gastregisseur Henryk Baranowski während unseres ersten Besuchs 1990 erstaunt fragt: „Warum sind hier alle so wenig destruktiv?" beantwortet Jelena Psarewa die an mich gerichtete Frage gleichsam stellvertretend für das Ensemble: „Das Theater ist mein Haus, das Theater ist mein Leben, ist mein Alles. Von Omsk kann ich das nicht behaupten. Die Stadt gefällt mir nicht sehr und hat mir nie sehr gefallen. Aber die Arbeit mit dem Ensemble, mit meinen Freunden, meinen Kollegen, macht mir große Freude. Was bedeuten diese Wände, diese Sessel, diese Bühne, dieser Saal für mich? Es ist mein Zuhause. Ich bin hier immer. Morgens und abends. Wenn Ihr kommt, werdet Ihr mir hier begegnen."

Das Theater ist ein schönes altes Steingebäude, das 1901 bis 1905 erbaut wurde. Aber die Omsker Theatertradition geht bereits auf 1764 zurück, wo erste Vorstellungen von Komödien und Tragödien von fahrenden Schauspielertruppen auf dem Bahnhof vermeldet werden, aber auch Maskeraden und Feuerwerk.

Es sollte noch ein Jahrhundert dauern, bis der Wunsch nach einem eigenen Theaterbau in Erfüllung ging. 1872 sammelte man in der Stadt für ein Theater, (es kamen 2000 Rubel zusammen), 1874 wurde ein hölzernes Gebäude für 800 Personen gebaut. Da Omsk kein eigenes Schauspielensemble besaß, wurden einzelne Truppen nach Omsk „eingeladen". In der ersten offiziellen Theatersaison fanden 96 Aufführungen statt. Als das Theater 1877 abbrannte, verlegte man die Aufführungen in die alte Festung oder spielte in der Zirkusmanege. „Unsere Stadt ist nicht reich, unsere Mittel sind begrenzt, aber unsere Beamtenschaft trägt ihren letzten Groschen ins Theater, sogar das Gesinde verkauft alles, was nur möglich ist. Der Warenverkauf ist sichtlich gesunken. Die Fleischer beklagen sich, daß die Herrschaften jetzt auf Pump kaufen und nicht bar bezahlen. Und alles für das Theater. So ein Bedürfnis nach Zivilisation herrscht hier."

Die Eröffnung des heutigen Theatergebäudes am 24. September 1905 mit Gogols 'Revisor` wurde zu einem „bedeutenden kulturellen Ereignis für das ganze westliche Sibirien. Das Omsker Theater wurde sehr bald eins der führenden sibirischen Theater." Mit Jahresverträgen für ein festes Ensemble erarbeiteten sie sich ein ambitioniertes Programm. Von Sophokles' 'Antigone`, Shakespeare, Schillers 'Kabale und Liebe`, über Tolstojs Dramen, Adaptionen von fast allen Romanen von Dostojewskij, Ostrowskij und Gogol bis zu den neuesten russischen Dramen wurde alles gespielt.

Nach der Revolution entstand auch hier ein Arbeiter- und Agitproptheater, ab 1932 zählte das Theater 340 Ensemblemitglieder, die Oper kam dazu, das „sibirische synthetische" Theater entstand mit dem „totalen Schauspieler". Während des Krieges wurde das Moskauer Wachtangow- Theater nach Omsk evakuiert, das Omsker Theater machte mit dieser Konkurrenz schwierige Zeiten durch. Von 1946-56 herrschte die verpflichtende Theorie der gesellschaftlichen „Konfliktlosigkeit" und erst 1956 nach dem XX. Parteitag begann wieder eine Zeit der „Selbstverwirklichung". Den Hauptanteil des Repertoires machten natürlich die russischen Klassiker und die sowjetischen Dramatiker der Neuzeit aus. Aber daneben wurden auch u. a. Moliere, Ibsen, Brecht, de Filippo, Tennessee Williams, Dario Fo und Edward Albee gespielt.

Bettina, Agnieszka und ich waren die ersten westlichen Besucherinnen im Theater der geschlossenen Stadt Omsk, „Ihr seid Pioniere der westlichen Kultur", sagt uns der Intendant Boris, der uns höchstpersönlich in Moskau abholt und unbedingt unsere Visa sehen will. Bettina fährt zur Premiere ihres Lebensgefährten Henryk Baranowski, der dort eine eigene Adaptation von Dostojewskijs frühem Roman 'Die Erniedrigten und die Beleidigten` inszeniert. Agnieszka, eine polnische Deutsche, Bettinas und meine gemeinsame Freundin, fährt als Dolmetscherin und aus Neugier mit. Und ich hatte wie gesagt aus irgendwelchen geheimnisvollen Gründen das Gefühl, ich müßte unbedingt nach Omsk.

Als ich mich mit den beiden Freundinnen am 20. September 1990 dem schönen Jugendstilgebäude in der Leninstraße nähere, weiß ich noch nicht, wie sehr dieses Theater „Schicksal" mit mir sp ielen wird.

In den nächsten Tagen filmen wir die Proben, machen Interviews mit den Schauspielern, und Agnieszka und ich übersetzen das Stück für Bettina ins Deutsche. Wir lernen das Ensemble kennen.

Immer wieder hören wir, daß die aufklärerische Informationswelle, die Perestrojka und Glasnost mit sich gebracht hat, bei der Bevölkerung allmählich einen Sättigungsgrad erreicht hat. Sie wollen nichts mehr von früher hören, das alles soll endlich politisch geklärt werden. Baranowski meint: „Die Realität ist hier so konfliktgeladen und destruktiv - keiner der Schauspieler hat ein Auto, auch keine Aussicht auf eins, aber sie müssen nicht verhungern. Vielleicht brauchen sie die Armut für die Umsetzung in konstruktive Arbeit." So ganz kann ich mich dieser Meinung nicht anschließen, daß Armut automatisch eine Luxussituation für die Kunst bedeutet. Aber ich spüre die Wahrhaftigkeit der Suche nach künstlerischen Formen, mit einem Ernst, einer Phantasie, einer Tiefe, die mir im Westen verloren gegangen zu sein scheint. Wir sind wirklich in eine „Sauna der Seele" gelangt.

Wir lernen uns kennen, begegnen einander mit großer Neugierde. Das Erstaunliche an diesem Theater ist, daß das Ensemble ein echtes Ensemble, ein Team, ein Kollektiv, eine Familie ist. Jeder kennt jeden ganz genau, manche lieben und hassen sich schon seit dreißig, vierzig Jahren, jeder weiß alles vom anderen, kennt dessen Probleme, Sorgen, Familiengeschichten, Vorlieben und Antipathien, und passiert irgend etwas Ungewöhnliches, geht es wie ein Lauffeuer durch das Haus. Am schwarzen Brett hängen nicht nur die allgemeinen Nachrichten, Bekanntmachungen, Probenabläufe, sondern auch Briefe oder Telegramme von Freunden, Einladungen und Mitteilungen über telefonisch überbrachte Grüße.

Außerdem existiert eine Art von Allroundservice. Tanja schneidet dir in den Pausen die Haare, Olga ist eine meisterhafte Masseuse. Was immer sonst unerschwinglich oder unerreichbar ist, besorgt die „kleine" Olga aus der Requisite oder die Schlosser, Maler, Tischler in den Werkstätten. Da wird in der Schneiderei meine Pelzjacke ausgebessert, meine Porzellanlampe, auf die ein Tablett gestürzt war, abgeschliffen oder ein neues Glas für meinen Eisschrank hergestellt. In der Kantine können die Theaterleute, wenn sie später so oft ohne jeden Pfennig dasitzen, alles anschreiben lassen. Ein funktionierendes Biotop.

Natürlich gibt es in jedem Theater Intrigen und Theaterdonner, unerkannte, unerlöste Genies und Monster. Hier auch. Aber das verblaßt vor dem Zusammenhalt, der Wärme und Hilfsbereitschaft untereinander.

Wir geraten mitten in die Endproben von Dostojewskijs 'Die Erniedrigten und Beleidigten`. Es ist die Geschichte der kleinen ausgebeuteten, langsam sterbenden Nelly und der amour fou der bürgerlichen Natascha zum liebenswert leichtsinnigen, charakterlosen Sohn des Fürsten, dessen böser Wille alle anderen zugrunde richtet.

Erste Szenen: Lilja, eine wunderschöne junge Frau, die unvergleichlich eine Tasse über dem Kopf halten kann und damit dem Mann, wenn er es denn verstünde, sagt, ich komme mit allem, was ich habe, zu dir, schenke dir mein Leben. Oleg, ihr Liebster in dem Stück, schwebt mit einer Leichtigkeit und Eleganz auf die Bühne, als sei er als vom Glück verwöhnter Prinz geboren worden. Anatol, Liljas Mann im Leben, ein intelligenter, genialer Schauspieler (1999 bekommt auch er den Titel eines Nationalschauspielers), läßt den erschreckend bösartigen Fürsten wie einen ausgeklügelten Mordversuch erstehen.

Bei ersten privaten Gesprächen redet er wie Jelena Psarewa. „In den Wänden dieses Theaters herrscht ein Geist. Der ist eine Energiequelle. Ohne den könnten wir nicht überleben. Und wenn im Theater alles in Ordnung ist, interessiert mich die Stadt nicht, in der ich arbeite. Ich bin kein Omsker, aber wenn die Leute ins Theater kommen, hat das Leben hier einen Sinn." Lilja stimmt ihrem Mann zu „Das Theater ist ein Magnet, es ist die Quelle des Lebens."

Die blutjunge Olja ist auf der Bühne die glücklich Liebende, heiter, unbeschwert, erstaunt, daß es auch Unglück geben kann. Was wir noch nicht ahnen können, binnen kurzem wird sie dem Alkohol verfallen und das Theater und Omsk verlassen müssen.

Mascha, auf der Bühne die langbeinige, kokette Liebhaberin, der kein Mann widerstehen kann, wird später ihren einzigen achtzehnjährigen Sohn im Tschetschenienkrieg verlieren und die Mutter pflegen, die bei der Nachricht dieses Verlusts einen Gehirnschlag erlitten hat. Mascha pflegt sie bis heute.

Aljoscha, der zunächst virtuos mit elf Gläsern den absolut abhängigen Säufer imitiert, erzählt genauso virtuos auf elf Instrumenten die traurige Geschichte der kleinen Nelly. Er ist leidenschaftlich, ausgelassen, fast hemmungslos auf der Bühne; im Leben scheu, zurückhaltend, vorsichtig. Es sei denn, man provoziert ihn, Chaplin zu spielen. Das kann er nicht nur meisterhaft, sondern geradezu genial.

Ljuba, in den Fünfzigern, spielt die übermütige Puffmutter. Ihr unbändiger, kraftstrotzender Veitstanz aus Lust und Vergnügen am Leben in der verkommenen Dostojewskij-Welt erinnert mich jedes Mal an die überschäumenden sowohl destruktiven wie lebensbejahenden Widersprüche in meinem Gastvolk. Auch privat bringt sie mich zum Staunen. „Das Theater hier ist mein Anfang und mein Ende. Ich hatte nie eine Schauspielausbildung. Ich habe mir alles abgeguckt von den Großen. Ich habe versucht, so gut wie möglich zu spielen." Sie kann einmal aussehen wie ein ungepflegtes Zotteltier, das gerade der Taiga entsprungen ist, ein anderes Mal wie eine gepflegte Dame aus der englischen High Society. Sie ist scheu und vorsichtig. „Weißt Du, ich kenne keinen Ausländer. Du bist die erste. Ich weiß nicht, wie Ihr da lebt. Es gibt so viele Gerüchte. Glaubst Du an Gott?" Eine schwierige Frage. „Ich glaube an die Energie und Energie ist Liebe." „Aha". Der fünfzehnjährige Sohn mischt sich ungemein ernsthaft ein. „Aber Du glaubst doch an Schutzengel?" Ich kann ihn nicht enttäuschen. „Klar glaube ich an Schutzengel." Ljuba hört sich geduldig meinen Liebeskummer an und versucht zu trösten. „Weißt Du, ich habe mein Kind sehr spät bekommen. Bis dahin habe ich alles ertragen, was die Männer so von Frauen fordern. Wehwehchen heilen, immer da sein, kochen, sie in den Himmel heben, selbst wenn sie Arschlöcher sind und und und ... Und als ich das Kind bekam, da hab ich ihn zum Teufel geschickt. Genug der Qualen."

„Wenn Du mich fragst, heute ist neben dem Theater das Wichtigste für mich mein Enkel." Der Enkel ist ein Jahr alt und lebt mit seinen Eltern in Finnland.

Das Theater als Energiequelle, das wiederholen auch Lisa und Sascha, eins der vielen Ehepaare in diesem Theater. „Wir geben Energie ab, alles, was wir können und wir bekommen sie wieder. Das rettet uns. Und wenn es dieses Theater nicht gäbe, das ja auch Deine Liebe ist, hätten wir uns nie getroffen, Du hättest uns nicht von neuem vereint."

Nach einer Woche sind wir so weit integriert, daß sie uns in dem klapprigen Bus mit auf den Friedhof nehmen, die großen toten Schauspieler und Künstler zu besuchen, die dort in einem abgezäunten Sonderbezirk liegen. Alle haben Kerzen und Blumen mit, reden mit den Toten. „Weißt Du noch, wie Du damals...?"

Angesichts der rauhen Außenwelt mit den unsäglichen alltäglichen Schwierigkeiten kommt mir dieses Theater immer mehr als Biotop vor. Bei meinem nächsten Besuch in Omsk werde ich von den Garderobieren bis zu den Stars überschwenglich empfangen. Und wir gründen eine Familie, damit ich nicht so allein bin und mich in der sibirischen Steppe nicht verlaufe.

Als Aljoscha sich fröhlich als meinen Bruder ausgibt, will Boris unbedingt mein Sohn sein. Lilja, weil sie so lebensweise ist, ernenne ich zu meiner „jungen Mutter". Cousinen, Cousins, auf russisch Schwestern und Brüder zweiten, dritten, vierten Grades genannt, Töchter, Söhne, Enkel und Urenkel, Tanten, Onkel, Paten finden sich im Nu, ich werde umgetauft in Krista Iwanowna, schließlich brauche ich einen anständigen russischen Namen, meine „Familie" streitet sich, wer mütterlicher- wer väterlicherseits mit mir verwandt ist. Die Witwen der leuchtenden Sterne am Omsker Schauspielerhimmel werden meine Großmütter. Wie überall in Sibirien oder Rußland könnten wir ohne die alten Frauen gar nicht überleben. Und unsere junge Familie muß ja erst noch zusammenwachsen.

Und eins weiß ich nach den ersten Besuchen in Omsk: Das Theater ist nicht nur für die Stadt ungeheuer wichtig, weil Kultur noch einen hohen Stellenwert hat, die Schauspieler sind hier auch Katalysatoren für das gesellschaftliche Denken, für soziale Emotionen. Sie proben und spielen mit großer Leidenschaft, fragen immer wieder nach den wesentlichen Problemen, nach den eigentlichen Beweggründen, sie scheinen wirklich besessen davon zu sein, nach den „wesentlichen Energiequellen im Menschen zu suchen und diese umzusetzen."

Ein sibirisches Theater im Aufbruch
in die große Welt

Omsk - Wladiwostok - Omsk - Essen - Omsk -
Milwaukee - Omsk 46380 km in vier Monaten

1991 war ein Jahr des Aufbruchs und der großen Hoffnungen. Kaum hatte die Perestrojka ihre ersten Ableger auch nach Omsk entsandt, kaum gab es einen winzigen Silberstreif am Himmel, als der Intendant Boris Mezdrich beschließt, jede Chance zu nützen. 1991 sagte er: „Omsk ist zwar noch eine geschlossene Stadt, ein schlafender Bär, aber nicht in so einem Tiefschlaf, also auch nicht so geschlossen, daß niemand hin könnte oder niemand raus könnte." Boris, der selber ein bißchen einem verschmitzten kugelrunden Bär ähnelt, ist fest entschlossen, sein exzellentes Theater aus der Isolation herauszuholen.

Zunächst lud er benachbarte Polen ein, dann befand er sich unter den vier Sowjetbürgern, die unter den Auspizien des „Center for US -USSR Initiatives: Soviets meet Middle America" unter anderem auch nach Milwaukee fuhren. Dort begegnete er tatsächlich zufällig der Intendantin des Repertory Theatre, die er postwendend nach Omsk einlud.

Beim Rückflug Zwischenlandung in Berlin - neue Begegnungen - und in der geschlossenen Stadt, in die seit Jahrzehnten kaum je ein Ausländer den Fuß gesetzt hatte, trafen sich Amerikaner, Holländer, Belgier, Deutsche, Italiener.

Mit Amerika wurde ein Theateraustausch verabredet. Der Wahlberliner Pole Henryk Baranowski überredete Börries von Liebermann, seine Omsker Inszenierung der „Erniedrigten und Beleidigten" nach dem gleichnamigen Roman von Dostojewskij zum „Theater der Nationen" nach Essen einzuladen.

Vor Deutschland und Amerika zog das Omsker Theater aber noch mit Sack und Pack, mit sieben Aufführungen (unter anderem Moliere, Ostrowskij, Dario Fo, Marc Twain) 6581 km weiter östlich nach Wladiwostok.

Wladiwostok ist ebenfalls erst seit 1991 eine „offene" Stadt, aber im Gegensatz zu dem gemächlichen, beschaulichen Omsk herrscht hier in dieser wilden Hafenstadt mit Sicht auf Japan und dem irgendwie beruhigenden Gefühl, daß China unterhalb von einem liegt, schon Gründerchaos. Während in Omsk auf zehn Busse und fünf Lastwagen ein Pkw kommt, hat hier der nahe japanische Unternehmergeist die Straßen bereits erobert, japanische Wagen flitzen um die Straßenbahnen herum, japanische Werbung und Geschäfte drängen sich zwischen die alten Holzbauten. Mitten zwischen Schiffen, gigantischen Betonneubauten und verfallenden Bruchbuden wird gehandelt, gefeilscht, werden zu Wahnsinnspreisen Kirschen, Computer, Schuhe, Champagner oder Radieschen feilgeboten. Drei Rosen kosteten 1991 25 Rubel, bei einem Durchschnittsgehalt der Schauspieler von 250 Rubeln.

Das schöne alte Jugendstiltheater in der Leninstraße beim Denkmal der Kämpfer für die Macht der Sowjets im fernen Osten steht leer und gammelt vor sich hin. Der neue, 1975 gebaute, häßlich protzige, mit seinen 1400 Plätzen viel zu große Theaterneubau hieß die Omsker Gäste im Zuschauerraum mit einem ganzen Bündel von Schreckensnachrichten willkommen. Erst gab es für jeden eine Lebensmittelkarte für den Monat Juni: für Geflügel, für Schweinefleisch, für Fett, Öl, Butter, Eier, Zucker, Tee, Mehl, Zigaretten und Alkohol, Fischkonserven etc., wobei als großer Fortschritt angemerkt wird, daß die monatliche Butterration von 100 Gramm auf 300 angehoben wurde. Wen wundert es da noch, daß man in Sibirien das Wort Konsum nicht kennt. Dafür lernte ich das Wort „bordak", was sowohl Schlamperei, Chaos wie Freudenhaus heißt. Leider sei auch quasi mit der Ankunft der Omsker das warme Wasser ausgefallen und in den nächsten vierzehn Tagen auch nicht damit zu rechnen. Richtig heikel aber sei die Stromversorgung. Boris, der aus Wladiwostok stammt, hat jedoch irgendeinen Teilbereichsleiter des Kraftwerks überredet - (nachgeholfen?) - vielleicht wenigstens während der Vorstellungen ein Notstromkabel abzuzweigen. Sonst ist alles in Ordnung: es gibt einen Zubringerbus von den Hotels zum Theater, die Vorstellungen sind gut verkauft, in manchen Hotels gibt es ein funktionierendes Telefon und in fast jedem Zimmer einen riesigen Eisschrank, der allerdings nachts, wenn er anspringt, den Eindruck vermittelt, daß ein Traktor durchs Zimmer donnert.

Aber die Russen wissen sich ja eben in allen Lebenslagen zu helfen. Mithilfe der per Lebensmittelkarten erbeuteten Produkte und den aus Omsk mitgebrachten Schätzen ließen sich wunderbare Abendessen organisieren, mit Hilfe von mehreren Tauchsiedern und großen bauchigen Birkensaftflaschen sollen sogar einige gebadet haben. Als das Wasser in einzelnen Regionen ganz ausfiel, begann ein reger Besucherstrom zwischen den verschiedenen Hotels. Und das Meer, wenn auch eiskalt, war ja auch noch da.

Nachdem wir in einem Filmklub fast eine Stunde lang einen Vortrag über den Filmklub und seine großen Errungenschaften anhören mußten, weil es plötzlich keinen Strom gab, wollten wir voller Freude in eine gerade entdeckte Sauna eilen, aber die hatte Mittwochs geschlossen, da machten wir uns auf die Suche nach einem Restaurant. Das erste hatte

einen „vychodnij den" einen freien Tag, im zweiten wurde „für uns"
renoviert, das dritte hatte kein Wasser, das vierte hatte einen „sanatarnyj
den", was so viel wie Großreinemachtag heißt, das fünfte hatte wieder
Ruhetag und Aljoscha antwortete auf meine Frage: „Womit habe ich das
alles verdient?" lakonisch: „Du bist in unser Land gekommen, leide wie
wir alle!"

Einer Einladung der Bühnenbildnerin Ljuda folgend, und durch die
Aussicht auf eine echte Dorfsauna und ein Bad verlockt, fahre ich mit
Oksana in ein zweieinhalb Eisenbahnstunden entferntes Dorf Nowones-
hino mitten in die Taiga. Ein kleines Dorf mit vielen Holzhäusern, Ziehbrunnen Feldern, Unmengen von Promenadenmischungen. In den Wäl-
dern soll es Tiger geben, auf den Wiesen Schlangen, ich werde auch
gleich trotz der Hitze luftdicht „eingekleidet" und wir sammeln Seefar n-
kraut - paparotnik - für das Abendessen. Seit Monaten hat es nicht ge-
regnet, es ist hier oben wirklich sibirisch heiß und so trocken, daß sogar
die Hühner Staubwolken hinter sich verbreiten, wenn sie von uns aufge-
schreckt über die Dorfstraße flitzen. Die Sauna wird mit riesigen Holz-
scheiten zum Glühen gebracht, wir schuften wie sibirische Sträflinge und
drehen die Kurbel des Brunnens, um Eimer für Eimer aus 42 Meter Tiefe
heraufzuholen. Die sprichwörtlich kugelrunde Babuschka nimmt meine
Gegenwart gelassen auf: „Nu, kein russischer Mensch, aus Germania,
nu, dawaj!" Sie bewirte t uns mit selbstgemachtem ussurischem Balsam,
einem dunkelbraunen Kräuterschnaps, der einem binnen kurzem das
Gefühl gibt, man könne Bäume ausreißen. Als wir am nächsten Morgen,
köstlich gebadet, zum kleinen Bahnhof kommen, stehen da immer noch
die beiden nagelneuen silberglänzenden Züge mit etwa je vierzig zweistöckigen Waggons mit Schildern „für Personenwagen", unter denen wir
gestern schon durchgekrochen sind, um vom Bahnhof auf die Dorfstraße
zu gelangen; als ich mich wundere, erfahre ich, daß die schon seit zwei
Monaten dort den Bahnhof zu beiden Seiten blockieren und daß sie
wahrscheinlich bis zum Winter hier verrosten werden. Oder die schließlich verärgerten Dorfbewohner schieben sie irgendwann auf Neben-
gleise.

Das Omsker Theater eröffnet sein Gastspiel in Wladiwostok mit dem
Dauerbrenner „Moskauer Küchen" von Julij Kim, ein Stück, das „gestern
noch nicht möglich war", wie das Programmheft berichtet, ein Stück aus
einer noch gar nicht lange vergangenen Vergangenheit über normale
Menschen, die, weil sie nachdachten, Dissidenten genannt wurden, die
sich in den Küchen von Moskau und anderswo versammelten, disku-
tierten, stritten, sich ereiferten, Wodka tranken. „Wir spielten nicht Politik," wird Wladimir Bukowskij zitiert, „Wir verfaßten kein Program m
für die Befreiung des Volkes. Unsere einzige Waffe war die Glasnost.

Nicht Propaganda, sondern Glasnost, damit später niemand sagen kann: Ich habe es nicht gewußt. Alles übrige ist Gewissenssache des einzelnen. Und einen Sieg haben wir nicht erwartet - es gab nicht die geringste Hoffnung auf einen Sieg. Aber jeder wollte das Recht haben, seinen Enkeln zu sagen: „Ich habe alles getan, was ich konnte. Ich war ein Bürger, der danach strebte, nach den Gesetzen zu leben und trotzdem nie gegen das eigene Gewissen zu handeln." Das war kein politischer Kampf, sondern ein Kampf des Lebendigen gegen das Tote, des Natürlichen gegen das Künstliche."

Die Geschichte des Stückes, des Musicals, oder besser einer Bard Oper, spielt zwischen 1970 und 1985 und basiert auf authentischen Fakten. Der Autor, Liedermacher, Gitarrist, Sänger und Dissident Julij Kim, ein Moskauer koreanischer Abstammung, dessen Vater schon 1937 in stalinistischen Lagern umgekommen ist, und der selber in den siebziger Jahren nur unter Pseudonym veröffentlichen konnte, schreibt und komponiert in der Tradition von Okudschawa und Wyssotzkij. Seine Lieder und Melodien nehmen Elemente der traditionellen Volksballaden mit auf, sie sind poetisch, lyrisch, kämpferisch, aggressiv und herrlich satirisch. Obwohl Kim verboten war, kursierten Kassetten von seinen Liederabenden in ganz Rußland.

So spiegeln die Helden der „Moskauer Küchen" viele seiner eigenen Erlebnisse wider. Sie erzählen von den Menschen, die „es wagten, mit Worten und Taten zu protestieren". Zunächst versammeln sie sich in den Küchen, „zehn qm für hundert Personen, um zu träumen, zu trinken, zu singen: von der Freiheit, von der Beschaffenheit des russischen Charakters, der russischen Seele, von Mord, stalinistischen Lagern, dem KGB, von der Wahrheit, von Dostojewskij und wieder von der Freiheit. Zwei Freunde, Wadim (Dima) und Ilja (Aljoscha), parodieren Stalin und Breschnew, die träumen, sie tanzten gemeinsam eine Quadrille und versuchen dabei, sich mit angeblichen Freiheiten der Bürger in ihren glorreichen Regierungsperioden zu übertrumpfen.

Schließlich gab es unter Breschnew ja sogar Ausreisemöglichkeiten nach Israel, natürlich nur via sibirischem Straflager. Der KGB ist über alles bestens informiert, beschließt sanften Terror, der die Gruppe auseinanderbrechen läßt und Ilja am Ende völlig isoliert. Seine Freunde verabschieden sich, bitten ihn, sie nicht mehr anzurufen, emigrieren. Am Vorabend des Tages der Menschenrechte wird Iljas Wohnung durchsucht. Trotzdem protestiert er mit Nikolaj (Mischa) auf dem Roten Platz in Moskau mit einem Plakat gegen den KGB und seine Methoden und für die Freilassung von politischen Gefangenen. In einem Scheinprozeß mit „objektiven Zeugen", die zwar auf dem Platz nicht dabei waren, aber die Presse gelesen haben, gesteht Nikolaj, der bereits unschuldig zehn

Jahre im stalinistischen Lager gesessen hat, seine Schuld und verrät seine Freunde, damit er Strafverschonung erhält, während Ilja für lange Jahre ins Gefängnis geht. In Briefen an seine Frau erfahren wir, daß er dort ganz gesund lebt, ohne Völlerei, ohne Wodka, ohne Wahrheitsverzerrende Gespräche und sogar lernt, daß Mozart ein russischer Komponist war. Nach zehn Jahren treffen sich die Freunde wieder, Ilja kehrt aus dem Lager zurück, Wadim aus der Emigration - mit Alpträumen, daß er nie in Paris gewohnt oder je einen Chevrolet besessen hätte, sondern fröhlich und glücklich im sowjetischen Paradies mit 140 Rubel Verdienst weiter gelebt hätte. Aber nun ist die Glasnost offiziell stubenrein geworden. Die Freunde entdecken, wie viele fehlen und zählen stellvertretend für Tausende die Namen einiger authentischer Dissidenten auf, die in den Lagern, in der Emigration, durch Selbstmord umgekommen sind. Das Stück schließt mit einem Requiem auf diese Toten. Im Schlußchor wird Ewiges Gedenken geschworen und eine neue Zukunft beschworen.

In Wladiwostok weinte das Publikum, in Milwaukee später gab es standing ovations. Nach einem Monat mit Gastspielen auch in anderen Kulturhäusern, sogar auf Kriegsschiffen - dessen Betreten mir aber als potentiell staatfeindlicher Ausländerin streng verboten ist - stiegen fast alle direkt in das Flugzeug nach Moskau, 9297 Kilometer, Zeitunterschied sieben Stunden, Flugzeit zehneinhalb Stunden.

2.Station: In Moskau begann für alle außer dem Intendanten die erste Reise in den Westen. Das Theater der Welt erwartete die Truppe mit der Aufführung „Die Erniedrigten und Beleidigten". Ich war engagiert, die Simultanübersetzung einzusprechen, zu dolmetschen und das Ensemble liebevoll zu betreuen.

Das Ensemble und die Techniker kamen nach gut zwei Tagen Zugfahrt müde, erschöpft, mit leicht irren Augen an einem wahnsinnig heißen Sommertag morgens früh in Essen Hauptbahnhof an. Die Hitze, das Durcheinander, das Sprachengemisch, die Wiedersehensfreude, die Neugier, die Spannung, die Unsicherheit, - würden die Deutschen sie akzeptieren -, das erste Staunen über so viel Glanz und Glitzer am Frühstücksbuffet, aber auch die verwirrende lateinische Schrift auf so runden weißen Döschen mit Nippeln, was lachend als gewöhnliche Kaffeesahne enttarnt wird, die Freude über die Fernseher im Hotelzimmer, die Enttäuschung über die fehlenden Eisschränke - wohin mit den Unmengen von mitgebrachten Wegzehrungen, um kein hartes Westgeld für Essen auszugeben, wohin mit dem riesigen, als Gastgeschenk angeschleppten roten Lachsfisch aus Wladiwostok, wenn selbst das kalte Leitungswasser partout lauwarm bleiben will, tausende von Fragen nach dem Theater, den anderen Gruppen, der Mnouchkine, Wünsche, Bitten, Probleme - fünfundvierzig ausgeprägte Künstlernaturen und ein Theaterhund aus

Sibirien importiert - dazwischen die Kameras des Fernsehens - sorgten für allerhand Wirbel und ein ziemlich heilloses Durcheinander am ersten Tag im kapitalistischen Ausland.

Die Vorstellungen von „Die Erniedrigten und die Beleidigten" waren sowohl in Essen wie kurz darauf in Remscheid große Erfolge. Henryk Baranowskis Dramatisierung, ergänzt durch Zitate von Lenin und Solschenizyn, wurde als gelungenes, wenn auch schreckliches Spiegelbild des russischen Schicksals verstanden. Die Schauspieler wurden gefeiert und bejubelt.

3.Station: Kaum zwei Monate später ging es 11533 Kilometer von Omsk über Moskau, Helsinki, mit einer Zwischenlandung in New York, wo das russische Ensemble, das bereits sechsunddreißig Stunden unterwegs war, noch acht Stunden zwischen Freiheitsstatue und Wall Street hin und her wankte, nach Milwaukee, um dort endlich mit einem Jetlog von dreizehn Stunden um vier Uhr früh Ortszeit in die Hotelbetten zu fallen.

Und sie konnten es nicht glauben: Sie sind in Amerika. Aber auch der Intendant des Milwaukee Repertory Theatres (MRT) John Dillon und die Verwaltungsdirektorin Sara O Connor konnten es nicht fassen, daß die Russen wirklich da waren. John Dillon erinnerte sich an die erste Begegnung mit Boris Mezdrich auf dem Flughafen von Milwaukee, wo die beiden mit Hilfe eines Dolmetschers zwanzig Minuten ein völlig „lunatic" erstes Gespräch über einen amerikanisch-sibirischen Austausch führten und ganz ernsthaft über eine Bezahlung in Form von Zobelpelzen und Rohdiamanten verhandelt hatten. Das Stadium, in dem John Dillon und Sara O Connor schon glücklich waren, Omsk wenigstens auf dem Globus gefunden zu haben, da es in dem „ill-informed America" absolut keine Informationen über Omsk, geschweige denn über ein dort etwa existierendes Theater gab, scheint Ewigkeiten her wie auch die Aufregung, als die beiden als erste Amerikaner nach dem Krieg die Stadt Omsk betreten durften. Vorbei der kurze, aber intensive Schrecken zur Zeit des Putsches in Moskau im August, als plötzlich alles in Frage gestellt schien. Fast vergessen schon Sara O Connors Anstrengungen, das Geld für dieses Gastspiel hier und - was den Amerikanern noch verrückter erschien - für das amerikanische Gastspiel in Sibirien - aufzutreiben.

Die „Moskauer Küchen" wurden als „The Russian Sensation" angekündigt. Und es wurde eine Sensation bei ausverkauften Vorstellungen. Der Text der Lieder wurde mit englischen Obertiteln verständlich gemacht. Zum Schluß der Vorstellung Stille, Betroffenheit, dann nicht enden wollende standing ovations. Die Kritiken bestätigten, daß die Schauspieler sprachliche und kulturelle Barrieren haben verschwinden lassen.

Die russischen Schauspieler trafen ihre amerikanischen Kollegen. Um die Kommunikationstücken zu mildern, hatte das MRT rührend Erkennungsschildchen gemalt: die Amerikaner trugen ihre Namen in phonetischer Umschrift mit kyrillischen Buchstaben und wunderten sich, daß die Russen diese Hieroglyphen tatsächlich entziffern konnten und umgekehrt staunten die Russen, daß ihre in lateinischen Buchstaben wiedergegebenen Namen ganz passabel klangen.

Fast rein pantomimisch gestaltet wurde von beiden Seiten ein sogenannter Kapustnik (wörtlich: Kohlabend, ein bunter Abend). Nach einer russischen Sitte aus dem vorigen Jahrhundert, (von Stanislawskij wieder belebt) versammelten sich die Schauspieler kleinerer Theater am Ende der Saison bei einem der Kollegen zu mit Kohl gefüllten Piroggen, um dort zu feiern, zu improvisieren, einen fröhlichen Abend zu verbringen. Beide Nationen wetteiferten in komischen Einfällen: die Russen zeigten pantomimisch „sowjetische Motorräder, eine sowjetische Kuh, ein beleidigtes Nashorn, eine Kuckucksuhr mit Wecker, den Arbeitstag eines Amerikaners, eines Franzosen, eines Russen". Die Amerikaner revanchierten sich mit „Sibirier beim Einkauf, einem Staubsauger, einer Toilette", und auf speziellen Wunsch: „Wie sehen Amerikaner die Russen", - mein Tonband dieses Abends könnte ich getrost als Lachsack verkaufen.

Die Behauptung allerdings, Omsk und Milwaukee seien sich sehr ähnlich, finden die Russen absurd. Wo gibt es hier Kilometer lange Schlangen, die nach einem viertel Liter Sahne oder einem frischen Kohlkopf anstehen? Wo einen sündhaft teuren, wenn auch lebenserhaltenden Schwarzmarkt? Die damalige stellvertretende Intendantin Katja vergleicht lachend die Gastspielbedingungen hier und z.B. in Wladiwostok: hier ein riesiges modernes Großraumbüro und dort ein 14 qm großes Zimmerchen mit einem Tisch, sechs Stühlen zwei ständig klingelnden Telephonen und mindestens neun anwesenden Leuten, die sich gegenseitig halbtot drängeln und überschreien, wobei gleichzeitig Besucher Gruppenkarten bestellen, Theaterreklame gefaltet und der Dramaturgin Oksana der verkrampfte Rücken massiert wird, die dabei das Pressematerial sichtet, schließlich mit Freudengeheul jemand ins schon überfüllte Zimmer stürzt, er hat trotz geschlossener Kantine eine Kanne Tee ergattert - dann erscheinen ihr die beiden Länder überhaupt nicht kompatibel. Die amerikanische Intendantin sieht das in größerem Maßstab: beide Städte liegen in der Mitte eines großen Landes, haben die gleiche Einwohnerzahl, kämpfen um ein reges kulturelles Leben und versuchen, sich von allem Provinziellem zu befreien.

Aber das amerikanische „time is money" schlug hart zu. Am letzten Sonntag noch eine Nachmittags- und eine Abendvorstellung. Montag früh fuhren um 5.45 die Busse vor den Hotels vor, die Gäste zum Flughafen zu bringen.

Nach drei Tagen waren sie - von vielen guten Geistern behütet - unbeschadet durch den kapitalistischen wie den sozialistischen Zoll geschlüpft - wieder in Omsk.

Wie verkraftet man so viel Freiheit auf einmal? Bricht das Ensemble jetzt auseinander? Wir diskutieren darüber in jedem Hotelzimmer. Jelena Psarewa, die bei der Abfahrt aus Amerika 70 Jahre und 113 Tage alt ist: „Früher waren wir absolut isoliert, weit weg von jeder Zivilisation. Unser ganzes Leben war das Theater, damit haben wir alle Widrigkeiten des Äußeren Lebens verdrängt. Das Theater bleibt unser Zuhause. Jetzt haben wir nur die doppelte und dreifache Freude, wir können unser Theater - und wir sind ein altes Theater, wir haben schon die 118.Saison, die Milwaukeeer z.B. erst ihre 38.Saison - anderen zeigen und sie sogar zu uns einladen."

Im Mai 1992 kam das Milwaukee Repertory Theater nach Omsk. Inzwischen wurde in Omsk nicht nur geprobt und gespielt, sondern das gesamte Ensemble lernte jeden Morgen von 8 Uhr bis 9.30 Uhr wahlweise deutsch oder englisch.

Schwierigkeiten? Die sind da, um überwunden zu werden. Und zu diesem Zwecke fand zunächst einmal im Dezember 1991 ein internationales Symposion statt: „Taktiken und Strategien des nichtkommerziellen Theaters" mit Theaterleuten und Wirtschaftsexperten aus der USA, aus Deutschland, aus Italien, Holland und natürlich aus der damaligen UdSSR.

Boris, der Initiator, Manager und Förderer all dieser internationalen Begegnungen, sagte, nach dem Nutzen für die Omsker gefragt: „In diesen äußerst schwierigen Zeiten in unserem Land haben wir durch unsere Reisen und Kontakte, die alle aufgrund von Freundschaften zustande gekommen sind, die Erfahrung gemacht, daß auch noch ein normales Leben existiert. Und das gibt uns den Mut, weiter zu kämpfen. Wir können unseren Landsleuten durch diese Gastspiele auch zu Hause vermitteln, daß das Theater ein Symbol für Völkerverständigung und kreative Zusammenarbeit ist. Wir hoffen, daß die Politiker dies auch bald begreifen." Dies taten die allerdings genauso wenig wie anderswo.

1994, nach allerlei Gastspielen in Schweden und Dänemark, gerät das Theater und das Ensemble in eine Krise.

„Wir sind fast schon wieder eine geschlossene Stadt", sagt Aljoscha, einer der Stars und der einzige Nationalschauspieler (Das ist in Rußland der höchste Rang, in etwa vergleichbar mit dem amerikanischen Oskar). „Wir haben zwar keine Zensur mehr, die ideologischen Schranken sind gefallen, dafür haben wir jetzt kapitalistische Kriterien. Das Geld ist wichtiger als alles. Mammon regiert uns, keine Kunst mehr." „Und die Kirche", empört sich der junge Mischa, der gerade erst ins Ensemble eingetreten ist „Die treten jetzt schlimmer auf, als die Zensur früher." „Wir können spielen, so gut wir wollen, wir haben keine Gastspiele mehr, man wird uns sogar in Rußland vergessen, vom Ausland ganz zu schweigen. Und wenn das so weiter geht mit der Wirtschaft, laufen uns sogar unsere eigenen Zuschauer hier in Omsk davon," mischt sich unser genialer Anatol ein. Die Stimmung ist schlecht, ein neuer Oberspielleiter aus Petersburg ist gekommen, der bisher weder mit seinem Spielplan noch mit seinen Regiemethoden dieses außergewöhnliche, phantastische, aber hochsensible Ensemble überzeugen konnte.

„Wir verlieren unser höchstes Gut, die russische Schauspielkunst," melancholisiert Aljoscha weiter. „Wir waren so stolz, daß wir trotz aller Schwierigkeiten gespielt haben wie die jungen Götter, das Publikum hat sich um uns gerissen. Wir wollen russisches Theater machen, kein westliches!" Und damit sticht er in ein Wespennest. Dima kann beipflichten: „Wem müssen wir nachhecheln? Dem Theater des Absurden? Haben wir alles auch auf die Bühne gebracht, und kein Schwein will es sehen." „Schlimmer finde ich die Verwechslung von gutem Theater und westlichem Theater", wirft Lilja ein. Der Oberspielleiter behauptet tatsächlich von einer miserablen Inszenierung, die er selbst verbrochen hat, das sei mittleres europäisches Niveau. Für mich klingt „mittleres" wie „mittelmäßiges" und die Empörung ist groß. Denn damit ist subkutan auch ein neues krankes Stichwort gefallen: Provinz. Und dieses Theater steht zwar in Sibirien, in der „Provinz", war aber bis jetzt nie ein provinzielles Theater. Dazu könnte es nur jemand machen, der neben vielen anderen auch einen Hauptstadtkomplex hat. Der Streit ist im vollen Gang. Aber Gottseidank streitet man wieder, nach einer resignierten, phlegmatischen Phase.

Der Spielplan scheint auch etwas diffus. Da kann man die „Frösche" von Aristophanes in einer fragwürdigen Inszenierung mit glänzenden Schauspielern sehen, aber warum gerade das in Omsk? Da laufen die alten Renner wie die „Moskauer Küchen", Molieres „Arzt wider Willen", eine Ostrowskij-Collage, Ionescos „Kahle Sängerin", „Pannotschka", ein philosophisches Märchen nach einer Gogol-Erzählung, Brechts „Kleinbürgerhochzeit. Die neueren wie Max Frischs „Biographie", Stücke von Kroetz, Hacks, Schisgal, Strindberg lassen keine klare Dramaturgiekonzeption erkennen. Gerade hat Dostojewskijs „Spieler" Premiere gehabt. Mit dieser Aufführung ist eine russisch-amerikanische Koproduktion geplant. Skepsis ist da eher angesagt.

Aber die Stellung des Theaters und der Schauspieler in der Gesellschaft ist immer noch ungebrochen. Die Bühne ist noch „moralische"

Anstalt, der Schauspieler eine gesellschaftliche Kultfigur. Es gibt sogar eine eigene Theaterzeitschrift „Das theatralische Omsk", das vierteljährlich herauskommt und immer sofort vergriffen ist.

Man feiert immer noch Jubiläen wie eine 200.Vorstellung eines besonders erfolgreichen Stücks mit einer Galaveranstaltung oder das dreißig oder vierzigjährige Bühnenjubiläum der älteren Schauspieler, mit Fernsehen, Presse, besonders aber mit den begeisterten Zuschauern, die „ihre" Idole bejubeln. Und wie zumindest in den fünfziger Jahren auch in Berlin üblich gibt es eine Matinee oder einen ganzen Abend zu Ehren eines Verstorbenen. Die Schauspieler setzen sich zusammen und planen und gestalten so einen Abend selber, einer von ihnen übernimmt eine lockere Regie. Für den früheren, Anfang 1993 verstorbenen langjährigen Oberspielleiter haben sie einen Collagen-Abend aus allen seinen Stücken gemacht. Daß Geburtstage gefeiert werden, ist selbstverständlich, aber eines Abends werde ich nach der Vorstellung in die Garderobe geholt, man trinkt einen Schluck zum Gedenken an den fünften Todestag von Liljas Vater. Eine Schauspielerin lädt am ersten Todestag ihres Mannes das ganze Theater nach der Vorstellung zu einem Festmahl zu seinem Gedenken ein. Es kommen auch die an diesem Abend nicht spielenden Kollegen. In den meisten Fällen sammeln die Schauspieler nach dem plötzlichen Tod eines Kollegen für das Begräbnis, im Theater hängt ein großes Foto des Verstorbenen, mit Trauerflor, Blumen und einer Würdigung seines Schaffens. Im Foyer des Theaters beginnt auch der Leichenzug mit dem in Rußland immer offenen Sarg.

Und die Traditionen werden ganz natürlich weiter gegeben. Während der Probe zu Aristophanes' Fröschen krabbelt plötzlich ein ca. anderthalbjähriges Kind in Windeln zwischen den sich windenden, laut und rhythmisch brüllenden Chor der griechischen Tragödie herum. Es quiekt fröhlich auch in die Staccato-Pausen hinein.

Abends gegen halb zehn während der Probe zum „Spieler" von Dostojewskij spaziert stolz und würdig durch den Zuschauerraum die dreijährige Krystyna, setzt sich mucksmäuschenstill auf einen Seitenplatz und sieht zu, was Mama und Papa da auf der Bühne Unverständliches treiben. Mama schreit und bettelt und bewirft den Geliebten mit Geld. Ob sie schon versteht, was „Spielen" heißt?

Wann immer man ins Theater kommt, wimmeln Kinder herum. Manchmal haben die Eltern keine Möglichkeit, sie irgendwo unterzubringen, oder sie spielen mit. Und wenn sie nicht mitspielen, helfen sie den Altersgenossen, sich anzupassen, sich zu „kostümieren", den Text zu behalten. Am Abend dann ein wüstes Gerenne. Ob die Eltern Maskenbildner, Schauspieler oder Pförtner sind, sie rennen als erste, um noch einen Bus zu erreichen. Die Kinder müssen nach Hause.

Sehr viele der Schauspieler haben so auch „Nebenjobs" mit Kindern oder Jugendlichen. Zwei Beispiele für viele: Aljoscha hat eine Schauspielgruppe von elf bis zwölfjährigen in einer Grundschule. Ihre Übungen, wie man leicht und ohne sich weh zu tun fällt, retteten mich eines Nachts während eines Alptraums, in dem ich in Abgründe zu springen hatte. Mir fiel ein, wie ich mich „abzurollen" muß, um mir nicht alle Glieder zu brechen. Im Kulturhaus am Bahnhof probt er mit Jugendlichen Laien kleinere Sketche ein, die dann später vor geladenem Publikum gespielt werden. Sascha hatte ebenfalls so eine Truppe, die Märchen und Singspiele aufführen, sowie eine Kindertanzgruppe, die Erstaunliches leistet. Kinder von drei bis vierzehn machen da mit. Wen wundert es da, daß Saschas und Lisas Kinder mit den Eltern über die Dörfer tingeln und singen. Der dreizehnjährige Taras komponiert seit vier Jahren selbst ausgewählte Gedichte von Achmatowa, Puschkin, Bunin oder Pasternak, singt und begleitet sich selber.

Im Sommer 1994 brechen sie wieder in die weite Welt auf, ein Teil nach Schweden, der andere Teil mit ausgewählten Szenen aus Sholem Alejchem, dem „Spieler" von Dostojewskij und älteren Stücken na ch Amerika.

„Eine russische Frau kann alles"

oder

Frauen herrschen im Patriarchat

In all den Jahren, die ich in Sibirien verbracht habe, ist mir eins klar geworden: Ohne die unermeßliche, unbeschreibliche Geduld und Ausdauer der Frauen würde hier überhaupt nichts funktionieren.

Nicht nur, daß sie überall auf den Straßen, auf den Märkten, in den Geschäften, in allen Institutionen Schwerstarbeit leisten, sie schuften, ackern zusätzlich zu Hause, auf den Feldern, stehen stundenlang an, schleppen 50 Kilo jeglicher gerade vorhandener Nahrungsmittel oder mehr in die oft so kärglichen Behausungen, sie haben oft noch einen zweiten Job, sie sammeln ihre besoffenen Männer ein, schützen ihre Kinder vor ihnen, sie sind nach strenger Rollenverteilung verantwortlich für deren Wohlergehen, ihre Erziehung, sie versorgen meist noch die alten Eltern, die oft auf engstem Raum mit ihnen wohnen, sie erfüllen alle ihre Pflichten und scheinen nur selten die der Männer einzufordern. Aber wie sie in diesem System der Wölfe, wo es keine soziale Absicherung oder Unterstützung gibt, das alles schaffen, woher sie die Kraft dafür nehmen, ist mir schleierhaft geblieben. Sie verlieren ihre Heiterkeit, ihren Humor nicht. „Wenn die Wirtschaft schon in tiefe Depression verfällt, dürfen wir doch nicht auch noch in tiefste Traurigkeit versinken."

Unendliche Gespräche über die Hierarchie, die Rollenverteilung von Frauen und Männern. „Die Männer sind genauso in die Hierarchie gefesselt. Sie kommen manchmal in höhere Gehaltsklassen, aber sie sagen nichts, erreichen nichts." Die Männer fühlen sich natürlich als die Herren der Welt, die Frauen auch. „Ohne uns können die gar nichts. Wir sind viel stärker als die. Aber ganz ohne? - das geht auch nicht."

„Aber warum laßt Ihr euch so viel gefallen? Ich h abe heute auf dem Weg zum Theater einen Mann von der Straßenreinigung an einer Schneemaschine gesehen, freute mich, daß der Fortschritt eingezogen ist. Plötzlich entdecke ich ihm direkt gegenüber eine Frau von der Straßenreinigung, die mühsam mit einem Eispickel das Eis vom Wegrand weghackt. Warum kann das nicht der Mann machen, und die Frau bequem hinter der Schneemaschine gehen?" Gute Frage, aber keine Antwort.

Ich hake nach: „Ihr Frauen seid doch völlig unterdrückt, weshalb protestiert Ihr nicht?" - „Es gibt Hunderte von listigen Kunststücken und

Schleichwegen, unseren eigenen Willen durchzusetzen, ohne daß wir uns in besondere Schwierigkeiten stürzen oder lauthals gegen muffelnde Männer anschreien müssen. Was ändert sich, wenn wir widersprechen? Wir tun so, als hörten wir hin und machen, was wir für richtig halten."

Mit dem Begriff Emanzipation können die Frauen überhaupt nichts anfangen. Er ist eher negativ besetzt. Gleichberechtigung? Wozu brauchen wir die? „Wie fühlen uns gleichberechtigter, besser, stärker als die Männer."

„Habt Ihr keine Minderwertigkeitsgefühle?"

„Nee, die haben die Männer!"

An einem spielfreien Montag treffen wir Frauen uns, ohne die Männer. Unter den siebenunddreißig Schauspielern haben wir immerhin zwölf Ehepaare, aber das stört bei solchen Verabredungen wenig. Immer sind die Frauen die Beherrschenden, diejenigen, die bestimmen, obwohl sich fast alle scheinbar dem Willen der Männer zu fügen scheinen. Nach einigem Geplänkel über Preise, über Märkte, beschimpfen sie mich, weil ich auf eine Marktfrau reingefallen bin, die mir viel zu teuren Fisch verkauft hat. Aber ich konnte ihrem fröhlichen Rufen: „Wer von euch hat noch vergessen, geräucherten Fisch zu kaufen?" nicht widerstehen. Dann will ich wissen, was sie von Männern im allgemeinen und ihren Männern im besonderen halten. Es wird ein fröhlicher Abend. `Die armen Männer`, denke ich, `da sind ja unsere Emanzen vorsichtiger und sanfter.`

Sie reden nicht besonders liebevoll von ihren Männern, selbst wenn sie sie lieben und anscheinend alles für sie tun.

Ljuba, eine ältere Schauspielerin: „Unsere Männer sind alle schwächer, sie halten nicht so viel aus wie wir Frauen." So hat sie auch kurz nach der Geburt ihres Kindes ihren Mann „rausgeschmissen" und sich Liebhabern zugewandt. „Ich brauchte den Vater dann nicht mehr."

Lilja, eine junge Schauspielerin: „Männer sind für mich Wesen von anderen Planeten. Sie sind so begriffsstutzig, sie verstehen die einfachsten Dinge nicht, und ich weiß nicht, wie ich es ihnen beibringen soll."

Tanja, Lehrerin: „Sie sind ein bißchen wie notwendige, aber ziemlich übel störende Gegenstände. Viele würden aus den festgefahrenen Ehen ausbrechen, wenn es möglich wäre, eine Wohnung zu bekommen."

„Und wenn sie nicht so feige wären!" Da sind sich alle einig, wenn sie auch zugeben, daß es gewisse Gradunterschiede gibt. „Männer verdrängen alle Probleme, kehren sie unter den Teppich, sind faul, denken, die Frauen werden es schon machen."

Oksana, Dramaturgin: „Die meisten Männer sind dumme Ungeheuer."

Ljuba versucht zu vermitteln: „Na ja, jeder hat so seine Kakerlaken im Gehirn. Und daß die Frauen stärker sind, hat auch nicht nur positive Seiten. Manchen steigt das zu Kopf. Sie werden hart, werden zu Monstern, zu Hyänen..." Ja, die kennen wir auch.

Tanja, Inspizientin: „Meiner ist plötzlich religiös geworden, hat sich ausgetobt und büßt jetzt für seine Sünden. Aber ich habe nichts dagegen, da kann er wenigstens nicht so viel Unsinn anstellen."

Alicja, Übersetzerin: „Männer können nicht lieben. Meiner liebt nur sich selbst, und das neuerdings auch nur bis zum Mittagessen."

Lira, eine ältere Schauspielerin: „Meiner ist überhaupt nur noch als Zimmerdekoration vorhanden, und dazu noch eine häßliche."

Nadja, junge Kostümbildnerin: „Meiner ist ohne mich sowieso nichts." Und sie fügt ein russisches Sprichwort hinzu. „Ich brauche ihn so wie den Schnee vom letzten Jahr."

Ich spüre viel Verachtung und viel Überdruß und eine große Müdigkeit. Nach dem, was sie so erzählen und an Flüchen von sich geben, müßten sich eigentlich alle scheiden lassen. Aber dagegen spricht die Tradition, man muß verheiratet sein. Dazu kommt das Wohnungsproblem, das Geld reicht vorne und hinten nicht, die Kinder müssen irgendwie versorgt werden, alleine ist das nicht zu schaffen.

Mischa, der zufällig reinschneit und unser Gespräch verfolgt, belehrt mich: „Du verstehst nichts. Die russische Ehe ist ein Gefängnis. Und wir sind nun mal gewöhnt, Sklaven zu sein. Wir fühlen uns wohl dabei. Und jeder hat seine Nebenvergnügen."

Lida, die Dozentin an der Uni, faßt zusammen: „Im Prinzip herrschen bei uns die Frauen, sehr oft, eigentlich immer, nur nach ganz oben lassen die Männer uns nicht. In den oberen Machtstrukturen findest du fast keine Frau. Bei uns in Omsk gibt es Jelisaweta, die kam damals aus Moskau. Aber für die Politik sind die Frauen mit all den Alltagsproblemen zu überlastet. Im September fiele jede politische Tätigkeit bei uns flach, alle Frauen fielen aus. Das ist der traditionelle Einmachmonat, um den Winter zu überstehen." Ich schlage vor, den Männern beizubringen, wie man Gurken, Tomaten und das andere Zeug einweckt, so absurd kommt ihnen das vor. Sie schauen mich an, als käme ich vom Mond.

Traditionen sind tief verwurzelt. So anscheinend auch, daß die Frauen still, leise, beharrlich, ohne jedes Aufsehen das Leben meistern und beherrschen.

„Ohne die Frauen," sagt Lira, eine sanfte ältere Maskenbildnerin, „würde hier alles zusammenbrechen."

Verstehe das, wer will. Es ist ein typisch russischer Widerspruch: Die Frauen herrschen, haben aber offiziell oder politisch keine Macht.

Überwältigende Gastfreundschaft
und ihre Folgen

Jelisaweta, 53 Jahre alt, hohe Kulturfunktionärin im
Bezirk Omsk

Jelisaweta ist die Hoffnung aller Kulturschaffenden der Stadt und dem Bezirk Omsk, denn sie verteilt die Gelder, nicht nur an russische Institutionen, sondern auch an die fünfzig Rand- und Splittergruppen verschiedener Nationalitäten. Jeder ist neidisch auf den anderen. Da ist es fast unumgänglich, daß die wildesten Gerüchte entstehen oder absichtlich in die Welt gesetzt werden, wie sie mit Geld umgeht. Wie viel zahlt sie der Mafia? Was wirtschaftet sie in die eigene Tasche?

Eines Abends um halb zwei Omsker Zeit frage ich sie. „Was ist das Wichtigste in deinem Leben?" „Oj, so eine wichtige Frage so spät... Wahrscheinlich die Kinder, die jungen Leute, die all das, was wir nicht geschafft haben, neu versuchen... Ja, ich glaube, das ist das Wichtigste..."

Sie hat die Elite-Parteihochschule in Moskau absolviert, sie war natürlich immer in der Partei. Das hat sie trotzdem nicht blind gegenüber den Problemen gemacht. Wo sie konnte, hat sie schützende Hände über das Theater gebreitet, hat sich gegen die Zensur gewehrt. Aber wie alle Politiker, die sich aus der alten Zeit in die neue Perestrojka hinüber gerettet haben, wird sie angefeindet. Jelisaweta nimmt das gelassen. Ich habe sie nie nervös oder aufgeregt erlebt. Sie ist in allen Situationen fast unheimlich ruhig, souverän, ganz Dame, ganz disziplinierte Politikerin. Sie bringt das Kunststück fertig, überall gleichzeitig zu sein - bei Konzerten, Premieren, Saisoneröffnung der Theater, im Haus des Schauspielers, im Kulturzentrum, bei der Einweihung der vom Göttinger Archtitekten Schieper gebauten deutschen Kirche, bei tatarischen Tanzabenden, kurz bei allen kulturellen Ereignissen in der Stadt und außerhalb. Und überall muß sie Reden halten. Ich bewundere ihre Improvisationsgabe und ihre Stegreifreden. Mit protokolarischen Regeln scheint sie verwachsen zu sein.

Jelisaweta lebt nach zwei gescheiterten Ehe allein mit ihrer Tochter in einer großen schönen alten Wohnung im Stadtzentrum, zwei Minuten vom Theater entfernt. Eigentlich wirkt die große schlanke dunkle Frau mit den kunstvoll hochgesteckten Haaren eher wie die Direktorin einer höheren Mädchenschule oder wie eine elegante Anstandsgouvernante.

Wer sich aber von dem äußeren Eindruck täuschen läßt, wird von ihrem hemmungslosen Temperament überrollt.

Wir waren am 2. Januar verabredet. Abends um neun klingelt das Telefon, eigentlich sei sie krank, habe 39 Fieber, aber wenn ich sie sehr gerne sehen wollte, sollte ich ins Theater kommen, dort würde mich ein Künstler abholen. Ich wartete fast eine Stunde, bis er endlich kam.

Die Wohnung besteht wie bei vielen Russen aus einem Sammelsurium von schönen alten Antiquitäten und modernem Kitsch. Wir essen gut bürgerlich und gesittet, trinken warmen Sekt und kalten Kognak. Jelisaweta sieht angegriffen, leidend und fiebrig aus. Ich beschließe, bald wieder zu gehen.

Da beginnt das Töchterlein, uns auf dem Klavier vorzuspielen und Chansons vorzusingen, sie will auf die Musikschule. Dann legt sie Jazzplatten auf, und wir fangen an zu tanzen. Zu dritt, zu viert, zu zweit. Unermüdlich, wild und ohne außer Puste zu kommen. Töchterlein geht zu Bett, und wir sind immer noch in unserem Tanzrausch. Der Künstler ist längst in seinem Sessel eingenickt, als wir endlich merken, daß es fünf Uhr früh ist. Jelisawetas Krankheit ist verflogen und sie läßt es sich nicht nehmen, mich nach Hause zu bringen. Zu Fuß durch die eiskalte, sternklare Nacht. In meiner Küche trinken wir - nach all dem Sekt, Kognak und Wein - noch ein Bier. Sie ist trinkfest, die Kulturfunktionärin, und zäh.

Mit ihr hatten wir ein Gastfreundschaftserlebnis besonderer Art. Wie jeder weiß, ist in Rußland die Gastfreundschaft heilig. Mehr: sie ist groß, enorm, überwältigend, unerheblich, grenzen- und schrankenlos, maßlos, unerschöpflich, freigebig, großzügig, generös, geballt aufopferungsvoll, üppig verschwenderisch, bacchantisch trinkfreudig, strotzend ausschweifend, imposant gigantisch, altruistisch in gewisser Hinsicht, einzigartig, unvergleichlich, grandios, überwältigend.

Man hat schon damit zu kämpfen, wenn man nur einmal am Tag eingeladen wird. Da birst der Tisch mit allem, was das Land und das gastliche Haus aus Kellern und an Vorräten zu bieten haben. Der Anblick ist eine Augenweide, da stehen selbstgemachte Salate aus roten Rüben, Walnüssen, Rosinen und Schmand oder aus den lukullischsten Kohlmischungen, Fischsalate, Eierkunstwerke, Piroggen und selbsteingemachte Tomaten und Paprika und Gurken und saure Pilze und Kljukwa (eine sibirische Art von Preiselbeeren), das meiste aus dem eigenen Datschengarten oder selber gesucht und selbstverständlich handverlesen eingemacht, Schinken und Speckplatten, "Buterbrody" - das sind Sandwiches mit Wurst oder Leberpastete oder rotem Kaviar, geröstete und überbackene Toasts mit Fisch oder Käse und und und,... und wehe, wer denkt, das sei alles und munter drauf los ißt. In Sibirien gibt es auf jeden Fall noch „Pelmeny", kleine Fleischtaschen mit saurer Sahne oder ausgelassenem Speck, Kartoffeln mit Koteletts, sprich Buletten, danach eine natürlich selbstgebackene Torte und selbstgemachte Kekse.

Nach der ersten Sinnen- und Gaumenfreude hat man trotz des reichlich gereichten Verdauungswodkas oder Selbstgebrannten oder Selbstaufgesetzten (auf Früchten oder Kräutern) bald ein Gefühl der Schlemmerei, Prasserei, es sind einfach Essensorgien oder schlichtweg Völlerei. Da jeder weiß, daß die Gastgeber dafür Wochen, wenn nicht Monate darben und sich sehr kärglich verköstigen, ihre Vorräte für den Winter opfern oder stundenlang nach dem Schinken oder der Wurst angestanden und Unsummen dafür bezahlt haben, fällt dem Gast das Genießen nicht immer ganz leicht, aber er hat keine Chance.

Die nimmer müde Gastfreundschaft kann unerbittlich, sogar qualvoll werden. Ich erlebte so einen Tag, den ich so schnell nicht vergessen werde. Ich wurde eines Abends im Theater von der Kulturfunktionärin zu einem Ausflug nach Tscherlak, einem Kreisstädtchen in einem der 36 von ihr regierten Bezirke eingeladen, wo sie dienstlich zu tun hatte. Ich hatte Lust auf die Weite der sibirischen Natur, die Birken, den Irtysch und frische Luft, und stimmte freudig für mich und eine Freundin aus dem Westen zu, ohne zu ahnen, was für ein „Großkampftag" das werden sollte.

Es fing völlig harmlos an: zu meinem Erstaunen wurden wir pünktlich abgeholt, und wir fuhren bei strahlendem Wetter an den qualmenden Fabriken vorbei aus der Stadt hinaus. Wiesen, Birken, Weite, Irtysch, alle Herbstfarben in und übereinander, Sonne, alles stimmte. Jelisaweta erzählte von den mannigfachen Schwierigkeiten in jedem einzelnen Bezirk, und nach etwa einer Stunde Fahrt hielten wir mitten in der Landschaft und erfuhren, daß hier eine Kirche gebaut wird. Wir bestaunten den Rohbau. Wir hörten, es sei ein heiliger Ort, weil der Archierej Alexej ihn gesegnet hat. Was die Parteigenossin Jelisaweta wohl denkt? Sie scheint stolz auf den Kirchenneubau zu sein. Ihr Hoheitsgebiet. Wenige Meter weiter war die Grenze zu einem stalinistischen Lager, die Kirche hat das gesamte Gebiet erstanden, wir fahren abenteuerlich holpernd über das alte Lagergebiet bis zu dem alten Obstgarten des Lagers mit Hunderten von kleinen verkrüppelten Bäumen mit roten kirschenähnlichen Früchten, die sehr sauer sind und aus denen man laut Jelisawetas Auskunft einen hervorragenden Essig herstellen kann.

An der Grenze zum nächsten Bezirk halten wir und haben eine herrliche Aussicht auf den Irtysch. Alle bedauern, daß nichts Trinkbares vorhanden ist, weil man an der Grenze etwas trinken muß. Mein notorisches Warum? bleibt unbeantwortet.

Dann kommen wir in Tscherlak an, eine kleine Provinzstadt mit dörflichen Straßen und niedrigen Häusern, wir finden das Kulturzentrum, wo wir mit selbstgemachtem Schnaps und so vielen reichhaltig belegten „Buterbrody" bewirtet werden, daß diese Mahlzeit mir für den ganzen Tag gereicht hätte.

Kultur scheint in Sibirien eine Frauendomäne zu sein. Überall treffen wir Frauen. Die Leiterin des Kulturzentrums, die Direktorin der Musikschule, die Direktorin der Kunstschule, die Leiterin der Bibliothek, alle kommen und wollen mit uns reden und fragen uns Löcher in den Bauch. Sie entschuldigen sich für die Dürftigkeit ihrer Einrichtungen, sind aber trotzdem selbstbewußt und stolz auf alles, was sie geschafft haben. Wir sind die ersten Ausländer - seit wann? - in dieser Gegend und sie sind alle etwas aufgeregt, was uns rührt.

Das richtige Mittagessen aber kam nach der Besichtigung der Bibliothek, der Kunstschule für Kinder, wo sie nicht nur zeichnen und malen lernen, sondern auch töpfern und weben - so bekommen wir auch Flöten oder besser Pfeifen in Gestalt von Bären und Hunden geschenkt - und der Begehung der ausgezeichnet eingerichteten Musikschule.

In dem wohl einzigen Restaurant der kleinen Stadt war ein festlicher Tisch gedeckt, und ich war nach dem Salat und dem Teller mit kaltem Fleisch, der Vorspeise Nummer eins schon vollauf gesättigt. Dann kam ein riesiger Teller mit Pelmeny in Bouillon, danach das Hauptgericht, Fleisch mit Gemüse und Kartoffeln, wir kämpften uns wacker bis zu Kuchen und Gebäck und Obst durch. Und ohne Wodka zum Runterspülen hätten wir das nie geschafft.

An der Fähre erwartet uns die gesamte kulturelle Elite des Städtchens. Wir versprechen ehrlich, sie nicht zu vergessen und wenn möglich, wieder zu kommen. Während wir oben in der Kajüte des Kapitäns den Irtysch überqueren, stehen sie da und winken, bis wir am anderen Ufer angekommen und abgefahren sind.

Bis jetzt wußten wir nur, daß wir einen anderen Weg zurückfahren, als wir gekommen sind. Nun erfahren wir, daß wir nach Nowowarschawsk fahren, der Hauptstadt eines anderen Bezirks. Jelisaweta hat da noch was zu besprechen.

Es wird nach einem wundervollen Sonnenuntergang dunkel. In Nowowarschawsk suchen wir leicht verzweifelt nach dem Kulturhaus, was wir wie durch ein Wunder nach den verschiedensten widersprüchlichen Auskünften trotz alledem finden. Natürlich ist die Leiterin des Kulturhauses eine Frau.

Wir besichtigen etwas lustlos wieder einmal ein Kulturhaus, bewundern pflichtschuldigst den großen Theater- und Konzertsaal, sind aber schon etwas kultureinrichtungsbesichtigungsmüde, obwohl wir wissen, mit wie viel Mühe die Menschen hier das alles aufgebaut haben. Richtig hellhörig werden wir erst, als uns vorgeschlagen wird, dort zu übernachten. Inzwischen ist es halb acht. Ich erkläre, daß wir nach der Vorstellung in Omsk mit einem Schauspielerehepaar verabredet sind, daß deren zwei Kinder warten und furchtbar enttäuscht wären, wenn wir nicht kämen, daß sie auch alles vorbereitet haben, daß uns dort ein - oh Graus - großes Festessen erwartet. Wir halten durch, trotz vieler Telefonate hin und her, Omsk wird Bescheid gesagt, daß wir später kommen, aber wir können die Nacht in Nowowarschawsk abwenden. Man müßte eben so flexibel sein wie die Russen. Dies aber sind wir an diesem Tag nicht, bzw. wir haben am nächsten Tag zu arbeiten und da wir trotz aller unserer Flexibilität gute Deutsche sind, malen wir uns aus, wann wir nach dem Frühstück losfahren würden und wann wir in Omsk ankämen.

Das hilft uns aber an jenem Abend nicht viel weiter. Wir fahren in der absolut finsteren Kleinstadt in das Privathaus der dortigen Verwalterin des Kulturhauses. Sie ist eine Russin, wie man sie sich vorstellt, groß, lebhaft, strahlend mit mindestens 150 Kilo Lebendgewicht. Ihr Gesicht glüht vor Freude über den Besuch sowohl der höchsten Chefin wie auch, daß zum ersten Mal Ausländer bei ihr sind. Das verursachte ihr, wie wir später erfahren, etwas Kopfschmerzen - wie soll / müßte man mit denen umgehen, wie die behandeln, was essen die - aber nach zwei Kognaks ist diese Sorge zumindest vergessen. Wir sind ja „wie ganz normale Menschen" hören wir das Kompliment. (Der Kognak, der Likör, merkwürdige Tutti-Frutti Martini - das alles gab es uns zu Ehren. Gewöhnlichen „vulgären" russischen Wodka, den wir lieber getrunken hätten, wollte sie uns nicht zumuten, wie sie zu späterer Stunde erklärte.)

Das Essen hat sie innerhalb einer Stunde, als sie erfuhr, wir sind in der Stadt, gezaubert. Die Enttäuschung, daß wir nicht lange Zeit haben, steht ihr auf dem Gesicht geschrieben. Aber laßt uns genießen, was wir haben: Wurst, kaltes Fleisch, Schinken, fetter Speck, ein Fischsalat, Hering in Öl, ein Eiergemüsesalat, ein Kohlsalat, eingemachte saure Pilze, eingelegte Tomaten und Paprika und Gurken und Kürbis, Pelmeni, (es klingelt, eine der Nachbarinnen bringt eine Torte für den hohen Besuch, eine andere ein blitzschnell gebratenes Huhn), nach einiger Zeit stehen dampfende Kartoffeln und Gulasch und gedünstete Kürbisgurken auf dem Tisch. Natürlich stammt alles aus dem eigenen Garten und ist selbst eingelegt, eingemacht, zubereitet.

Dann wie immer Tee, die Torte und verschiedenes Gebäck. Ich schwöre mir, eine Woche lang zu fasten, wenn ich das lebend überstehe. Ganz nebenbei werden die Probleme der Provinzstadt erörtert, der Jugendclub, die ruinösen Finanzen, überhaupt die katastrophale Situation

der kulturellen Einrichtungen, außerdem wäre ein Auto für das „Kultu r-
zentrum" nicht das schlechteste. Jelisaweta verspricht vorsichtig Abhilfe.

Um halb elf gelingt uns der Absprung. Draußen ist so gut wie nichts
zu sehen. Es ist stockdunkel, es regnet und stürmt. Wir fahren, d.h. unser
Fahrer fährt - viel zu schnell durch die pechschwarze Nacht, wir über-
springen förmlich die Straßenlöcher. Angeheitert singen wir russische
Volkslieder, um möglichst nicht an die Straße zu denken.

Um dreiviertel zwölf kommen wir bei Lisa und Sascha in Omsk an,
die mit voll gedecktem Tisch sehnsüchtig auf uns warten. Nur der Sechs-
jährige hat nicht durchgehalten und ist schon im Bett. Es erwarten uns
also wieder alle Köstlichkeiten der Welt, eine Spezialität des Hauses ist
ein rote Beete Salat mit Rosinen und Mandeln und Schmand, nach den
Vorspeisen wiederum Pelmeni ... Trotzdem - wir müssen und können
auch zugeben, daß diese die besten des Tages sind.

Ich beschließe, mehrere Tage zu hungern, pro Tag höchstens einmal
die sibirische Gastfreundschaft zu genießen, und wenn es sich bei aller
Höflichkeit einrichten läßt, jeweils zwischendurch einen Fastentag einzu-
legen.

Die fröhlichen russischen Feste

Lisa, 41 Jahre alt, Schauspielerin

„Ich wurde am 28. Juli 1956 in Omsk geboren. Meine Mutter war Ärztin, mein Vater beschäftigte sich nach dem Krieg mit verschiedenen Gelegenheitsberufen im Omsker Gebiet, um neue Landschaftsnutzflächen zu erkunden.

Nach zehn Jahren Realschule ging ich an die Schauspielschule in Nowosibirsk. 1976 Heirat mit meinem Mitschüler Sascha. Seit 1977 bin ich am Omsker Drama-Theater engagiert. Wir haben zwei Söhne: Taras (1980) und Alexej (1987). Die beiden sind unser größter Schatz. Und die Arbeit am Theater und im Kulturzentrum. Ich bin quasi in diesem Theater aufgewachsen, ich habe die Schauspieler angebetet. Und die Energie der großen Schauspieler ist in die Wände des Theaters eingedrungen. Sie starben und ließen ihre Energie hier. Ich habe damals jede Vorstellung 17-18 Mal gesehen. Und mit Sascha haben wir bereits Komsomolkonzerte gegeben und sind schon früh mit allen möglichen Programmen - Sascha spielt Gitarre und Akkordeon - in die umliegenden Dörfer gefahren, wir haben sogar auf Hühnerfarmen gespielt. Das Kulturzentrum haben wir hauptsächlich für die Jugend aufgebaut."

Lisa ist eine meine großen Freuden in Omsk. Sie ist schlank, groß, schwarzhaarig, ungemein gelenkig, eher eine italienische als eine russische Schönheit. Bis vor zwei Jahren wohnte die fünfköpfige Familie, die Mutter lebt auch bei ihnen, in einer anderthalb- Zimmerwohnung im Zentrum von Omsk, inzwischen haben sie die kleine Wohnung gegen eine luxuriöse zweieinhalb Zimmerwohnung tauschen können. Allerdings warteten sie dann wieder ein Jahr und drei Monate auf den Telefonanschluß.

Lisa ist arbeitsliebend, sie liebt Arbeit an sich, was in Rußland nach meinen Erfahrungen eher eine Seltenheit ist. Wenn sie keine Proben oder Vorstellungen im Theater hat, spielt sie im Kulturzentrum, das Sascha unter unglaublichen Schwierigkeiten gegründet, aufgebaut und organisiert hat. Hier haben alle Gruppen, berühmte oder unbekannte, eine Spielwiese. Für die jungen Leute gibt es eine kleine Disco, ein Café sorgt für Gemütlichkeit beim Diskutieren. Lisa spielt hier virtuos Peter Hacks 'Ein Gespräch im Hause Stein über den abwesenden Herrn von Goethe`.

Sie ist die Verkörperung des Satzes: „Eine russische Frau kann alles." Sie backt und brät im voraus, kümmert sich um die Sorgen der beiden

Söhne, fährt an den Feiertagen mit den älteren Kollegen zum Friedhof, die Gräber zu versorgen, bringt mir jedes Mal bei der Abfahrt noch heiße Piroggen als Wegzehrung auf den Flughafen; sie hat alles im Griff, ohne zu kommandieren. Aber wie fast in allen Familien, müssen die Männer mithelfen, werden angestellt, wenigstens die 'niedrigen` Arbeiten zu verrichten. Sascha schnippelt gehorsam Kohl für Tschschi - die berühmte russische Kohlsuppe, die Jungen decken den Tisch, bringen Salate herein, die schwer kranke Mama überwacht die Ästhetik des Ganzen. Lisa setzt sich, genau wie früher, als das noch obligate Gesellschaftsarbeit war, für alle menschlichen und sozialen Belange im Theater und anderswo ein. Es ist ihr gleichgültig, wie man das bezeichnet, sie hat nie, auch nicht als sogenannte „Funktionärin" etwas anderes getan als das, was ihr menschlich erschien.

Lisa wird nur streng, wenn es um künstlerische Probleme geht. „Das ist unser einziger Streitpunkt", erklärt sie mir, als sie sich mit Sascha über eine bestimmte Modulation nicht einigen können. Sie meint, er begreife nicht schnell genug, vollstrecke ihre künstlerischen Ambitionen nicht. Sie ist sich und ihren hehren Idealen von Kunst treu.

Kurz vor Neujahr treffe ich mich mit mehreren Familien, um die sibirischen Pelmeni, die traditionelle Neujahrsspeise, vorzubereiten. Jede Familie hat ihre eigenen Rezepte. Am 29. und 30. Dezember kann man sicher sein, daß ganz Omsk Teig anrührt, knetet, aussticht, mit Fleisch füllt und Millionen von Pelmeni auf die Balkons gebracht werden, den besten Eisschränken, die man sich vorstellen kann. Zunächst helfe ich bei Oksana, wo sich meist Ljuba einfindet, wir kämpfen mit einem vorsintflutlichen Fleischwolf, kommen aber dank Ljubas selbstgemachtem Obstwein vorzüglich voran. Bei Lisa und Sascha fühlen wir uns schon fast wie eine Fabrik. Die Mama hat den Teig vorbereitet, Lisa rollt und sticht aus, die beiden Jungs und ich füllen und falten die Teigstücke fachgerecht. Wir versuchen natürlich heimlich, einige Glückspelmeni zu fabrizieren. Die sind entweder mit Senf oder scharfen Peperoni gefüllt. Wir packen je 100 in Tüten und schaffen sie auf den Balkon. Nach achthundert Stück frage ich vorsichtig, wer denn das alles essen soll. Aber sie halten sich ja bei 20-50 Grad minus.

Neujahr

Wir sind für Neujahr gerüstet. In kommunistischen Zeiten schien Neujahr das größte Fest in Rußland zu sein. Es ist ungefährlich, nicht ideologisch belastet wie die früheren Oktoberfeierlichkeiten der Revolution und der 1.Mai oder die damals verpönten christlichen Feste wie

Weihnachten und Ostern. Es wird ausgelassen gefeiert, aber zum Glück nicht geknallt.

Am Sylvesternachmittag klingelt es und Oleg, auch schon traditionsgemäß, steht unkenntlich als Weihnachtsmann verkleidet vor der Tür und bringt mir ein Geschenk. Ich bin seine letzte Station, er hat seine „Tour" hinter sich. Viele Schauspieler verdienen sich als Weihnachtsmänner einen Obolus dazu, singen, spielen, tanzen, erzählen Märchen in Schulen, Clubs oder bei betuchten Privatleuten.

Nach der Abendvorstellung im Theater trifft sich das ganze Ensemble gegen 22 Uhr, um in ihrer „Zweitfamilie" mit Champagner auf das Neue Jahr anzustoßen, spätestens um 23 Uhr brechen alle nach Hause auf. Solange Liljas Mutter noch in Omsk war, feierten Lilja, Anatol, Olga und ein paar Verwandte in der großen alten Vierzimmerwohnung mit gediegenen dunklen Möbeln ins Neue Jahr hinein. Der Fernseher dient als Zeitansage. Kurz nach Mitternacht beginnt eine wüste Telefoniererei mit den anderen Schauspielerinnen und Schauspielern, als hätten wir uns seit Tagen nicht gesehen. Irgendwann spät in der Nacht versuchen wir, zu Fuß nach Hause zu kommen.

Manchmal erreicht mich um halbsechs noch ein Anruf aus Deutschland. Die fangen gerade erst an zu feiern.

Am Neujahrstag machen wir in größeren oder kleineren Gruppen einen ausgedehnten Spaziergang am Irtysch oder zu den großen „Neujahrsplätzen".

An mehreren Stellen in der Stadt sind riesige Weihnachtsbäume aufgestellt und rundherum zeltartig Mauern mit Toren aus Eis gebaut, die alle von Innen erleuchtet sind, so daß man sich wie in einem märchenhaften Schneeköniginnenpalast aus durchsichtigem Marmor vorkommt. An jeder Ecke überdimensionale Weihnachtsmännerskulpturen aus Eis. Um den Weihnachtsbaum kleinere Eisburgen mit Rutschbahnen für die Kinder, die auf Pappen oder runden Linoleumscheiben einem unaufhörlich vor die Füße rutschen. Glatt ist es sowieso überall. An kleinen Tischen am Rand der Eismauer verkaufen bis an die Nasenspitze vermummelte Frauen und Männer Süßigkeiten, Mars und Snickers, aber auch Eis, echte Piroggen, Kuchen und Wodka zum Aufwärmen. Echte Weihnachtsmänner treiben sich auch noch überall rum, sie heißen auf russisch „Väterchen Frost", sehen aber genau wie deutsche Weihnachtsmänner aus und erfüllen dieselbe Mission.

Weihnachten

Für mich ist es etwas seltsam, nach Neujahr am 6. und 7. Januar noch einmal Weihnachten zu feiern. 1993 war am Weihnachtsabend auf einem der großen Weihnachtsmärkte eine Vorstellung angesagt. Um neun Uhr wimmelt es nur so von Menschen. Schlitten mit weißen Pferden fahren durch den Park bis an die Mauern des Eispalastes. Alles wie im Bilderbuch. Die Stimmung ist ausgelassen, die Menschen lachen, freuen sich, lächeln einander zu, viele tanzen, fassen sich an den Händen, bilden tanzende Kreise, um nicht auszurutschen. Kinder wirbeln herum, die 30 Grad minus spürt man nur, wenn man eine Weile lang an einer Stelle steht. Die Vorstellung dauert zwei Stunden. Die Schauspieler ziehen viel bejubelt, zum Anfassen nah, durch eins der Tore hinauf auf die größte Plattform vor dem Weihnachtsbaum. Ein Herold verkündet die Geburt Christi, und für das Jahr 1994 haben sie sich eine besondere historische Schau ausgedacht, die das angeschlagene Selbstbewußtsein der Russen etwas streicheln und aufpäppeln soll: Peter der Große kommt mit prunkvollem Gefolge in historischen Kostümen und beglückwünscht das anwesende Volk zu der Wiedergeburt eines neuen starken Rußland. Soll das Perestrojka sein? Dann treten Folkloretruppen auf, alle tanzen und singen mit, schließlich werden tausende von geweihten Kerzen von den Schauspielern verteilt, jeder wünscht jedem Frohe Weihnacht und behutsam die Kerzen schützend, begibt man sich auf den Heimweg. Die Stadt ist von Kerzen erleuchtet.

In den Häusern beginnt das Festessen. Früher, erzählen Nastja, Oksana und Tanja, mit denen ich mich um den kleinen Weihnachtsbaum bei mir versammelt habe, nach einem kurzen Streit darüber, ob Weihnachten nun erst um 12 Uhr anfängt oder mit dem Erscheinen des Abendsterns, hat man im Zimmer Heu ausgestreut und sich erst dann an den Tisch gesetzt. Heute verzichten wir darauf. Traditionell gibt es Fisch oder eine Gans, in den gegenwärtigen Zeiten, was auf dem Markt vorhanden ist.

Am 13./14.Januar ist nach der alten russischen Zeitrechnung das eigentliche Neujahr. Das „alte Neue Jahr" nennen sie es, was natürlich auch festlich begangen werden muß.

9.Mai Tag des Sieges

Den Tag des Sieges habe ich erst drei Mal mitgefeiert. Der 9.Mai 1945 wird simuliert. Im Theater ist auf der kleinen Bühne ein zeltartiger Unterstand aufgebaut, in den sich alle Veteranen setzen dürfen. Aus zerbeulten Teekesseln der Requisite wird Wodka ausgeschenkt, dazu gibt es heiße Pellkartoffeln, ein paar Sardinen, manche haben einen Topf mit Grütze oder einer Eintopfsuppe mitgebracht. Nicht sehr lukullisch, aber stilecht. Die paar offiziellen Reden sind schnell vorbei, die Veteranen in Uniform oder normaler Kleidung, aber auf jeden Fall mit einer Unzahl von Orden auf der Brust, bekommen einen Umschlag mit einer Prämie ausgehändigt, Lisa und Sascha singen wunderschöne Antikriegslieder, dann wird gefeiert. Die Alten zeigen, wie gut sie noch Kalinka tanzen können und freuen sich überhaupt am Überleben. Einer unserer Hausmeister war als siebzehnjähriger in Berlin und bedauert, daß er außer Ruinen nichts von Berlin gesehen hat. Für die meisten bin ich die erste Deutsche, die sie nach dem Krieg sehen, also muß ich auch eine kleine Rede halten, und sie schenken mir ein russisches Militärkäppi.

Die Veteranen, unter ihnen auch mehrere Frauen, die in der siegreichen Armee gedient haben und jetzt nach langer Zeit darüber öffentlich reden dürfen, beginnen lustige Siegeslieder anzustimmen. Es herrscht eine entspannte, heitere Atmosphäre ohne nationalistische oder ideologische Tendenzen. Nach zwei Stunden ist der Spaß vorbei.

Einmal besuchen wir nachmittags eine weit über achtzigjährige Bühnenbildnerin, um ihr zu gratulieren. Sie hat gekämpft, wurde deshalb in der Nachkriegszeit angefeindet, jetzt seit der Perestrojka sind sie und ihre Mitkämpferinnen rehabilitiert, nicht mehr nur die Geliebten der heldenhaften Männer im Krieg. Sie genießt es, eine Deutsche an so einem Tag in aller Freundschaft bewirten zu dürfen und will von mir deutsche Lieder hören. Drei Tage später ist sie tot.

Abends geht der große Rummel am Ufer des Irtysch los. Man packt Picknickkörbe aus, macht Feuer, brät Würste oder Schaschliks, es sind Unmassen von lachenden, jubelnden Menschen unterwegs. Alle warten auf das Feuerwerk, was nach Anbruch der Dunkelheit losgeht und sich in allen Farben im Irtysch noch einmal widerspiegelt. Jede neue besonders schöne Kreation wird beklatscht und bejubelt.

Und Gottseidank ist ja die große Fastenzeit vorüber, die neunundvierzig Tage vor Ostern beginnt. Davor liegt noch die Butterwoche, in der man aber wenigstens Milchprodukte verspeisen darf. Dann folgen diese berühmten neunundvierzig Tage, wo man außer Gemüse und Obst, was es kaum gibt um diese Jahreszeit, Grütze, Reis, Brot und Wasser eigentlich gar nichts essen oder trinken dürfte, nicht einmal Milch oder Kefir oder Quark. Zu Anfang frage ich leicht entsetzt: „Wo in aller Welt steht das in der Bibel?" Aber das ist ja bei den meisten kirchlichen Bestimmungen eine unsinnige Frage. Das Theater spaltet sich in zwei Hälften: Fastende und nicht Fastende, was nicht gleichbedeutend mit Gläubigen oder Ungläubigen ist. Gottseidank gibt es die berühmten Ausnahmen wie den Frauentag, oder Gäste, oder Reisen oder Krankheiten. Und als letzter Ausweg bleibt immer noch, einen Stoßseufzer zum Himmel zu schicken: „Gott, verzeih mir Sünder, ich bin eben ein schwacher Mensch." Das gilt sowohl für Ausbrüche aus den Fastenregeln wie aus der Ehe.

Frauen über alles

Der 8.März, Frauentag

Jaroslawna, 38 Jahre alt, Dramaturgin

„Ich bin in Sibirien, in Kurgan geboren und dort bis zum achten Lebensjahr aufgewachsen. Mein Vater war Architekt, zog immer dorthin, wo es interessant war. Außerdem ist er so ein unsteter Geist. Ich lebte in Aserbaidschan, in Georgien in Tiflis, in Moskau, wo ich die Schule beendete, in der Ukraine, in Orel, in St.Petersburg, wo ich Theaterwissenschaft studierte, in Krasnojarsk, in Kalinin, in Nowosibirsk, seit zwei Jahren in Omsk. Überall war ich am Theater - in den verschiedensten Funktionen, als Regieassistentin, als Kostümbildnerin, als Inspizientin, als Requisiteurin, auf den letzten Stationen, in Krasnojarsk, Nowosibirsk und Omsk als Dramaturgin. Ich bin eigentlich alle Frauenberufe im Theater einmal durch. Ich habe viel mit Kindern gearbeitet und schreibe jetzt auch Stücke für sie.

Ich hatte zwei Ehemänner, habe einen zwanzigjährigen Sohn, der übrigens in einer deutschen Firma hier in „Bisniss" arbeitet. (Pause) Einen Hund habe ich!

Ich lebe, wie der Zufall es will, oder das Schicksal. Ich glaube, daß ich alles den Begegnungen mit Menschen verdanke, die mein Leben in eine andere Richtung bewegt haben. Ich kann warten, bis ein neuer Zufall mein Leben umkrempelt. Aber ich glaube, alles ist Schicksal. Ich habe 1982 als einziges Gastspiel in Moskau das Omsker Theater gesehen - und nun bin ich hier gelandet.

Das Wichtigste? Nur die Liebe! Alles, was ich mache, mache ich nur aus Liebe, im Namen von was, aus Liebe zu jemandem. Richtig lieben gelernt habe ich erst, als ich schon 25 war, aber dann ist die Liebe geblieben. Wenn mich ein Mann verläßt, verläßt mich die Liebe nicht mehr. Das Gefühl ist nicht mit ihm mitgegangen. Liebe sollte nicht weh tun, kein Opfer sein. Liebe ist kein Besitz, sondern ein Zustand.

Im übrigen bin ich eine Anhängerin der Philosophie des Lachens von dem indischen Philosophen Radschenesche. Ich bin ein sehr heiterer Mensch. Und: es gibt ein russisches Sprichwort - „Ein guter Mensch zu sein, ist kein Beruf." Für mich ist ein guter Mensch das Allerwichtigste.

Die Zukunft sehe ich nicht so schwarz wie die meisten. Ich will heute leben, heute lieben. Vor Jahren hatte ich das Thema Ausland in Gedanken aufgegeben, ausgeklammert, da wirst du nie hinkommen. Heute kann ich eine Fahrkarte kaufen und nach Prag oder sonstwohin fahren. Das Schicksal lenkt mich und zeigt mir Auswege. Jetzt sitze ich im Theater und schreibe Stücke für Kinder. Die Hauptsache ist, keinen neuen Umschwung in meinem Leben als endgültig anzusehen. Ich bin immer voller Erwartung.

Natürlich haben wir ein Matriarchat. Die Frauen nehmen nicht nur alles auf sich, sie sind auch für alles verantwortlich, sie gestalten das Leben, sorgen für Echtheit, Ordnung, ergreifen die Initiative, sie sind professionell. Sie haben wirklich alles übernommen: die Arbeit, den Haushalt, den Beruf, die Liebe, alles, was unser Leben ausmacht, das schaffen nur sie. Ich fürchte, daß ich bereits eine Feministin bin. Aber die Männer sind nicht schuld. Mir tun sie irgendwo leid. Schuld ist das System. Alles wurde gleich gemacht, der Mann hatte genauso wenig oder viel Geld wie seine Frau, er konnte es sich nicht einmal mehr leisten, seine Geliebte zum Kaffee einzuladen. Sie haben alle Komplexe bekommen, sie konnten sich gar nicht mehr als Männer fühlen. Wenn ich heute vor dem 8.März, dem Frauentag, einen jungen Mann sehe, der Parfum oder Konfekt kauft, bin ich ganz fröhlich. Vielleicht wächst da eine Generation heran, der wir nicht alle unsere Kraft geben müssen. Und das ist die Norm, die Frauen müssen die Männer stützen, dadurch wurden alle Frauen auch viel stärker als die Männer. Ich habe nie von einem Mann gehört: „Ich fühle mich so gut mit dir", sondern immer nur: „Ohne dich fühle ich mich schlecht." Die Männer leben von unserer Stärke."

Man könnte fast den Eindruck haben, der 8.März sei der wichtigste Feiertag in Rußland. Er wird gefeiert, als fielen Weihnachten, Ostern und Pfingsten zusammen. Seit Tagen, Wochen schon flächendeckende Reklame in den Schaufenstern, im Fernsehen und im Radio, was die armen Männer möglichst billig den an diesem Tag geliebten und bewunderten Frauen schenken könnten. Die letzten drei Tage vor dem 8.März laufen im Fernsehen ununterbrochen Frauensondersendungen, sogar ein paar gute Dokumentarfilme, Biographien bedeutender Schriftstellerinnen, Schauspielerinnen, Malerinnen, Wissenschaftlerinnen neben den quälenden Glückwunsch- und Schlagerparadesendungen.

Nicht nur ich habe Mühe, den Unsinn über die schönen bezaubernden, liebenswerten besseren Hälften, über die ganz plötzlich nur hübschen, schönen, immer nur jungen Wunder der Natur: die FRAUEN! anzusehen und anzuhören. Lisa und Lilja schimpfen im Verein, die Männer sollten das Gequassel lassen und sich lieber das ganze Jahr anständiger benehmen. Sie benutzten den Frauentag eh nur, um zu saufen. Die intelligente Dramaturgin Oksana wettert wütend, man könne sich nicht einmal mehr die Nachrichten ansehen, weil auch dort Endlosberichte über irgendwelche Frauenfeiern und Frauenehrungen gezeigt werden. „Wieso nichts über das, was die Männer zu Hause mit den Frauen treiben? Über die Vergewaltigungen, die Morde, die Prostituti-on?"

„Na ja, das paßt nun wirklich nicht", meint Lilja wie immer real i-stisch und trocken.

Am 7.März geht die Feierei schon mittags los. Alle Geschäfte schlie-ßen. 1996 werde ich in die Pelzfirma eingeladen, wir müssen einige Geld-transaktionen erledigen, und dann verführen mich die Juristin, die Kas-siererin und der Direktor zu einer äußerst fröhlichen Frauentagsbetriebs-feier. In einem großen Saal sitzt an einer hufeisenförmig aufgebauten Tafel die ganze Belegschaft, etwa fünfzig Frauen und acht Männer. Wir Frauen sind also zahlenmäßig klar überlegen. Es gibt Kognak, Cham-pagner, „Buterbrody" mit rotem Kaviar, Wurst, Käse und Schinken, dann werden große Terrinen mit Hammelfleisch und Kartoffeln aufge-tischt. Die Männer wirken etwas unbeholfen, die Frauen sind sich an diesem Tag ihres Sieges sicher. Die Stimmung ist sogar aufmüpfig. Ei-gentlich müssen die Männer an dem Tag alle Toaste ausbringen. Als einer beginnt: „Die Männer regieren die Welt..." geht ein Sturm der Ent-rüstung los. „Denkt Ihr!" „Hört euch diesen Unsinn an!" „Man sieht ja, was bei rauskommt!" „Kriege! Mißwirtschaft!" Der arme Mann wehrt sich lautstark: „Laßt mich bitte ausreden! Aber die Frauen regieren die Männer!" Jubelnde Zustimmung. „Deshalb regieren in Wirklichkeit die Frauen die Welt! Auf die Frauen, die sowohl die Welt wie die Männer regieren!"„ „Na gut, daß er die Kurve noch gekriegt hat!" raunt mir meine Nachbarin zu. „Sind die Männer bei euch auch solche Machos?"

Dann werden die Firmengeschenke verteilt: Es sind grüne, lila, rote und schwarze Haarbürsten. Jede Frau kann sich eine aus einer großen Kiste aussuchen. Ich wähle eine grüne. (Die schwarzen waren schon vergeben).

Dann beginnen alle ungehindert durch ihre teilweise beträchtliche Leibesfülle in den wildesten Rhythmen zu tanzen. Sie singen die Melodi-en mit. Die meisten Frauen tanzen wegen Männermangels mit anderen Frauen, was der Fröhlichkeit keinen Abbruch tut. Inzwischen haben sie, wohl auch mithilfe des Alkohols, ihre Scheu vor mir verloren und for-dern mich der Reihe nach auch zum wilden Tanz auf. Der Direktor wirkt inmitten seines Kollektivs wie der Hahn im Korb. Er hatte sich geschwo-ren, mit jeder Frau einmal zu tanzen, stößt dann aber nur noch mit dem Hintern an die Hintern der anderen. Das gilt als getanzt. Ein anderer Mann, der gar nicht tanzen will, wird von fünf Frauen zum Tanz verge-waltigt. Ein harter Tag für die Männer.

Am frühen Nachmittag brechen einige Frauen bereits auf, um zu Hause zu kochen, zu backen, eben um für die Männer die Feierlichkeiten des Frauentags vorzubereiten. Drei Frauen begleiten mich zur Tür. „Wir sind lieb und gut, auch wenn wir dick sind," sagt mir eine 200 Pfund Tonne, mich umarmend und fast erdrückend, und gemeinsam singen wir zum Abschluß ein Lied mit dem Refrain: „Aber wie kann man auf Erden ohne Liebe leben."

Am 8.März früh kommen die in unmittelbarer Nähe wohnenden Freunde Tanja, Mischa und Wolodja mit Blumen vorbei, um zu gratulieren. Pflichtschuldigst gratuliere ich den Frauen auch. Wir trinken einen Aufwachwodka und stellen gemeinsam fest: „Das wird heute Streß!" Fragt sich, für wen?

Ich versuche, noch ein bißchen Zeit herauszuschinden, um zu arbeiten, werde aber durch pausenlose Anrufe nachdrücklich daran erinnert, daß heute unter anderem auch „mein Tag" ist. Die Männer überschlagen sich. David und Walerij kommen mit Blumen vorbei. Wieder ein Glas Wodka. Ich schlage Frühstück vor. Dazu haben sie keine Zeit. Aljoscha ruft an, um mir zu „unserem" kom munistischen Feiertag zu gratulieren, er stößt mit einem Glas Wodka an den Hörer, weil er gleich zur Probe „für euch Frauen" ins Theater muß. Das Leben ist hart, sage ich und revanchiere mich mit dem Anstoßen eines leeren Wodkaglases. Nach sechs weiteren Anrufen mache ich resigniert den Computer aus und begebe mich festlich gekleidet und herausgeputzt zu Lilja. Anatol ist auch schon im Theater. Während Lilja sich schminkt, wir einen Tee trinken, rätseln wir, was 'unsere` phantasielosen Männer sich wohl ausgedacht haben könnten, um uns eine Freude zu machen. Heute dürfen wir lästern.

Um 13 Uhr versammeln wir uns alle im Theater auf der Kleinen Bühne. Wir Frauen sind wieder in der Überzahl, da sich nun auch alle anderen im Theater beschäftigten, von Garderobieren, Maskenbildnerinnen, Schneiderinnen, Portiersfrauen, Kostümbildnerinnen ... eben alle Frauen, die in irgendeiner Funktion am Theater arbeiten, eingefunden haben. Nina, die Buffetchefin, hat mit ihrem Kollektiv lange Tafeln gedeckt, die mit Leckerbissen überhäuft sind. In der Mitte eine (alberne) Torte mit der kunstvollen Zuckeraufschrift: „8.MÄRZ – FRAUENTAG".

Die Männer haben sich Mühe gegeben. Sie imitieren, parodieren, singen, spielen Sketche. Den Höhepunkt bildet das geniale Paar Aljoscha und Anatol, die zitternd und krächzend zwei uralte Schauspielerinnen spielen. Sie erinnern sich und lamentieren über die letzten 50 Jahre des Theaters mit unzähligen Anspielungen und Frechheiten. Bravo! Dann beginnt das Festgelage, dem ich hier entrinnen kann. Ich habe noch drei Einladungen zu überstehen.

Sascha und ich fahren zu ihm nach Hause. Lisa ist vorausgeeilt, den Frauentag vorzubereiten. Lisas Halbschwester ist zu Besuch. Ein Urviech an Fröhlichkeit und Sinneslust. Am liebsten möchte sie, daß ich noch zu ihr ans andere Ende der Stadt komme, um weiter den Siegestag der Frauen zu feiern.

Ich renne mit einer Tasche voller Geschenke, Tulpen, Nelken, Rosen, einer Lilie und einer Mimose zu den anderen Freunden, wo auch Larissa und Oleg mit Rodja eingetroffen sind. Beim Anblick der Gans wird mir fast schlecht. Aber es hilft nichts. Kosten zumindest muß ich. Es entbrennt ein leidenschaftlicher Streit um die Gleichberechtigung der Frau. Das hat mir gerade noch gefehlt.

Da Larissa und Oleg in meine Richtung müssen, laufen wir eine Stunde durch die frauentrunkene Stadt und nüchtern ein bißchen aus. Allerdings erliegen wir der Versuchung, noch einmal im Theater vorbeizuschauen, ob da vielleicht noch jemand feiert. Wir treffen Lilja, Oksana, die junge Garde, die Bufettchefin und einige ihrer Gehilfinnen, die blonde Tanja und zwei ältere Kolleginnen. Die Männer haben sich bis auf einen nimmer trinkmüden Beleuchter verzogen. Wir bringen - unter uns Frauen - einen Toast aus, jede fügt ein neues Adjektiv hinzu: „Auf die ungeliebten Frauen" - „die verlassenen" - „die unglücklichen" - „die häßlichen" - „die verkrüppelten" - „die traurigen" - „die bösartigen" - „die uralten und kranken" - „die zänkischen" - „die hinterlistigen" - „die einsamen" - „und auf so tolle, wie wir es sind" posaunt d ie jüngste Schauspielerin, der unser zynischer Zeitvertreib nicht so recht gefällt. Sie will feiern und gefeiert werden. Recht hat auch sie.

Zu Hause stelle ich meine Blumenpracht ins Wasser, schalte angeekelt den Fernseher mit begeisterten Berichten über das Frauenfest im ganzen Lande ab und stelle fest, daß von morgens bis abends „geliebte Frauen" zu hören oder spielen zu müssen, einem ganz schön auf die Nerven gehen kann.

Ein Tag mit Aberglauben

Tanja, 48 Jahre alt, „verdiente" Schauspielerin

„Ich wurde am 2.Juli 1949 in Saratow geboren. Die Schule beendete ich 1966 und in dem Jahr ging ich an die Schauspielschule in Saratow.

1970 wurde ich von der Schule weg engagiert an das Drama-Theater von Wladiwostok und dann nach Chabarowsk. 1980 wurde ich vom Intendanten und dem Oberspielleiter an das Omsker Theater geholt."

Wie für alle Schauspielerinnen ist das Theater hier Tanjas Leidenschaft, obwohl ihre eigentliche Heimat immer Saratow geblieben ist.

Sie ist eine wunderbare Schauspielerin. Jedesmal läuft mir ein Schauer den Rücken hinunter, wenn sie in Ayckbournes 'Frohe Feste` als die Alkoholikerin Marion um die Aufmerksamkeit ihres Mannes kämpft: „Hast du gewußt, daß ich früher mal sehr schön gewesen bin? Eine sehr, sehr schöne Frau. Auf der Straße haben mich die Leute angestarrt und gesagt, „Mein Gott, was für eine wunder-wunderschöne Frau!" Die Leute sind kilometerweise angereist gekommen, um ein Photo von mir zu machen ... Und wer will jetzt noch ein Photo von mir haben? Möchtest du ein Photo von mir haben? Nein, natürlich nicht. Kein Mensch will ein Photo von mir. Fällt euch jemand ein, der ein Photo von mir haben will? Bitte, irgend jemand. Wer möchte ein Photo von mir haben?"

Der Ehemann brüllt: "Kein Schwein will ein Photo von dir, also halt die Klappe!"

So wie sie diese Sätze spielt, glaubt man, sie zeige das Leid, die Wehmut, die Trauer und die Wut aller alternder Frauen der Welt, die sich nicht damit abfinden können, daß sie nicht mehr jung, so schön und begehrenswert sind.

Mit ihrem Mann verbindet sie neben dem Theater die gemeinsame Leidenschaft für eine drollige Promenadenmischung namens Dascha, die ihr Töchterlein vor acht Jahren von der Straße mitgebracht hat. Ihr einziges Kind verfolgen sie mit Affenliebe. Das Kind hält sich inzwischen für eine erwachsene junge Frau von 19 Jahren und läßt die liebenden Eltern nicht zur Ruhe kommen. So heiratete sie, während die Hüter und Wächter ihres jungen Lebens im Urlaub waren, schlichterhand einen jungen Mann, der dann allerdings irgendwie nicht der Richtige war - so daß die Scheidung auf dem Fuße folgte, noch ehe sich die Eltern von ihrem Schreck erholt hatten.

Daneben führt Tanja aber ein intensives Eigenleben, liest stundenlang Zeitung und widerspricht nie. Die gesellschaftlichen Normen, in die

Frauen gebunden werden, sind ein festes, akzeptiertes Gerüst, die befolgt sie, ohne daß sie sich in ihrem eigenen Rhythmus stören läßt. Warum sollte man dagegen aufbegehren, sinnlose Kraftverschwendung, solange es die eigenen Kreise nicht durcheinanderbringt. Aber auf der anderen Seite fordert Tanja natürlich ihren Tribut von der Männerwelt rigoros ein. Wenn sie den Haushalt macht, muß Mischa eine Sauna bauen. Wenn sie kocht, muß er zumindest die Getränke besorgen.

Tanja frönt aber auch einer anderen Leidenschaft. Bei meiner Party für das Omsker Drama-Theater anläßlich ihres Gastspiels in Berlin war Tanja sofort auf Nimmerwiedersehen verschwunden und hockte in meinem Garten verzückt vor jedem Grashalm, der ihr ungewöhnlich schien, vor jeder Pflanze, jeder Blume. Sie kann tagelang über Samen und Setzlinge reden, was man wann, wie, wo, in welche Erde, wie tief wie hoch mit oder ohne Dünger einsetzen, säen, pflanzen muß, viel oder wenig Wasser, viel oder wenig Sonne, welche Gefahren von Wühlmäusen, Maulwürfen, gierigen Vögeln drohen... Auf ihrer Datsche hat sie dann auch die schönsten und seltensten Arten von Kürbissen, Auberginen, Zucchini und Tomaten - alles wie aus dem Bilderbuch der Gartenschau. Auch mit ihrem Einweckrezepten liegt sie in fröhlichem Wettstreit mit der gesamten Omsker Bevölkerung. Es ist eine Lust, bei ihr zum Essen eingeladen zu sein. Einmal wollte sie nur uns Frauen, Nadja, Lilja und mich mit ausschließlich Selbstgemachtem bewirten, auch mit selbstgekeltertem Obstwein. Leicht hysterisch kichernd öffnete sie uns die Haustür. Der Dreiliterballon mit Obstwein war ihr aus der Hand gerutscht. Allein der Geruch betäubte uns und machte uns fast trunken.

Natürlich hielt das Tanja für keinen Zufall. Ihr Glück, Wohlergehen oder kommendes Unheil ist für sie von „Sudba" - dem Schicksal abhängig. Und das Schicksal steht in den Horoskopen oder sie erfährt es aus den Karten. Tanja legt fanatisch Karten, hat eine ganze Bibliothek von astrologischen Büchern und liest alle Horoskope, deren sie habhaft werden kann. Sie kennt die Sternzeichen des gesamten Ensembles, weiß, in welchem chinesischen Zeichen man geboren ist und weissagt, kombiniert und prophezeit, wenn man will, was das nächste Jahr bringen wird. Sie kennt auch jede obstruse Bedeutung von allen abergläubischen Regeln, die man, will man sicher und glücklich durchs Leben gehen will, zu befolgen hat.

Ich dagegen bin eigentlich nicht abergläubisch ...

In Rußland, nicht nur in Sibirien, glauben alle an alles. In den extremen Situationen, als die Kirche verboten war, ist die Ethik in die Schürzentaschen der Großmütter geschlüpft. Die Babuschkas wenigstens hatten noch eine Verbindung zur Natur, konnten Zeichen deuten, verließen sich auf ihre Intuition. Wenn es dem Menschen schlecht geht, muß er an etwas glauben oder Gründe dafür finden, warum es ihm schlecht geht.

Ich glaube nicht daran, daß angeblich alle deutschen Uhren in mehreren Wohnungen um halb drei Uhr in der Nacht stehen geblieben sind, als wir mit unserem Militärflugzeug samt Bus in Omsk landeten, ich glaube nicht an die Orakel, die sich ergeben, wenn man einen Gedichtband aufschlägt, eine Seite und eine Zeile nennen muß und der jeweilige Vers einem die neuesten Schicksalsschläge prophezeit. Aber nach einiger Zeit färbt die Schicksalsgläubigkeit ein bißchen ab. Wenn ich einen fürchterlichen Alptraum habe, bin ich inzwischen versucht, ins Bad zu rennen und den schlechten Traum mit kaltem Wasser von den Füßen zu waschen.

Beim Aufwachen sehe ich eine Spinne an der Decke hängen. Nun mach schon, beweg dich, ich will wissen, ob der Tag gut oder schlecht wird. Sie läßt sich ein bißchen fallen, oh weh, aber dann klettert sie nach oben. Also wird es ein guter Tag, das heißt, entweder kommt jemand mich besuchen oder ich erhalte eine gute Nachricht! Mit Bedauern stelle ich fest, daß ich weder von schönen Stiefeln noch von schöner Wäsche geträumt habe. Ersteres hieße eine Hochzeit, das zweite einen Liebhaber. Ich habe auch nicht von Eiern geträumt, was hieße, daß ein lieber Mensch kommt, noch von Läusen, die mir das ganz große Geld gebracht hätten. Na dann eben nicht! Aber immerhin habe ich auch von keiner Kirche geträumt, was Trauer brächte; ich habe auch kein Kreuz im Schlaf gesehen, das wäre schon absolutes Leiden.

Im Bad beginnt der Reihe nach alles zu jucken. Erst die linke Handfläche, das heißt Geld. Dann die rechte Handfläche, noch ein Zeichen für einen lieben Besucher. Ich niese und die Nase beginnt zu jucken: toll, irgendwann heute werde ich mit irgendwem einen guten Tropfen trinken.

Beim Anziehen erschrecke ich. Wieder bin ich in den Rock von oben hineingestiegen, statt ihn über den Kopf zu ziehen. Das bringt Unglück. Das Frühstück verläuft völlig normal, es klingelt. Ich frage vorsichtig wie alle: „Wer ist da?" Aljoscha besucht mich. Ich will ihn an der Tür umarmen, mit einem Satz ist er im Flur: „Um Gottes Willen nicht auf der Schwelle!" Das bringt natürlich auch Unglück. Und „Schwelle" ist alles: von der Eingangstür über die Küchentür bis zum Buseinstieg.

Als er geht, warnt er mich, ja nicht den Schmutz seiner Stiefel im Flur hinter ihm auszufegen, das bringt für ihn wie für mich alle Arten von Schwierigkeiten mit sich. Der Gast muß erst zu Hause sein, oder er könnte nie wieder kommen oder es stößt ihm auf dem Weg ein anderes Unglück zu, wenn du ihn sozusagen ausfegst.

Nach kurzer Zeit kommt er zurück. Er hat seine Handschuhe vergessen. Er sieht in den Spiegel, bittet mich, drei Mal über die linke Schulter zu spucken und erklärt: „Ne budet puti" - Wenn man das nicht macht, „wird es keinen Weg geben". Von Freud keinen blassen Schimmer, denke ich.

Beim verspäteten Frühstück verschütte ich etwas Tee, macht nichts, das bedeutet eine unerwartete Freude. Als mir das Salzfaß aus der Hand fällt, spucke ich schnell drei Mal über die Schulter, damit heute ja kein Streit aufkommt.

Lilja holt mich ab, wir wollen einkaufen und später zur Probe ins Theater. Erst balancieren wir durch tiefen Schnee um die Drähte eines Telegrafenmastes herum, der mitten auf unserem Trampelpfad steht, dann umgehen wir mehrere dampfende Gullis, und Lilja bleibt wie angewurzelt stehen. Tatsächlich eine schwarze Katze von links. Wir kreuzen vorsichtshalber die Finger auf dem Rücken, sehen uns um und haben Glück. Hinter uns geht ein Paar, das - die Katze nicht achtend - uns überholt, so daß das vermeintliche Unglück uns nicht mehr treffen kann. (Der typisch russische Ausweg, wie Lilja meint).

„Und überhaupt mußt du die Finger kreuzen und in die Tasche stekken, wenn du in eine schwierige Situation kommst, dann wird dich das nicht berühren", klärt sie mich auf.

Im Theater finde ich vor der Garderobe eine Stecknadel. Ich will sie der Garderobenfrau geben, schließlich ist hier alles kostbar, aber sie steckt sie mir an das Mantelfutter und sagt. „Nun kann Sie niemand mehr verhexen." Aha.

Wir sehen ein bißchen der Probe zu. Plötzlich setzt sich einer der Schauspieler an einer völlig unpassenden Stelle auf den Boden. Ihm ist die Rolle aus der Hand gefallen, da muß er sich drauf setzen, sonst wird er entweder schlecht spielen oder die Rolle ganz verlieren."

„Nu, ni pucha ni pera" - „Weder Flaum noch Feder" sagt man im Russischen zu Hals und Beinbruch, worauf der so Beglückwünschte antworten muß: „K tschortu" - „Zum Teufel", während das tfu tfu tfu unserem Toi toi toi mit Holzklopfen entspricht.

Auf mich wartet noch eine Überraschung. Einige Schauspielerinnen haben einen intensiven Kontakt zu einer Hellseherin, die an dem Tag gerade in einer Garderobe Audienz hält. Ob ich da nicht auch mal vorbeischauen will. Ich frage vorsichtig, ob sie eine Zigeunerin ist und wieviel es kostet. Es kostet so viel, wie du ihr gibst, und sie ist eine normale Russin.

Die Garderobe wird abgeschlossen, ein junge, höchstens dreißigjährige Frau mit riesengroßen blaßblauen Augen begrüßt mich freundlich. Was ich denn wissen will? Ich erzähle ihr ein bißchen von meiner schizophrenen Situation in zwei Ländern, von meiner glücklich unglücklichen Liebe, sie schließt die Augen, hält die Hände vors Gesicht und ich warte rauchend, was die Geister ihr wohl sagen werden. Dann erfahre ich für 15 Mark seltsame Dinge: In meinem früheren Leben sei ich ein Mann gewesen. Ob mir das noch nie jemand gesagt habe? Und zwar ein Monster von Mann, der seine junge schwangere, ihn über alles liebende Frau ruchlos verlassen hat. Die Frau hat ihr Kind geboren, ungeliebt aufgezogen, so daß dieses junge Mädchen bösartig wurde. Die ist jetzt die böse Frau meines augenblicklichen Freundes, der im vorigen Leben eine Frau war. Deshalb ist er jetzt schwach, weich und fürchtet sich vor allem. Ich als Mann habe ein Lotterleben geführt, viele Kinder gezeugt, mich nie um sie gekümmert und nun müsse ich in diesem Leben kinderlos andere Kinder aufziehen und das Karma des früheren Lebens abarbeiten. Als sie mir dann noch irgendeine pädagogische Tätigkeit voraussagt, beschließe ich, daß dies alles vielleicht ein guter Stoff für einen Roman ist, aber ich glaube nicht, daß ich das richtige Medium für sie bin.

Am späteren Nachmittag stellen sich bei mir zu Hause die angekündigten Gäste ein. Als nur der Stil eines Kristallglases abbricht, will ich es beiseite stellen, um es später zu kleben. „Aus einem zerbrochenen Glas darf man nicht trinken", sagt Anatol und wirft es aus dem Fenster. „Warum muß man es aus dem Fenster werfen?"

Wir unterhalten uns über Aberglauben und Schicksal. „Schicksal ist einfach alles: Ob du jemanden auf der Straße triffst oder nicht, ob dich eine Biene sticht, ob du in Hundedreck trittst oder ob du im Schlaf erwürgt wirst, weil deine Frau denkt, du hättest eine Geliebte. Ändern kann man da grundsätzlich nichts, man muß alles aushalten."

„Übrigens, fliegt ein Vogel ins Fenster, kann das zweierlei bedeuten: entweder ist es ein Gruß aus der anderen Welt - oder auch Glück und Leben. Je nachdem, woran du glauben willst".

Es klingelt. Tanja und Lisa waren in der Kirche und bringen geweihte Kerzen mit. Nachdem sie ihre Schuhe ausgezogen haben, zünden sie die Kerzen an und laufen auf Socken (für so viele Gäste reichen meine Pantoffeln nicht) durch die Wohnung, leuchten in jede Ecke und halten die Kerze einen Augenblick lang über den Köpfen der Gäste. Knistert die geweihte Kerze, heißt das: Dort sitzt ein unreiner Geist, den die Kerze mit ihrem Lichtschein vertreiben muß. Gott sei Dank ist bei mir alles ruhig, über den Köpfen der Gäste auch, nur bei Tanja zirpt es ein bißchen, und die sagt, sie hätte tatsächlich Sorgen.

Der Mond ist als Sichel aufgegangen. „Du mußt ihm Geld hinhalten, dann wirst du reich", sagt Nina.

Gehorsam öffne ich das Fenster und winke der Sichel mit einem Schein.

„Hast du ihm Dollar gezeigt? Doch keine Rubel! Du mußt ihm Dollar zeigen!"

Wir beginnen eine kleine Seance: Tanja will uns Karten legen, wobei man ziemlich präzise Fragen stellen muß. Als erstes fangen alle an, an ihren Hälsen rumzufummeln und nehmen ihre Kreuze ab. Reines Heidentum, denke ich.

Bei mir bewahrheitet sich dann auch alles, was ich sowieso schon wußte. Ich lebe in zwei Welten, Geld ist keins in Sicht, mein Freund ist verheiratet...

Olga bekommt einen Schluckauf, und wir alle beginnen zu raten, wer wohl an sie denken könnte. Denn es hört nur auf, wenn sie denjenigen errät, der so intensiv an sie denkt.

Nach dem letzten „Pasaschok" - und dem letzten „Stremennoj", hüte ich mich, den Schmutz zu beseitigen, bis nicht alle angerufen und versichert haben, daß sie gut zu Hause angelangt sind.

Ich sehe noch ein bißchen fern, bis mich der Bildschirm freundlich auffordert: Vergessen Sie nicht, den Fernseher auszuschalten! Da fängt doch tatsächlich diese verdammte Kerze an zu knistern. Weg mit euch unreinen Geistern!!!

Einkaufen heißt Abenteuer

Nina, 50 Jahre alt, Chefin des Theaterbüfetts

„Ich bin 1947 in Surgut, im Tjumensker Gebiet geboren worden. Meine höhere Schulausbildung habe ich dann schon in Omsk erhalten, ich bin seit 31 Jahren hier.

Ich habe einen Mann, einen Sohn, eine Tochter, drei Enkel. Ich habe überall gearbeitet, in einer Milchfabrik, in einem Institut als Leiterin mehrerer Abteilungen für Automaten, als Ingenieurin. Seit der Perestrojka konnte ich eigene Initiativen entwickeln. Seit sechs Jahren arbeite ich sozusagen in der Privatindustrie. Immer mehrere Dinge auf einmal. Großes Bisness habe ich nie gemacht. Ein Jahr lang hatte ich ein Reisebüro, aber das ging schnell den Bach runter, je weniger Geld die Leute hatten. Ich leite neben dem Theaterbüfett noch eine Cafe-Kantine in einer Privatfirma. Ja, und seit dem Sommer das Büfett für die Zuschauer. Das haben wir zu vier größeren Räumen ausgebaut, hier können wir auch Empfänge ausrichten. Aber das wichtigste sind die Theaterleute selber. Sie nennen mich ihre 'Ernährerin`. Ich habe kein leichtes Leben, auch nie ein leichtes Leben gehabt. Eher ein sehr schweres. Aber ich bin zufrieden. Ich arbeite von sieben Uhr früh bis oft nach zwei Uhr nachts. Vor Mitternacht bin ich nie zu Hause. Und ich muß immer hin- und her fahren, die Kantine in der Privatfirma ist von 10 bis 21 Uhr geöffnet, na ja und hier im Theater auch von 10 Uhr bis oft nach Mitternacht. Ich habe jetzt 28 Angestellte. Und wie du gesehen hast, haben wir den kleinen früheren Abstellraum mit Waschbecken neben dem Büfett zu einem Büro umgebaut.

Das Wichtigste? Die Liebe zu meinem Mann, zu den Kindern, den Enkeln, aber auch zu allen Leuten, die ich 'ernähre`. Menschen zu lieben, halte ich für eine Pflicht. Ich bin von Natur aus sehr pflichtbewußt.“

Nina ist eine mittelgroße, leicht mollige, sehr energische Frau, die mit eher besorgter, auf jeden Fall verantwortungs- voller Miene herumläuft. Fröhlich sieht man sie selten. Sie raucht nicht, sie trinkt fast nie. Sie arbeitet bis zum Umfallen. Neben der Alltagsküche, den großen Empfängen mit bis zu 100 oder mehr Personen, den 400 Zuschauern, die in den Pausen etwas genießen wollen, nimmt sie auch Hausaufträge an, kümmert sich um die besonderen Bedürfnisse jedes einzelnen. In einem Jahr, als ich Wurst und Schinken zu Weihnachten bestellt habe, wird ein großes

Paket bei mir zu Hause abgeben, eine gebratene Gans, noch warm und knusprig: ein Geschenk von Nina.

Auf Anruf des Intendanten zaubert sie innerhalb von fünf Minuten einen hervorragenden Imbiß, der durch eine Hintertür in sein kleines gemütliches Geheimkabinett befördert wird.

Ergattert sie irgendwo Sonderangebote, kann man sich auch mit Fleisch oder Fisch für den eigenen Bedarf eindecken. Ein Schauspieler nach dem anderen verschwindet mit Taschen und Plastikbeuteln im hinteren Teil der Küche. Aber auch sonst kann man dort immer Brot, Milch, Spirituosen einkaufen. Dieser kleine Hinterraum ist eine der wichtigsten Einkaufsquellen für die Theaterleute, noch dazu, weil man auf Pump kaufen kann.

Neben den Angestellten arbeitet auch ihr Mann mit, schleppt Waren heran, Kisten herein und heraus, aber die unumstrittene Chefin ist Nina. In dem fensterlosen, anderthalb mal zwei Meter großen Kabuff, das von oben bis unten mit Theaterplakaten statt einer Tapete beklebt ist, sitzt seit neuestem auch eine Buchhalterin. Da Nina oft die einzige ist, die über Geld verfügt, ist sie auch gleichzeitig eine Börse. Aber wie jede echte Geschäftsfrau verpumpt sie nicht gerne Geld. Wie das alles finanziell und organisatorisch zu bewältigen ist, bleibt für mich trotzdem ein Rätsel. Manchmal bekomme ich fast ein wenig Angst: wenn das mit der Geldnot so weiter geht... Nina wäre wohl die einzige, die das Theater ganz und gar kaufen könnte. Ihre Macht scheint jetzt schon unüberschaubar.

Obwohl es heute fast alles in Omsk zu kaufen gibt, was das Herz begehrt, ist der Weg, es auch tatsächlich nach Hause tragen zu können, oft sehr mühselig. Was man gerade haben möchte, ist in dem Moment vergriffen oder nur am anderen Ende der Stadt zu haben.

Vor einigen Jahren hatte ich eine meiner Freundinnen überredet, mit nach Omsk zu kommen. Sie wohnt im Hotel, ich bin schon stolze Wohnungsbesitzerin. Sie ist begeistert von der Gastfreundschaft, der Wärme und Herzlichkeit der Menschen, aber da die Kantine im Theater wegen Umbau geschlossen ist, hat sie Schwierigkeiten mit der normalen Ernährung. Zwar gibt es im Hotel kleine Büfetts, aber das kalte fette Fleisch oder die Mayonnaisensalate sind nicht direkt ihr Geschmack und Fisch ißt sie prinzipiell nicht. Ihre Würstchendosen hat man ihm aus dem unverschlossenen Koffer entwendet, also hilft alles nichts, sie muß einkaufen gehen. Ich gebe ihr noch den guten Ratschlag, nimm, kauf, was du siehst, im Sozialismus, selbst im vergangenen oder vergehenden kann es am nächsten Tag für Monate verschwunden sein.

Wie überall in Rußland muß man sich dafür mehrmals anstellen. Für ein Produkt mindestens drei Mal. Zunächst, um das gewünschte Stück-

chen Wurst abwiegen und einwickeln zu lassen, dann stellt man sich an
der Kasse an, bezahlt, dann stellt man sich wieder an, um sein Stückchen
Wurst abzuholen. Immer unter der Voraussetzung, der gewünschte
Artikel ist überhaupt vorhanden. Und weiter geht es. Jetzt stellt sie sich
nach Milch und Kefir an. Kefir gibt es neuerdings in Tüten. Sie bringt mir
zwei mit, die ich unschuldig in den Eisschrank stelle. Am nächsten Morgen schwimmt der Eisschrank, die Tüten sind nur etwa zehn Stunden
lang dicht, dann sickert die Flüssigkeit durch. Sahne, bzw. Schmand hat
sie nicht bekommen, weil sie kein leeres Glas mit hatte, und auch für die
vorhandenen Kartoffeln, Gurken und Tomaten fehlten die Beutel. Mineralwasser gibt es schon die ganze Woche nicht, klagt sie. Ich habe bei mir
um die Ecke ein paar Flaschen ergattert und frage sie listig am Telefon:
„Ich könnte dir ja was geben. Aber nur im Tausch." „Gegen was?" Was
ist zur Zeit unauffindbar? „Nur gegen Toilettenpapier." Das wiederum
hatte ich, obwohl es auf meiner Liste der unabdingbaren Gebrauchs-
gegenstände, die dem Ausländer das Leben erleichtern oder gar erst
ermöglichen und die er mitzubringen hat, steht, vergessen und versucht,
mein Problem damit zu lösen, daß ich, wo immer ich eingeladen war,
einen Vorrat für den nächsten Tag klaute, bzw. ausborgte. Denn wie in
jeder Mangelgesellschaft muß man sich behelfen, tauschen, borgen,
schenken.

Als sie ein paar Tage später nach einem längeren Aufenthalt in einem
Geschäft strahlend ankommt und verkündet: „Stell dir vor, ich hätte fast
ein Stückchen Schinken erwischt, der war alle, als nur noch zwei Leute
vor mir in der Schlange standen!" weiß ich, daß ich mir keine Sorgen
mehr um sie machen muß. Sie hat sich eingelebt und an die russischen
Frauen angepaßt.

Wie des öfteren, im letzten Jahr praktischerweise zu Neujahr - gibt es
kein Brot oder nur so wenig, daß man sich mehrere Stunden anstellen
muß. Der zehnjährige Serjoscha ruft uns nach zwei Stunden Warterei an:
„Neuigkeiten von der Brotfront. Vor mir sind noch acht Leute. Aber in
einer Viertel Stunde kommt frisch gebackenes Brot." Obwohl ich weiß,
daß es sinnlos ist zu fragen, frage ich: „Warum gibt es kein Brot?" „Sie
behaupten, irgendwas habe mit der Mehlverteilung nicht geklappt."
„Warum?" „Das weiß der Teufel."

Mangel ist in Rußland aber nicht etwa gleichbedeutend mit Spar-
samkeit. Obwohl ich neuerdings immer öfter von den Hausfrauen höre:
„Man sollte „ekonomitsja" ökonomisch sein oder haushalten" wird wild
geaast, verschwendet, vergeudet, weggeworfen.

Was es gibt, sieht man meist auf der Straße. Und wenn es was gibt,
dann in Hülle und Fülle. Egal, ob man es brauchen kann oder nicht, man
sollte es kaufen und hat dann zumindest einen Vorrat, den man in ande-

ren Zeiten tauschen oder verschenken kann. Begegnen einem also mehrere Leute hintereinander, die Teppiche schleppen, oder Wassereimer tragen oder gar Netze mit Apfelsinen, oder es gucken lange Dauerwürste aus den Taschen, braucht man nur ihren Weg zurückzuverfolgen, um an die Quelle zu gelangen. Auch sonst funktioniert das Nachrichtensystem oder die Flüsterpropaganda hervorragend. Jeder, der irgendwo etwas Brauchbares gesehen hat, erzählt es sofort weiter.

Im übrigen lautet die Devise jetzt in den neuen „Bissnisszeiten": Handle oder stirb! Auf den Straßen und vor den großen Märkten sitzen nur alte Frauen. Verkauft wird theoretisch alles:

Früchte, Pullover, Kaviar, Strümpfe, Handschuhe, Gewürze, Handfeger, Puppen, T-Shirts mit Micky-Mäusen oder amerikanischen Reklamen. Der Spaziergang auf den Märkten ist eigentlich immer eine Entdeckungsreise, man darf nur nicht etwas Bestimmtes wollen. Wie oft sieht man eine alte Großmutter mit einer einzelnen Tube westlicher Zahnpasta oder einem oder zwei Stückchen Seife, einem gehäkelten Deckchen, einer einzelnen Colaflasche oder mit zwei Bierbüchsen. Auf kleinen Tischen oder auf Mauern verkaufen dann die schon etwas gehobeneren Verkäufer ihr Sammelsurium. Da werden Bücher und Wodka an einem Stand feilgeboten oder irgend jemand hat irgendwo eine Kiste Makkaroni oder gar Musikkassetten aufgetrieben. Im Sommer und Herbst kommen große Laster aus Kasachstan oder Usbekistan mit Melonen, jetzt im Winter sehe ich Laster mit ganzen Zuckersäcken. In den Geschäften ist Zucker nicht zu kriegen. Aber hier werden 50 kg Zucker auf Schlitten geladen und abtransportiert. Was die nur mit so viel Zucker machen?

Hundert Meter vor meinem Haus führt ein kleiner Markt ein fröhliches, familiäres Eigenleben. Er ist von vier Kiosken eingerahmt, und eine Reihe von alten Bauernfrauen umsäumt ihn in der Gluthitze des Sommers mit Regenschirmen und in der Eiseskälte des Winters mit Filzstiefeln und Pelzkappen mit den Waren der Jahreszeit. An einer Seite steht ein Lebensmittelgeschäft, was merkwürdigerweise neben Lebensmitteln auch Zahnpasta und ein paar Bücher führt, falls die Verkäuferin zufällig da ist, und im zweiten Stock gibt es frisch gebackenes Brot, Baguette und Torten. Oft marschiere ich mit Lilja und Tanja zum „kleinen" Einkauf. Das ist für alle sehr zeitsparend. Tanja steht bei den Milch- und Käsewaren an, Lilja bei der Wurst, ich beim Fleisch, da kennen mich die Verkäuferinnen und räumen des öfteren was Besonderes für „ihre Ausländerin" auf die Seite, wir sammeln die Kassenzettel, Tanja steht an der Kasse, Lilja inzwischen bei den Getränken, ich beim Obst. Während Tanja wieder bezahlt, laufen Lilja und ich nach oben, haben Glück, es werden gerade wieder Bleche mit frischen Baguettes auf einem alten Eisengestell in den Verkaufsraum gerollt. Sie sind ganz heiß und knusprig - und wir so gierig, daß wir zur Freude der illegalen Bananenverkäuferinnen auf der Treppe wie die Kinder die Baguettes anbeißen. Da wir nun doch wie Packesel beladen sind, rufen wir Mischa und Anatol an, uns beim Tragen zu helfen. Gott sei Dank gibt es an jeder Ecke einen Telefonautomaten, und Telefonieren ist kostenlos. Übrigens auch zu Hause, außer Ferngesprächen. Vor zwei Jahren versuchte der Magistrat normale Telefongebühren einzuführen und stieß auf so heftigen Widerspruch bei der Bevölkerung, daß die Behörden resignieren mußten. „Das einzige, was wir haben, unsere Kommunikation, wollen sie uns auch noch nehmen!" So wurde lediglich eine geringe Grundgebühr (ca. drei DM pro Monat) durchgesetzt.

Für die wirklich „großen" Einkäufe ziehen wir auf einen großen L e-bensmittelmarkt neben der Kreuzkirche, nicht ohne daß unsere nicht nur abergläubische, sondern auch gläubige Tanja vorher ein paar geweihte Kerzen für uns alle erstanden hat. Den Mittelpunkt des Markts bildet eine riesige Halle, in der man von halben Kühen, ganzen Schweinen, Zentnersäcken von Kartoffeln jede Art von frischem Obst, getrockneten Früchten, Kräutern und Gemüse in jeder Form, Milchprodukten, frischen Blumen fast alles mit viel Geld erwerben kann. Besonders beliebt sind auch hier die deutschen Stände, wo es angeblich die beste Sahne, die beste Butter und den besten Käse gibt. Überall darf man probieren, das Mittagessen kann man sich an solchen Tagen sparen. Fleisch esse ich lieber bereits zubereitet bei Freunden, bis jetzt habe ich mich selten entschließen können, die merkwürdig zerhackten Beine oder anatomisch undefinierbaren Fleischbrocken zu erwerben. Noch dazu, wo sie im Sommer von Fliegenschwärmen heimgesucht und im Winter völlig ungehindert von munter hackenden Spatzen als Hauptnahrungsquell angesehen werden, die sich an den gefrorenen Fleischstücken oder Fischen gütlich tun oder fröhlich auf ihnen herumspazieren. Drumherum wieder kleine Stände oder einzelne Bäuerinnen mit den unvermeidlichen Sonnenblumenkernen, Samen, getrockneten Pilzen, Aprikosen, Walnüssen oder schlicht mit einer einzelnen Kola-Büchse oder einem Stückchen Seife. Wir ziehen meist reich beladen von dannen und ärgern uns jedes Mal, daß wir nicht unseren Bus bestellt haben.

Die absolute Steigerung in Omsk ist der etwa zwei Quadratkilometer umfassende Großmarkt unter freiem Himmel. Er heißt „Unter den Brü k-ken". Auf der einen Seite der g roßen Autobahnbrücke ist der gesetztere Teil: ein Kleider- und Trödelmarkt. Auf der anderen Seite ein wildes Durcheinander von Ständen, Lastwagen, laut schreienden Anbietern von Lebensmitteln.

Manchmal nehmen wir einen Träger in Gestalt von Sascha mit. Dann sind wir zu sechst, weil Zielana und Olga uns weltfremde Marktbesucher behüten und beschützen müssen. Wir kaufen, Sascha hat einen riesigen Rucksack und zwei große Reisetaschen mit, er ist stämmig und stark wie ein russischer Bär. Als wir alle zusammen für Olgas Abschiedfest - sie wird in Kürze nach Deutschland ausreisen - einkaufen, sucht Zielana ziemlich hektisch ihr Portemonnaie. Seit vier Monaten hatte sie zum ersten Mal wieder Lohn bekommen, und das war in dieser Viermonatsballung nicht wenig. Sie hatte für 10.000 Rubel eine Kleinigkeit gekauft - die restlichen drei Millionen sind futsch. Gemach, gemach, noch einmal alles durchsehen. Wir hocken alle auf dem Boden, behindern als ruhender Staupunkt den fließenden Marktverkehr, Leute stolpern und fallen fast über uns, leider bleibt das Geld trotz aller unserer Anstrengungen unauffindbar. Und wer hat mich immer gewarnt, meine Tasche mit sehr viel weniger Geld fest um den Leib zu schlingen, weil es hier genauso viele Diebe wie Kauflustige gibt? Wir ziehen etwas bedripst nach Hause. Am Abend sehen wir uns alle im Theater wieder, Zielana vergißt bei Goldoni lachend ihren Kummer und tröstet uns (und sich) „Geld bedeutet nicht alles."

Eine der wichtigsten Versorgungsquellen ist der tausendfach auf den Straßen stehende Kiosk, besonders für Raucher. Die Kioske haben hauptsächlich Getränke und Zigaretten. Man kann sich zwar beileibe nicht darauf verlassen, daß es da am nächsten Tag noch dasselbe gibt, aber man ist auch vor angenehmen Überraschungen nie sicher. Plötzlich entdeckt man irgendwo die begehrte Malboro light oder Camel 100, deutsche Bierbüchsen oder seltene Wodkasorten.

In den letzten Jahren schoß aber auch eine ganze Kette von Spezialgeschäften aus dem Boden, besonders, was Tele-, Kommunikations-, und Computertechnik betrifft. Nach langen Diskussionen mit Olga in Berlin bin ich leidlich überzeugt, daß ich in Omsk unschwer einen Fernseher kaufen kann und keinen von Berlin dahin schleppen muß. Es ist der neunte Januar 1996. Oleg bietet sich an, mit mir zu einem befreundeten Verkäufer einer Großhandlung zu gehen. Nach einem Kaffee bei mir, Oleg hat eine weite Anreise, marschieren wir los, um einmal festzustellen, daß der Mensch nicht da ist, sondern Urlaub hat, zum anderen, daß es überhaupt keinen Fernseher gibt.

Abends erzählen wir das natürlich im Theater und zwanzig Leute behaupten, sie hätten aber Fernseher in der Stadt gesichtet und sie würden mir selbstverständlich helfen, mich noch abends anrufen oder gleich morgen Bescheid geben. Es blieb telefonmäßig merkwürdig still. Aber nicht die Geduld verlieren. Zwar war in Omsk nach Neujahr und Weihnachten kein einziger Fernseher aufzutreiben, aber meine zwanzig stol-

zen Helfer forschten. Am 13. Februar, nach mehreren abenteuerlichen
Touren zu angeblich vorhandenen Fernsehern, Hunderten von Telefonaten, angesichts der realen Lage völlig absurden Diskussionen über das
beste Modell, Grundig, Panasonic oder ein billiges koreanisches Gerät,
rief der junge ambitionierte Sergej an. Er habe einen Grundig, seine Bekannte arbeite in einem anderen Großhandel, die habe ein Gerät für ihn
zurückgestellt. Ob ich gleich nach Ende der Probe um halb drei mit dem
Geld ins Theater kommen könne. Mache ich, klar. Obwohl ich nicht
weiß, weshalb er sich das Geld nicht vor der Probe bei mir abgeholt hat,
er wohnt keine 200 Meter von mir entfernt. Aber Zeit spielt ja in Rußland
keine Rolle. Ich laufe ins Theater, besorge den Bus für ihn, nach einer
Stunde kommt er wieder, natürlich ohne Fernseher. Seine Freundin war
nicht da, aber morgen bekommt er ihn ganz sicher. Und wozu warte ich
hier dann völlig umsonst zwei Stunden, statt zu arbeiten? Die Idee war
ihm noch nicht gekommen. Nach sechs Wochen intensiver Suche steht
dann am nächsten Tag tatsächlich ein Fernseher in meiner Wohnung.
Wer hat es geschafft, einen zu besorgen? Natürlich keiner der Männer,
sondern Oksana. Sechs Leute sind leidenschaftlich damit befaßt, ihn
anzuschließen und die Programme einzustellen.

Im Sommer hatte ich mich durch wunderschöne westlich angehauch-
te Reklame und einen modernen Glasbau verleiten lassen, meine No-
rilskfotos, acht Filme in dem Kodakladen abzugeben. Als ich sie nach
zwei Tagen abhole, bekomme ich ein großes Paket. Ich frage ungläubig,
was das sei. „Ihre Filme." Acht ineinander gerollte ungeschnittene Filme
und ein dicker Packen von circa 450 Bildern, die, wie sich nachher beim
Betrachten und Sortierungsversuchen herausstellt, noch nicht einmal in
einer ungefähren Reihenfolge zusammenhängen. Ich versuche eine Art
Aufklärung, ziemlich hoffnungslos. Es sollte mein erster und letzter
Versuch sein, in Omsk Filme entwickeln zu lassen, zumindest nicht mehrere auf einmal.

Ein anderes echtes Abenteuer war der Einkauf von Möbeln für meine
Wohnung. Wir klappern die einschlägigen Geschäfte ab, kaufen, was uns
gefällt, kein Problem. Ich will schon über den leichten „Sieg" jubeln, als
uns der Schrank, der Tisch, die Regale, der Schreibtisch, die Küchenbank
in schweren kompakten Paketen ausgehändigt werden. Schon das Hoch-
schleppen wird zur Tortur, geschweige denn das Auspacken. Dann rufe
ich laut um Hilfe, da ich mit Hunderten von Schrauben und zig Einzel-
teilen samt unverständlichen Beschreibungen, wie das alles zusammen-
zubauen sei, auf der Erde sitze und jede weitere Anstrengung verweige-
re. Die ausziehbare Couch steht, schlafen kann ich also.

Am nächsten Tag stehen meine Künstlerbrigade und ein selbstbe-
wußter, Ikea-Möbel geübter deutscher Freund vor der Tür. Ich habe für

Erfrischungen gesorgt und beschränke meine Tätigkeit hauptsächlich auf Bewundern und Loben. Vier Leute arbeiten angestrengt sechs Stunden lang, um den Schrank zusammenzuschrauben, bis sich herausstellt, daß zwei tragende Schrauben fehlen. Der deutsche Freund stöhnt: Das konnte nur der Sozialismus erfinden! Darauf beschließen wir Frauen, das alles selber in die Hand zu nehmen. Und siehe da, es klappte, ohne Stöhnen.

Seit der Perestrojka steigen die Preise unaufhörlich. Die Inflation ist schreckenerregend. Im Herbst 1990 mußte ich für einen Rubel noch drei Mark zahlen, im Herbst 1993 bekomme ich für eine Mark schon über sechshundert Rubel. 1995 bis zum großen Finanzzusammenbruch im August 1998 hatte sich Kurs etwas stabilisiert, die deutsche Mark schwankte konstant zwischen 3200 und 3400 Rubeln. Und wie überall kletterten die Preise sehr viel schneller in die Höhe als die Löhne.

Die Wiedergeburt der Banken

„Kann ich eigentlich hier auf einer Bank Geld abheben?" fragte mich eine deutsche Freundin in Moskau. „Warum nicht", dachte ich. Da in Moskau in jenen Oktobertagen (1993) aber gerade geschossen wurde, gab es keine Möglichkeit, zur Bank zu gehen und Geld zu tauschen. Aber warum soll das in Omsk nicht klappen? Wohlgemut frage ich im Theater nach. Olga läuft zu Nina in die Buchhaltung, alles klar, die Bank ist nicht weit weg. Nina kann uns nicht begleiten. Sie hat Probleme. Ich erfahre erst viel später, daß ihr Verlobter, der nach einer Feier nicht nach Hause zurückgekommen ist, nach Wochen erschlagen am Rande von Omsk aufgefunden wurde und sie das gerade in diesem Moment erfahren hat.

Auf den Straßen ein unwahrscheinlicher Dreck. Man kann sich einfach nicht vorstellen, daß sich so viel Schlamm ansammeln kann, woher, warum läuft das Wasser nicht ab, warum verwandelt sich alles in eine fantastische Modderlandschaft, in der Kinder das größte Vergnügen hätten rumzuplanschen.

Wir finden die Bank, nachdem wir ein paar Mal nachgefragt haben, kommen in die Eingangshalle. Da warten einige Dutzend Leute, wir haben Glück, müssen uns da nicht anstellen. Im vierten Stock werden wir in ein Zimmer geführt, das so aussieht, als wären wir irgendwo in einem Wohnzimmer bei Privatleuten gelandet. Höflich werden wir gebeten, Platz zu nehmen. Dann werden wir in einen anderen Raum geholt. Dieselbe Ordnung oder Unordnung mit Westplastiktüten zweifelhaften Inhalts neben frischen Kohlköpfen, von denen für den Eingeweihten bereits der Geruch köstlicher Kohlsuppe ausgeht. Ein kleiner smarter, adrett, völlig untypisch für russische Verhältnisse angezogener Mann wird herbeigerufen. Wir erklären ihm unser Anliegen, er besieht sich die verschiedenen Kreditkarten, ist sichtlich beeindruckt und verschwindet wieder. Das alles scheint nicht das Richtige zu sein. Wir zeigen ihm voller Hoffnung die Euroschecks. Er ist voller Bewunderung und von einem erschreckenden Optimismus. „Was für wunderschöne Papiere", was da alles für Zahlen drauf sind, wie schön gedruckt, was für eine Papierqualität, aber in weltmännischen Ton belehrt er uns: „Hier ist nicht Europa, das gilt hier nicht."

Ich protestiere: „Ich war in Berlin auf der Post und wollte einen Brief nach Omsk aufgeben. Da haben die in einem schlauen Buch nachgesehen und mir erklärt, das sei Europa, es kostet genau wie nach Paris eine Mark."

Unser kleiner korrekter, sehr beflissener Beamter staunt, aber die Regeln hier sind steinhart. Daran geht nichts vorbei. Aber vielleicht ist der Chef da? Drei Leute flitzen los, um den Chef zu suchen. Ich vermute, er ist auf seiner Datscha oder zu Hause zum Essen, weil es bereits kurz vor eins ist, aber nein, er ist in einer „großen Sitzung". Diese Worte gen ügen, um zu verstehen, daß wir keine Chance haben.

Ich mache einen letzten kläglichen Versuch, doch noch Geld zu bekommen, weil das Problem nun zu sein scheint, daß sie nicht wissen, wieviel Geld sie für das „wunderschöne Papier" herausrücken dürfen. Ich erkläre, daß man überall, in Spanien, England, Deutschland etc. bis vierhundert Mark dafür tauschen kann. Ratloses Kopfschütteln. Ich stelle mir vorsichtig vor, was im Kopf dieses Menschen vorgeht. Da stellt sich die ganze Angst von gesammelten 70 Jahren sozialistischer Unsicherheit und Geknebeltheit wieder ein, obwohl er sich dessen nicht bewußt ist. Nichts zu machen. Er weiß nicht, wie viel Geld er für das „wunderschö-ne Papier" herausgeben darf. Mir wird zum ersten Mal die Ästhetik von Kreditkarten bewußt.

Zwei Jahre später, als die Inkombank bereits ein gewaltiges modernes Betonungetüm gebaut hat und ich mich vergeblich um ein Konto für meine Wohnungsfinanzierung bemühe, zücke ich versuchsweise wieder so einen Euroscheck und meine verschiedenen Karten. Jetzt gibt es bereits eine Spezialistin für Auslandstransaktionen und Devisen. Jung, blond, äußerst schick angezogen, dynamisch und englisch sprechend, nickt sie mir begeistert zu: „Natürlich nehmen wir solche Schecks."

Ich reiche ihr, innerlich jubelnd über so viel Fortschritt, einen Scheck über den Tisch.

„Was? Sie wollen das Geld gleich?" „Ja natürlich."

Sie verschwindet, kehrt mit tragisch angehauchtem Gesichtsausd ruck zurück und meint: „Das dauert vier bis sechs Wochen."

Ich locke sie noch mit verschiedenen Angeboten, ich könne meine Bank anrufen, ein Fax auf englisch schicken und ein englisches Fax zurückfordern, so daß sie sicher sein könne, daß ich keine Hochstaplerin oder Schwindlerin sei. Es hilft nichts. Der leicht tragische Zug verschwindet nicht von ihrem Gesicht. Sie bedauert. Ich auch.

„Wie wollt Ihr denn hier mit den Ausländern Geschäfte aufbauen?"

Sie wird rot, und ich höre auf, sie zu quälen.

Natürlich bin ich gespannt, was mit meinem „russischen Rubelkonto" passiert ist. Als der Ukas den Au sländern untersagte, ein Devisenkonto mit Prozenten einzurichten, hatte unsere Verwaltungsdirektorin Nastja mein Geld verrubelt und für mich ein Konto auf ihren Namen eingerichtet, wozu wir stundenlang erst bei einer ihr immerhin bekannten Notarin verbrachten, die für viel Geld eine Vollmacht und Beglaubigung ausstellte. Nastja wollte den Sparpassus Monat für Monat verlängern, damit ich auf dem russischen Konto Zinsen bekäme.

Im Dezember 1996 werde ich getröstet, das Geld ist gut angelegt. Ich kann es zu jedem Ersten des Monats kündigen, bzw. Nastja. Ich suche weiter eine neue Wohnung und weiß, daß ich zuzahlen muß. Nach telefonischer Auskunft, alles sei mit einer Master Card möglich, fahren Nastja und ich um 11 Uhr zur Bank. Ich drängele auf Eile, Nastja versteht es nicht. Die Bank macht aber um 13 Uhr zu. Nastja ist der festen Überzeugung, daß die Auskünfte stimmen, die ihr die Bank gegeben hat, da steht ein Automat und in fünf Minuten ist alles erledigt. Natürlich gibt es keinen Automaten, wir laufen von Hinz zu Kunz, werden von Schalter zu Schalter geschickt, scheinen endlich an der richtigen Stelle angelangt zu sein. Vor uns stehen fünf Leute. Für den ersten braucht die junge Beamtin eine halbe Stunde, für den zweiten 14 Minuten, es ist bereits zwölf Uhr. Der dritte hat hunderttausend Fragen, nachdem sie nach endloser Zeit eine Bankkarte ausgehändigt bekommen hat. Ich sage, das schaffen wir nie.

Acht Minuten vor ein Uhr sind wir an der Reihe und nun geht das Ausfüllen von Formularen bei uns los. Fünf nach ein Uhr zieht sie meine Karte durch einen normalen Kontroll-Apparat, ich unterschreibe die Quittung, denke, es ist ausgestanden. Nastja ist inzwischen ein paar Mal zur Kasse geflitzt und hat die armen Mädchen überredet, auf uns zu warten. Es ist leer in der Bank. Zu meinem Grausen sucht die Beamtin in einer ellenlangen Computerliste irgendwie meine Kartennummer und dann fängt sie wieder an, große DIN A 4 Bögen mit mindestens fünf Durchschlägen auszufüllen. Ich leiste bestimmt die zehnte Unterschrift - es ist inzwischen halb zwei. Die Kasse zahlt mir Dollar aus. Die müßte ich dann tauschen. Natürlich ist inzwischen die Rubelkasse geschlossen. Man erklärt mir höflich, alle Banken hätten von eins bis zwei zu, als ob ich das nicht wüßte. Ich bin genervt und nicht sehr liebenswürdig. Nastja meint, ich lebte doch schon lange in Rußland und verstünde doch, wie das hier liefe. Ich sage: „Ich würde eine Revolution machen!"

Mitte 1997 hat so etwas Ähnliches stattgefunden: an zwei Stellen in der Stadt stehen normale Geldautomaten, die sogar auf meine Euro- oder Mastercard wahlweise Rubel, Mark oder Dollar ausspucken.

Dieses Glück erwies sich blitzschnell als Illusion.

Am 17.August 1998 schlägt mir Oksana vor, statt in der stickigen Wohnung zu sitzen, zum Flußbahnhof zu laufen und eine Dampferfahrt auf dem Irtysch zu machen. Da ich darauf nicht vorbereitet war, habe ich nur etwa vierzig Rubel bei mir. Oksana will am Bankautomaten noch Geld holen. Ich warte, es dauert und dauert, schließlich kommt sie verwirrt zurück - der Automat sagt ihr, sie habe kein Geld auf ihrem Konto, was nachweislich nicht stimmt. Mit Ach und Krach kriegen wir das Geld für die Tickets zusammen und verbringen zwei fröhliche Stunden auf dem Fluß. Was wir und alle auf dem Fluß mit uns „Schwim menden" noch nicht wußten, war, daß es für lange Zeit die letzte Dampferfahrt sein sollte. Am nächsten Tag wurden die Fahrten für unbestimmte Zeit eingestellt. Nach Hause müssen wir dann beide laufen, weil wir nicht einmal die anderthalb Rubel für den Bus haben. Abends wird verschwommen ein Bankcrash und ein möglicher Geldverfall im Fernsehen verkündet, und am nächsten Tag waren alle Banken geschlossen, geschweige denn, daß irgendein Automat „gearbeitet" hätte. Eine im Westen kaum wahrgenommene Katastrophe. Für mehrere Tage sind alle Banken geschlossen, Bargeld ist nirgends zu bekommen, die Waren sind schlagartig aus den Geschäften verschwunden, nur auf den kleinen Märkten sitzen noch mit ihren Äpfeln, Eiern, Zwiebeln, Milch und Kartoffeln die alten Marktfrauen, die noch gar nicht mitbekommen haben, daß eine Finanzkrise ihr Land erschüttert hat.

Wohl dem, der wie ich ein wahrscheinlich aus der Nachkriegszeit stammendes Hamstersyndrom und Vorräte zu Hause hat, mit denen ich meinen Freunden ein wenig helfen konnte. Aber ich mußte eh nach drei Tagen nach Berlin zurück und hörte die nächsten Horrornachrichten nur per Telefon. Ich erfuhr, daß die Preise um das drei und vierfache gestiegen waren, Zigaretten sogar um das Zehnfache, selbst Brot plötzlich das sechsfache kostete, Butter das Fünffache und Fleisch gar nicht mehr zu bezahlen war. Die Devisenkurse irrten in den ersten Tagen in irgend welchen astralen Höhen herum. Die Kleinstsparer verloren ihre Minisparguthaben, die Banken können nichts auszahlen. Binnen kurzem war auch die Bank, die das Theater sponserte, pleite. Es gab sie einfach nicht mehr. Ich war für eine kurze Zeit „Millionär". Dann pendelten sich Do llar und DM bei dem vierfachen Kurs ein, und der Rubel wurde abgewertet. Ab dem 1.Januar 1999 kämpften wir alle mit den neuen Scheinen und der Umrechnung.

Schlimmer war, daß nun überhaupt keine Gehälter mehr gezahlt wurden. Immer noch ist es mir schleierhaft, wie man so leben kann. Aber dann werden eben keine Mieten gezahlt, keine Steuern, und gelebt wird von der Hand in den Mund.

An einem Sonntag fahren wir drei Stunden durch die glühend heiße Stadt auf der Suche nach einem Bankautomat. Die „arbeiten" nach wil lkürlichem Belieben und kapriziös. Aber der Fortschritt ist unübersehbar. Überall sind Schilder mit Hinweisen, wo sich der nächste Automat befindet. Nur daß wir nach mindestens dreißig Automaten und halbtot vor Hitze mit leeren Händen nach Hause zurückkommen und uns eben arm und geldlos in die kühlen Fluten des Irtysch stürzen.

Wie kauft man eine Wohnung in
Omsk

Lilja, 36 Jahre alt, „verdiente Schauspielerin"

„Ich wurde am 17.8.1961 in Omsk als zweite Tochter eines Fahrrad-sporttrainers und einer Geschichtslehrerin geboren, die an einer Taub-stummenschule unterrichtete. 1978 beendete ich die Schule und wurde im Schauspielstudio des Omsker Drama-Theaters bis 1982 ausgebildet. Ich wurde gleich in das Ensemble des Theaters übernommen, in dem ich seitdem spiele. Die ältere Schwester arbeitet in Moskau als Journalisten. Das Wichtigste? Die Liebe und das Theater."

„Verdiente Künstlerin" ist ein Titel, eine Auszeichnung für brillante Leistungen, den man gewöhnlich erst im reiferen Alter erhält. Lilja ist sozusagen frühreif. Sie erhielt diese Auszeichnung schon mit 31 Jahren. Sie ist Omskerin, eine der wenigen im Omsker Ensemble, die hier gebo-ren wurde und aufgewachsen ist. Durch den Beruf des Vaters war die Familie nicht ganz so von der übrigen Welt abgeschnitten wie die Nor-malbürger dieser geschlossenen Stadt. Die Großeltern waren beide taub-stumm. Lilja meint, daher habe sie ihre Begabung. Sie mußte von Kind an alles gestisch ausdrücken.

Eine kurze Zeit gab es in Omsk eine Schauspielschule, und das gera-de war Liljas Zeit. Sie wurde blutjung sofort engagiert, und ist Schau-spielerin aus Leidenschaft.

„Ich lebe im Theater - alles ist mit dem Theater verbunden, der Mor-gen, der Abend, alles. Dieses Theater ist ein besonderer Ort - wo alle Freuden, alle Leiden, alles Spannende passiert. Denn sonst gab es ja sehr wenig, als Omsk noch eine geschlossene Stadt war ... Den Zuschauern kommt auch eine große Rolle zu. Da ich hier aufgewachsen bin, weiß ich, was die Leute hier fühlen, was sie erwarten, ich weiß, wer ins Theater kommt, was für Stimmungen vorherrschen. Und unser Theater hat etwas Besonderes. Sogar das Haus ist besonders, nicht nur Beton und Glas wie das neue Jugendtheater, sondern es ist eben ein Zuhause. Nein, mehr noch, es ist eine Quelle des Lebens. Wenn alles zusammen kommt, ist es ein Wunder: der Autor, deine Rolle, die Kollegen, mit denen du spielst, die Musik, der Regisseur, der Bühnenarchitekt, wenn das alles stimmig ist, erfährst du echtes Glück...Und wir haben über die Jahre hin sehr tiefe, menschliche Kontakte. Wenn das von irgendeiner Seite her gestört ist, spürst du es sofort auf der Bühne. Weil die Bühne ja unter anderem auch eine Fortsetzung deiner privaten Probleme ist.

Ich habe sehr viele sehr unterschiedliche Rollen gespielt. Manche waren sehr schwierig für mich, weil sie mit meinem Lebensgefühl nichts gemein hatten. Und die Themen des eigenen Lebens ändern sich dauernd. Ich möchte Ophelia spielen, weil ich unglücklich bin, und ich muß ein derbes fluchendes Kosakenmädchen spielen. Da braucht es viel Zeit und Geduld mit mir selber, bis die Rolle mir näher kommt. Sie existiert entfernt, weit weg von mir, ist ein fremder Mensch, der noch kein Freund geworden ist. Das ist oft ein langer mühsamer Weg. Aber schön, und spannend, und aufregend, und nicht langweilig."

Lilja hat sich von dem wohlbehüteten bürgerlichen Elternhaus abgenabelt. Als die heißgeliebte ältere Schwester Nina nach Moskau zog, heiratete sie einen genialen Kollegen.

„Er ist mein Freund, mein Liebhaber, mein Mann, mein Vater, mein Bruder, mein Berater, mein Partner im Leben wie auf der Bühne." Sie sind inzwischen siebzehn Jahre lang glücklich verheiratet.

Lilja scheint mit einer Glückshaut geboren zu sein. Trotz aller Schwierigkeiten ist sie ruhig und ausgeglichen, oder sie spielt uns das vor. Haushalt mag sie nicht sehr, aber sie hat alles unter Kontrolle. Später wird sie alle Vollmachten für meine Wohnung haben und in Zeiten meiner Abwesenheit sozusagen die Hauptmieterin sein. Sie zahlt alle fälligen Rechnungen, und gelegentlich feiert sie dort mit Freundinnen, legt Karten oder sie zelebrieren Seancen, ungestört von den unverständigen Männern. Kochen ist zwar nicht ihre Lieblingsbeschäftigung, aber sie kann einige Gerichte vorzüglich. Wenn sie keine Proben hat oder nicht gerade ausgiebig schläft, ist das Telefon besetzt. Sie hat unzählige beste Freundinnen. Sie hat immer einen Rat für andere. Sie ist immer für alle da. Wir haben uns in unserer Theaterfamilie darauf geeinigt, daß sie meine „junge Mutter" ist. Sie kennt sich in der russischen Seele aus wie keine andere und hat mir in manchen verwirrten Situationen sehr geholfen. „Das muß m an eben durchleiden" ist einer ihrer Lieblingssätze.

Lilja ist klug, lebensklug, sogar weise. Von ihr höre ich eines Tages einen erstaunlichen Trinkspruch, nachdem wir die Monster, die es in jedem Theater, also auch in unserem gibt, durchgehechelt haben: „Laß uns auf unsere Feinde trinken! Es soll ihnen so gut gehen, daß sie gar nicht wissen, wie ihnen geschieht!"

Sie ist zärtlich und liebevoll, bescheiden, für mich unvorstellbar geduldig, ein Seismograph für Stimmungen in der Stadt, bei Freunden, im Theater. Und sie ist eine Große Schauspielerin. Ein deutscher Freund sagt ihr: „In Deutschland wärst du ein Star."

„Oh, ich lebe hier gut, ohne ein Star zu sein", antwortet sie.

Lilja hilft mir in allen Lebenslagen. Eines Tages, ich lebte schon drei Jahre in Omsk, fragt sie, ob es für mich ein völlig abstruser Gedanke sei, mir eine eigene Wohnung zu kaufen. Nachdem ich in verschiedenen Hotels und verschiedenen Wohnungen in verschiedenen Stadtteilen mit sehr verschiedenen Kommunikationsmöglichkeiten gelebt habe, und mir jedes Mal wieder eine neue Infrastruktur mit „meinen" Verkäuferinnen und „meinen" Märkten erschlossen habe, finde ich auch, es ist an der Zeit für eine feste Bleibe, noch dazu, wo ich immer öfter und immer länger vom Theater in Anspruch genommen werde. Lilja fragt bei Juristen nach, ob ein Ausländer eine Wohnung kaufen darf - und siehe da - kein großes Problem. D.h. Lilja wird eine kaufen und sie mir dann übereignen. Ich ziehe einen Kreis um das Theater, das möglichst zu Fuß erreichbar sein sollte.

Nach kurzer Zeit bin ich stolze Besitzerin einer kleinen Einzimmerwohnung, einer sogenannten Chruschtschowka (so benannt, weil zu Zeiten Chruschtschows die Parole lautete: für alle soll es eine Wohnung geben und solche Miniwohnungen gebaut wurden), nur eine halbe Stunde Fußwanderung vom Zentrum und dem Theater entfernt.

Zunächst sieht sie schlimm aus, die Tapeten sind halb runtergerissen, Drähte ragen aus den Wänden, die Türen sind rausgerissen oder jedenfalls nicht mehr vorhanden, keine Klobrille, keine einzige Glühbirne mehr vorhanden, aber eine Badewanne, ein Spülbecken in der Küche, ein funktionierender Gasherd und eine funktionierende Heizung. Also können wir feiern. Ein Gartentisch wird organisiert, zwei Hocker, Kerzen. Aus dem Wein und Wodkakartons basteln wir Kerzenständer und Tabletts (ich klebe Servietten um die Pappe), wir zaubern „Buterbrody", stellen alles auf unsere „Tafel", den Tisch und die Hocker, der Rest spielt sich auf dem Boden ab. Packpapier, auf das man sich setzen kann, ist genügend vorhanden, das Kerzenlicht läßt uns alle jünger und schöner erscheinen. Gläser haben alle mitgebracht und nach dem ersten Toast auf die Wohnung, möge sie uns allen Segen bringen, bespritzen alle mit den letzten Tropfen die Wände. „Obmyt nado". Man muß es begießen.

Aber die Hauptsache ist, wie bekomme ich einen, „meinen" Hausgeist? Gab es bei der vorherigen Besitzerin einen und würde er bei mir bleiben oder muß ich mir einen anlocken? Man fragt mich, ob ich in Berlin einen Hausgeist besäße, denn der sei schließlich Energie von mir, und wenn ich umziehe, muß ich ihn eigentlich mitnehmen. Da ich völlig ahnungslos bin, und mein Fall doch etwas anders liegt, weil ich ja in Berlin nicht ausgezogen bin, muß ich eine Schüssel mit ein wenig Essen und eine mit Wasser hinstellen und ein wenig Brot dazu drei Tage lang liegen lassen und Zauberformeln murmeln. Das taten dann Lilja und Tanja für mich. Ich weiß immer noch nicht, ob ich nun einen Hausgeist habe oder nicht. Weil ich nämlich keinen Hund hatte. Der hätte mir durch schnöde Verschmähung des Hausgeistessens angezeigt, daß der Platz besetzt ist.

Einige Monate später ist die Wohnung renoviert, eine neue Haustür eingesetzt, wenn auch unverputzt, so daß ich unfreiwilliger Zeuge aller lebhaften Gespräche auf dem Treppenflur werde, und die Hausbewohner, wenn sie wollen, alle unsere sorgsam gehüteten Theatergeheimnisse erfahren können, die im türlosen Zimmer oder der türlosen Küche lautstark diskutiert werden. Das Haustürproblem bestand bis zuletzt, mal war kein Zement da, mal fehlte der dazu gehörige Meister. Und obwohl mir alle Freunde versicherten, das sei eine Kleinigkeit, sie könnten das auch selber reparieren, passierte nichts.

Eine andere Kleinigkeit haben wir innerhalb von anderthalb Jahren glücklich gelöst. Die der Klobrille. Die schließlich gefundene hatte Risse, Ritzen und bei Druck sich heimtückisch schließende Spalten, so daß trotz aller angemessenen Behutsamkeit der Aufenthalt an diesem Ort kein besonderes Vergnügen war. Nach mehreren vergeblichen Streifzügen durch die einschlägigen Abteilungen der Kaufhäuser, der Spezialgeschäfte und der großen Märkte brachte mir Nina eine Kinderklobrille, elegant, hochmodern, knallrot und ohne Risse, weil ihr Sergej dem Kleinkindalter entwachsen war. Trotz dieser halt etwas klein geratenen Notlösung suchte das ganze Theater. Bei jedem neuen Besuch der Blick mit der bangen Hoffnung in die Toilette, ob vielleicht ein Wunder? ... Wir telefonierten mit Moskau, ich überlegte, ob ich vielleicht doch in Berlin...

Dann ein Anruf. Lilja schreit: „Pobeda! Sieg!" -

„In welcher Angelegenheit?" „Sieg" ist ja schließlich vieles, das E r-gattern von Kefir, Milch, Schinken usw.

„Ruf Boris an, er soll Werkzeug mitbringen, wir können die Klobrille anmontieren."

Boris wohnte damals um die Ecke, wir haben Glück, das Klo an sich bleibt bei der Aktion heil, die Größe ist zwar nicht direkt für das Untergestell gedacht, was soll`s! Aber wo Lilja die Kostbarkeit erspäht und auch hat kaufen können, hat mir Lilja nie verraten.

Und dann das Telefon! Ohne Telefon kann ich nicht leben, und schon gar nicht in Sibirien. Nur eine Wohnung mit Telefon. Gibt es ein Telefon? Ja. Hier ist deine Nummer. Man muß es nur anmelden. Ich fuhr fröhlich wieder nach Berlin, im guten Glauben, das würde funktionieren. Einen Apparat hatte ich vorsichtshalber mitgebracht. Als ich im Dezember wieder kam, war das Telefon angeschlossen, aber schwieg beharrlich. Dafür fand ich einen Zettel im Briefkasten, der unmißverständlich als Anmeldefrist den 22. November angab. Mit diesem Fund eilte ich ins

Theater, vielleicht war noch was zu retten. Der Gleichmut meines - ich will ihn mal Hauptagenten in diesem Spiel nennen - brachte mich in milde Rage. In Sibirien wartet man ein halbes Jahr auf das Telefon. „Ich habe es ja auch schon vor einem halben Jahr angemeldet". Sie versprechen, das heute noch zu erledigen. Heute passiert natürlich gar nichts. Morgen auch nicht. Übermorgen inszeniere ich einen Krach. Sehr viel Wirkung hat das auch nicht. Aber nach fünf Tagen arbeitet das Telefon plötzlich.

Es „arbeitet" auch noch im Mai. Und da meine Wohnung nun voll eingerichtet ist, mit Telefon, Fernseher und Computer, drängen mich alle, die Wohnung zu „sichern". D.h. man ruft einen „Meister" an, der kommt oder auch nicht und installiert eine Leitung. Bevor ich das Haus verlasse, rufe ich eine Geheimnummer an, sage meinen Geheimcode, und wer immer die Wohnung danach betritt, muß schleunigst diese Nummer anrufen und die Wohnung entsichern. Als Lilja das einmal vergißt, stehen fünf Minuten später vor ihren erstaunten Augen drei Männer mit gezogenen Pistolen, und sie hat alle Mühe, denen zu erklären, daß sie kein böser Einbrecher ist.

Aber erst mal mußte man dieses Wunder installieren. Wir warteten mindestens zehn Mal vergeblich auf den Meister, ich gab mal wieder die Hoffnung auf, da kam er, bastelte herum und verschwand. Und als wir die neue Errungenschaft ausprobieren wollten, schwieg das Telefon bösartig. Irgendwie gelang es Lilja, den Meister wieder aufzutreiben, der gab sich auch Mühe und ging sogar zum Postamt, murmelt aber etwas Unverständliches von morgen oder übermorgen. Und dann bekam Oksana plötzlich raus, daß ich ein illegales Telefon habe. Ich drohe meinem Hauptagenten mit Mord, als der mit der unschuldigsten Miene der Welt sagt: „Natürlich ist es eine illegale Nummer, wie hätte ich denn sonst so schnell einen Anschluß bekommen?" Ich habe keine Ahnung, wie man an einen illegalen Anschluß kommt, aber schließlich ist das alles schon Monate her, da hätte man das längst legalisieren können. Und was für ein Schwachsinn zu meinen, man könne ein illegales Telefon an die Polizei anschließen. Ich kämpfe wie ein Löwe, kann das Wort „Telefon" schon selber nicht mehr hören, drohe endlich mit sofortiger Abreise, da geschieht wieder ein Wunder und es „arbeitet" wieder. Wie? Keinen blassen Schimmer.

Ähnlich schwierig gestaltet es sich, wenn man jemanden besuchen möchte. Wenn man nur die Adresse weiß, ist ein Abenteuer. Nicht nur daß eine Straße nicht nur geradeaus, sondern auch nach rechts und links weiter gehen kann, so daß man stundenlang nach dem Haus sucht, sondern fast jedes Haus hat noch einen Code, den man wissen muß, sonst kommt man gar nicht erst herein. Gottseidank gibt es die vielen kostenlosen Telefonapparate auf der Straße, so daß man im Notfall anrufen kann. Namensschilder oder Klingeln am Hauseingang sind unbekannte Kostbarkeiten, es gibt nur Wohnungsnummern. Nachdem ich allen meine Codenummer gesagt habe, prangt ein Zettel im Hausflur, daß sich der Code ab morgen ändert. Ich versuche, alle zu benachrichtigen, dann aber funktioniert eine Woche lang noch der alte Code, dann gar keiner mehr und nach zehn Tagen der neue. Warum mußte der Code überhaupt geändert werden? Sinnlose Frage.

Eigentlich finde ich fast immer, wenn ich freudestrahlend in meine Wohnung komme, irgendeine kleine Katastrophe vor. In letzter Zeit sind es die kleinen flinken krabbelnden Mitbewohner, die immer wieder durch Luftschächte die Zeit meiner Abwesenheit nutzen, um dort gemütlich ein seliges Kakerlakendasein zu führen. Münchner Ratschläge, ein Bierglas halb zu füllen - ihre in München ersöffen darin immer - bleiben hier wirkungslos und mit Wodka habe ich es noch nicht probiert. Dafür gibt es einen „chinesischen Bleistift", eine Art von besonderer Kreide, mit der ich, lebensgefährlich auf dem altersschwachen wackelnden Herd stehend, den Luftschacht ummale. Es hilft.

Irgendwann im Sommer wird das warme Wasser abgestellt, dann das Wasser überhaupt. Kleine handgeschriebene Zettel weisen unten im Hausflur auf diese Ereignisse hin. Meist klingeln die Nachbarinnen und warnen mich vor, sollte ich die Zettel übersehen haben. Wenn man dann schnell noch einmal unter die Dusche will, stellt man meist fest, daß zumindest die Daten der Zettel überholt sind. Inzwischen habe ich immer einige Töpfe voll „Vorratswasser", halt für alle Fälle. Aber dafür funktioniert meist das telefonische Warnsystem, weil Freunde entweder fragen, ob sie bei einem noch baden können - im Fall des Warmwasserausfalls - oder mit Dreiliterweckgläsern vorbei kommen, um sich Wasser zu holen - im Fall des totalen Wasserausfalls (das Wasser wird nämlich Stadtbezirksweise gesperrt) oder einem dringend raten, blitzschnell die Badewanne zu füllen.

Leider habe ich keine sibirische Kühltruhe, sprich Balkon. Etwa fünf bis sechs Monate lang ist das für die meisten ein absoluter Luxus, weil man gekaufte Schätze in Portionen aufteilen und kostensparend einfrieren kann. Mich erheitert immer die Vorstellung, daß von Neujahr an Millionen von den in kollektivem Fraueneinsatz zubereiteten Pelmeny auf diesen Balkonen lagern.

Meine Wohnung wird nicht nur von meiner Polizeipultstation bewacht, die ich inzwischen stimmenmäßig alle kenne, sondern auch liebevoll von den Nachbarn, bzw. Nachbarinnen. Einmal hatte sich durch irgendeinen Wackelkontakt eine Panne ergeben und die Polizei rückte mehrere Male an. Das ganze Haus war in heller Aufregung, ob mir etwa was passiert wäre.

Später bringe ich meinen alten Anrufbeantworter mit, ein erfahrener Lichttechniker vom Theater installiert ihn mir. Er funktioniert sogar - solange ich zu Hause bin. Wenn ich weggehe und meine Wohnung zur Sicherung auf das Pult gebe, schaltet sich der Anrufbeantworter automatisch aus. Also muß ein „Meister" her. Nach einigen Tagen kommt der tatsächlich, bastelt lautstark zwei Stunden herum, um schließlich festzustellen, er habe nicht genügend Kabel bei sich. Nun funktioniert eine Woche lang gar nichts mehr, dann taucht er wieder auf: „Sie haben wohl nicht mehr mit mir gerechnet, was?" Er arbeitet wieder stöhnend und laut hämmernd drei Stunden, mit einem tollen Resultat. Jedesmal, wenn ich nach Hause komme, habe ich einen oder mehrere großartige Berichte von der Polizei, daß bei mir alles in Ordnung sei. Das heißt, jedesmal, wenn nun das Telefon klingelt und der Anrufbeantworter anspringt, schlägt es auf dem Polizeipult Alarm. Ich fange an zu fluchen. „Ihr könnt auf den Mond fliegen und Raketen bauen und weiß der Kuckuck was erfinden, und seid nicht in der Lage, so einen winzigen Anrufbeantworter an euer Telefonnetz anzuschließen!"

Es vergehen weitere zwei Wochen, der „Meister" erscheint unangemeldet, gerade als Lisa das erste Mal allein bei mir zu Besuch ist, um die Seele baumeln zu lassen und von den neuesten Schwierigkeiten in der Familie, auf der Bühne und im Leben zu erzählen. Wir hocken also flüsternd hinter dem Vorhang, eine Zimmertür habe ich immer noch nicht, der Meister hämmert vier Stunden, ich verwünsche ihn und den Anrufbeantworter und die Unzuverlässigkeit der Deutschen von ganzem Herzen. Die Vorbereitung des Gastspiels in Berlin ist der Hauptgrund für den Einsatz des Anrufbeantworters, weil sich die Deutschen irgendwie nicht merken können, daß „wir" in Omsk fünf Stunden voraus sind und immer dann anrufen, wenn ich mit tödlicher Sicherheit im Theater bin.

Im März 1996 nähert sich meine Zeit in Omsk mal wieder dem Ende - und es ist ähnlich turbulent wie der Anfang dieser Reise war, als ich zweiunddreißig Stunden auf dem Flughafen festsaß. Ich wollte ja schon immer eine Wohnung mit Blick auf den Irtysch, jetzt hat eine Agentur eine gefunden, aber es ist chaotisch wie immer, und wenn ich überhaupt umziehen kann, dann sicher am letzten Tag vor meiner Abreise. So genieße ich jetzt jede Stunde den ja auch nicht üblen Blick aus meiner jetzigen Wohnung auf die durch den Schnee stapfenden Menschen und die bereiften Bäume. Heute Nacht waren wieder 25 Grad minus, tags sollen es fünf Grad werden. Daran glaube ich nicht, obwohl die Sonne scheint.

Die „neue", vielleicht sollte ich lieber sagen, die potentielle neue Wohnung ist sozusagen eine Traumwohnung. Ein Zimmer wie hier auch, aber ein bißchen gröber. Eine etwas größere Küche, ein sehr viel größerer Flur mit einem großen eingebauten Schrank. Das Schönste ist neben dem Balkon, der sozusagen auch noch um die Ecke geht, so daß ich immer Sonne habe, der Blick auf den gesamten Irtysch nach rechts und nach links. Die Hochhäuser auf dem linken Ufer sind so weit entfernt, daß sie nicht weiter stören. Ja natürlich, Mängel gibt es wie überall. Das Waschbecken ist herausgerissen, aber das alte ist immerhin vorhanden und liegt auf dem Balkon. Und renoviert werden muß auch. Aber Lilja hat nach zwei Umzügen innerhalb eines Jahres beste Erfahrungen mit einem Zwei-Mann Kollektiv gemacht, die zwar sehr teuer, aber absolut zuverlässig sind. Ich kenne sie auch und sie wären bereit, die Wohnung sofort in ihren Idealzustand zu verwandeln.

Nachdem vor zehn Tagen klar war, daß ich die Wohnung haben möchte, habe ich angefangen, „Geld zu finden" wie man hier sagt. Der Intendant hatte mir Geld aus Berlin mitgebracht, weil die Bank mir zugesagt hatte, ich könne hier ein Devisenkonto aufmachen mit 15%. Das schien verlockend.

Als ich eine Woche später mit unserer Kassiererin und dem Geld in der Bank auftauchte, war inzwischen ein Ukas herausgekommen, daß diese 15% Regelung für Ausländer nicht mehr gilt. Ich verlor einen ganzen Vormittag, was hier aber keinerlei Bedeutung hat. Ich finde Hilfe bei einer Pelzfirma, für die ich ergebnislos mit einem Berliner Rechtsanwalt telefoniert habe, das restliche Geld. Nein, nicht sofort, das können die erst in einer Woche mit der Bank regeln. Dies Geld soll ich dann in Berlin dem Rechtsanwalt übergeben, weil der wieder ohne das Geld für die Gerichtskosten keinen Prozeß führen kann. Irgendwie klappte es mit dem Fax nicht und die Pelzfirma konnte dem Rechtsanwalt kein Geld überweisen, weil sie keine Rechnung von ihm hatte. Ich beginne die russischen Banken zu fürchten. Meine Agentur ruft mich an und erzählt mir irgendwas von einer Frau, (die Besitzerin „meiner" neu en Wohnung), die sich eine Wohnung suchen müßte und von einem Großvater, der da auch wohnen müßte und ich verstehe Bahnhof. Aber noch habe ich zwei Wochen Zeit. Es verstreichen ein paar Tage, ich erreiche niemanden, ich flehe meinen Mittelsmann im Theater an, doch Erkundigungen einzuholen, ich beschließe, mich nicht mehr aufzuregen und die ganze Sache fallen zu lassen.

Die Tage vergehen, ich telefoniere noch ein bißchen vergeblich herum, habe aber schon kapiert, daß meine Traumwohnung für mich in den Irtysch gefallen ist. Aber wie naiv von mir, zu glauben, oder besser zu hoffen, ein Wohnungstausch würde in Rußland so schnell gehen. Schade, da gab es sogar eine Zimmer- und eine Küchentür.

Wie immer tröstet Lilja lakonisch: „Was willst Du eigentlich, Du sitzt doch nicht auf der Straße." Recht hat sie.

Ein Jahr später: Dasselbe Spiel von vorne. Fast alle meine Freundinnen suchen in Zeitungsannoncen, durch Agenten oder durch Anschläge an ihren Häusern oder Erkundigungen bei Bekannten nach einer neuen „Traumwohnung" für mich. Nastja, Lilja und ich sehen uns über 20 Wohnungen an. Einige sind zu klein, andere sündhaft teuer, wieder andere haben keine Sonne. Ich fahre einigermaßen frustriert wieder nach Berlin.

Da kommt ein Anruf von Nastja. Sie hat meine Traumwohnung am Irtysch, nur daß sie heillos verdreckt ist. Aber ob sie eine Anzahlung machen soll. Ich lege wie immer alles in die Hände meiner russischen Freundinnen. Dieses Mal kauft Nastja die Wohnung für mich, sonst müßte ich als Ausländerin inzwischen das Zehnfache an Steuern bezahlen.

Kurz nach dem Frauentag ziehe ich mit Hilfe von zehn Leuten aus dem Theater um. Natürlich spielt uns das Wetter einen Streich. Nach klarem Sonnenschein vor und nach dem Umzugstag peitscht ein Schneesturm durch die Stadt, daß wir uns kaum aufrecht halten können und sich der Theaterbühnenlaster nur mit Mühe durch die Schneewehen kämpft.

Zwei Stunden vor der verabredeten Zeit stehen bereits die Möbel meines Nachmieters vor der Tür und blockieren alles. Als wir in der neuen Wohnung ankommen, sind die aber noch nicht ausgezogen. Die Männer helfen mit auszuräumen, wir Frauen ziehen uns zu Lilja zurück, kochen Suppen und bereiten „Buterbrody" mit Kaviar zu.

Als wir wieder in „meine" Wohnung kommen, steht alles kunterbunt in der Gegend herum, aber wenigstens drinnen. Ein kleines Problem hat sich ergeben - die Toilette streikt. Also muß einer nach dem andern in die Badewanne. Nastja verspricht Abhilfe, morgen soll ein Meister aus dem Theater kommen.

Der kam tatsächlich. Zusammen mit zwei ebenfalls von Nastja bestellten Meistern für den Einbau einer Stahltür vor der Wohnung, damit ich das Polizeipult nicht mehr brauche. Der eine Meister werkelt an der Toilette herum, die beiden anderen beschweren sich, daß der Lastenfahrstuhl nicht geht, was ich aber nicht für mein Problem halte. Gestern ging er noch.

Sie ächzen die Tür elf Stockwerke hoch und wollen für jedes Stockwerk zehn Mark haben. Ich werde richtig russisch unhöflich.

Die Tür klappte, das Klo nicht. Also erschien der Meister am nächsten Tag wieder, verschwand vier Mal, um irgendwelche Teile neu zu kaufen, als ob man nicht auf den ersten Blick sehen könnte, was gebraucht wird.

Lilja besänftigt meine Wut. Sie hat an diesem Tag probenfrei und hilft mir, die Zeit zu überbrücken. Nach sechs Stunden feilen und stöhnen hat der Meister es geschafft: das Wasser strömt, der Rohrbruch ist perfekt. Ich muß zu Filmaufnahmen ins Theater, Lilja harrt aus, wischt und findet Gott sei Dank den Hauptwasserhahn.

Am Abend darf ich gar nichts mehr benutzen. Die Toilette ist eh nur in Rudimenten vorhanden, es gibt weder warmes noch kaltes Wasser, und ich soll Gott behüte nichts anrühren. Gut gegen 23 Uhr kann man ja noch mal zu den Nachbarn auf die Toilette, aber was macht man um halb drei Uhr in der Nacht, wenn einen die menschlichen Verlangen in jeder Form überfallen? Ich muß gestehen, daß ich in dieser Nacht nicht sehr glücklich in meiner Traumwohnung war. Einige meiner „lieben" Freunde hatten mich außerdem auf dem Rückweg vom Theater noch beschimpft, wie man so blöd sein könnte, eine völlig intakte Wohnung gegen eine Bruchbude zu vertauschen?!

Drei Tage später, nachdem die hauseigenen Meistermechaniker die Toilette, die Spüle repariert, den Rohrbruch beseitigt und mir Unmengen von Geld abgeknöpft hatten, mußte ich morgens um sieben Uhr aus dem Haus, um das Flugzeug nach Moskau zu erreichen. Wie immer steht meine treue Nastja fünf vor sieben vor der Tür. Während ich mich in meinen Mantel hülle, schreie ich auf: „Nastja, sieh doch nur!" Unter der Tür des Badezimmers sprudelt ein Bächlein hervor. Was für ein Glück, daß ich weiß, wo sich der Hauptwasserhahn befindet, und was für ein Glück, daß sich die Rohre oder das Klo oder was auch immer so früh am Morgen zu einem erneuten Versagen entschlossen hatten. Fünf Minuten später und innerhalb von einigen Stunden hätten erst meine und dann womöglich zehn unter mir liegende Wohnungen dem Irtysch Konkurrenz gemacht.

Jede Wohnung ist erst mit allen ihren Vor- und Nachteilen richtig zu beurteilen, wenn man eine Weile drin gewohnt hat. Ich hatte bald den Wunsch, in die Nachbarwohnung zu ziehen. Zwei Zimmer, mit einem traumhaften Blick auf den gesamten Irtysch von allen Fenstern und Sonne vom Sonnenaufgang bis zum Sonnenuntergang. Auf die Idee kam ich allerdings erst, als ich hörte, die Nachbarn wollten die Zweizimmerwohnung in zwei Einzimmerwohnungen tauschen, damit der Sohn endlich seine Eltern nicht mehr sehen muß. Im Dezember 1998 scheint alles klar: wir werden tauschen, ich zahle was dazu und Sohnemann soll sich dafür in einem billigeren Stadtteil eine kleine Wohnung kaufen.

Aber da geht der Papierkrieg los. Die Traumwohnung ist nicht privatisiert und ich kann meine Wohnung nur mit einer privatisierten tauschen. Zwar ist die Frau Walja Hauptbesitzerin, aber Mann und Sohn sind auch im Grundbuch eingetragen, so daß alle drei gemeinsam bei den verschiedenen Behörden wie Wohnungsamt, Privatisierungssamt, Umschreibeamt und was die russische Bürokratie sonst noch zu bieten hat, vorstellig werden müßten.

Aber einer fehlt immer. Der Opa stirbt seit zwei Jahren auf einem Dorf ohne Busverbindung, so daß die Wohnungsbesitzerin immer gerade dann verschwunden ist, wenn ein Termin anberaumt ist. Allmählich bekomme ich mit, daß Walja und ihr Mann Alkoholiker sind, nachts werde ich des öfteren heimgesucht und kann nur mit Mühe bestreiten, auch nur einen Tropfen Alkohol im Hause zu haben, und ich gebe meinen Wohnungstraum auf.

Da erscheint Walja kurz vor Neujahr 2000 strahlend und nüchtern, sie habe alle Papiere zusammen und einen Überschreibungstermin am 4. Januar. Bei klirrendem Frost und trotz einer Gehirnerschütterung, die ich mir beim Ausrutschen auf dem Eis auf einer stockdunkeln kleinen Straße eingefangen hatte, tapern wir von Amt zu Amt, schaffen aber die siegreiche Vollendung nicht bis zum 18. Januar 2000, an dem ich für drei Wochen in die Schweiz muß. Bei einem mir schon bekannten Rechtsanwalt warte ich nur drei Stunden auf einen Vollmacht, die ich Nastja in die Hand drücke. Anfang Februar ein verstörter Anruf - der Umzug muß sofort stattfinden. Lisa organisiert eine Theaterbrigade. Gottseidank ist ja alles nur fünf Meter weiter zu transportieren - und außer meinem geliebten alten großen Siemenstelefon mit vierzig gespeicherten Nummern findet sich auch alles wieder an. Als meine reizende Nachbarin Lida und ihre zwölfjährige Enkeltochter Lana, die auch beim Umzug mitgeholfen hat, am nächsten Tag von dem Verlust erfahren, brechen sie zunächst in Tränen aus ob der Schlechtigkeit der Welt, betätigen sich dann aber eifrig, wenn auch erfolglos als Detektive. Wer von den „Unsrigen" das Telefon so attraktiv fand, daß er der Versuchung nicht widerstehen konnte, weiß ich bis heute nicht - und will es auch ehrlich gesagt nicht wissen.

Als ich im Februar 2000 wieder komme, bin ich im Besitz einer Zweizimmerwohnung mit dem schönsten Blick von ganz Omsk, von allen Seiten sehe ich auf den Irtysch und fühle mich, wenn auf dem Fluß die Dampfer tuten, als glücklicher einsamer Passagier auf meinem Luxusschiff in himmlischen Höhen.

Was heißt da Transport

Larissa, 28 Jahre alt, Schauspielerin

Larissa ist mit Oleg verheiratet, sie haben zwei Kinder. Rodja ist sechs Jahre, Anna ein knappes Jahr alt. Sie stammt aus Jekatarinenburg, siedelte aber sehr bald nach Omsk um. Das heißt, ihre Mutter floh mit ihren beiden Kindern vor dem gewalttätigen Vater, nachdem sie unter anderem erfahren hatte, daß er seine beiden ersten Frauen umgebracht hatte. Wie er dem Gefängnis entkommen ist und was er heute treibt, wissen wir alle nicht.

Larissa ist extrem vorsichtig, geduldig, tolerant, auf Leben bedacht. Sie kennt von ihrer Mutter und ihrer Großmutter alle Kräuter, braut tatsächlich beruhigende Tees und hilft uns allen bei Schlaflosigkeit, nervösen Störungen, Lampenfieber oder einem morgendlichen Kater.

Oleg ist nicht nur Schauspieler, sondern auch Maler. Wie viele russische Maler ist er sehr egozentrisch, malt nach frustrierenden Theatervorstellungen bis früh am Morgen, meist um ein inneres Gleichgewicht zu gewinnen. Aber Oleg ist von Natur aus pessimistisch. „Das Theater taugt nichts, die Malerei taugt nichts, die Menschen sind alle schlecht, einige besonders, das Leben ist beschissen." Und nun wurde er auch noch 30 Jahre alt, ohne die Welt aus den Angeln gehoben zu haben. Viel Leid. Und so verbissen gesehen.

„Wie lebst du mit so einem Mann?" frage ich Larissa. Oleg antwortet ungefragt, aber schneller als sie: „Schwierig! Schwer!" Sie korrigiert: „Gut. Und Rodja bringt uns immer wieder zusammen, wenn wir uns streiten."

Rodja ist ein Wonneproppen mit früh entwickelten musikalischen Ambitionen. Er saß schon als Zweijähriger mit riesigen Kopfhörern vor einer Stereoanlage, die er perfekt bedienen konnte, tanzte wie ein kleiner Bär zu den Musikklängen. Heute nervt er uns mit einer kleinen Trompete, einer Flöte, eine Mundharmonika, einer Trommel und einer verheißungsvollen Stimme. Er ist das Gegenteil seines Vaters: ein fröhlicher, neugieriger kleiner Kerl. Verschmitzt kopiert er die Bilder seines Vaters. Einmal bin ich bei ihnen zu Gast, da ist er drei Jahre alt.

„Weißt du denn noch, wie ich heiße?" Er runzelt die Stirn: „Agatha." Heh?

Er aber denkt nach: „Agatha Christie, nein, Christa."

„Dann haben wir immer die gemeinsame Arbeit im Theater", fährt Larissa fort. „Omsk ist mein erster Arbeitsplatz. Ich habe hier viel gelernt. Das Theater verzeiht dir nichts. Es ist unerbittlich." Sie redet und redet und sieht immer wieder ihren Mann an - wie er wohl reagiert. Larissa hat einen schweren Stand. Sie hat noch keine großen Rollen spielen dürfen außer in den Kinderstücken und Märchen zu den Matinee-vorstellungen.

Larissa und Oleg leben nicht nur wegen der Kinder und ohne die sonst fast immer hilfreich zur Seite stehende Großmutter verhältnismäßig einsam, sondern sie wohnen auch sehr weit weg vom Zentrum. Das erschwert wegen der Transportschwierigkeiten Besuche.

In Omsk ist es wirklich am besten, man kann sein Ziel zu Fuß erreichen. Viele meiner Freunde wohnen Gottseidank im Umkreis von zwanzig Minuten von mir und sind genauso bequem wie das Theater zu Fuß zu erreichen. Aber jedes Mal ist das leider nicht zu schaffen, nicht alle wohnen so nah. Die Busse, Straßenbahnen oder Trolley-Busse sind eigentlich immer so überfüllt, daß man sehr schnell lernt, beide Arme vor die Brust zu legen, damit die Rippen weniger leicht zu brechen sind. Meist ist es unvorstellbar, daß noch irgendeiner in den proppevollen Bus passen soll, dabei werden immer noch einige Personen hereingepreßt. Die Fahrscheine oder Geld für Fahrscheine werden über den Köpfen der Menschen nach vorne gegeben, mir erscheint es jedes Mal wie ein Wunder, daß die Fahrscheine an ihre Besitzer zurückkehren.

Aber das ist ja noch ein großes Glück, wenn man irgendwo eingequetscht in einem Bus schwitzt. Und es ist völlig gleichgültig, ob der Bus plötzlich bremsen muß, fallen kann man nicht, man beugt sich noch nicht einmal leicht bei einer Vollbremsung oder einem Stromausfall bei den Trolley-Bussen. Da klettert dann der Fahrer oder die Fahrerin oben auf dem Bus rum und versucht, irgendein Kabel wieder an irgendeine Leitung anzuschließen. Inzwischen steht man drinnen wie die Heringe in der Ölbüchse, so ähnlich sind dann auch die Gerüche, der Körperkontakt könnte in sehr viel angenehmeren Situationen nicht enger sein.

Schlimmer ist es, wenn man in der Kälte oder in der Hitze stundenlang auf einen Bus wartet. Die kommen nämlich oft gar nicht, oder dann vier hintereinander. Die Wartenden spekulieren. „Die spielen mal wieder Karten". „Oder sie saufen". „Oder sie warten, bis der Regen vorbei ist". „Ach was, die haben mal wie der keine Lust".

Dann kann man sich frustriert entschließen, einen anderen, oft nicht minder beschwerlichen Weg zu gehen, nämlich ein Auto anzuhalten. Es beginnt, wenn endlich jemand hält, mit dem Verhandeln um das Geld. Aber meist kann man sich da einigen. Was einem dann widerfährt, ist reine Glücksache. Die merkwürdigsten Klapperkästen sind immer noch unterwegs, und es ist wiederum Glücksache, ob der Fahrer einen Gang hereinkriegt. Jeder einzelne meiner Nerven leidet, wenn ich das Kreischen und Kupplungsknirschen höre. Aber ich verlasse mich inzwischen auf die Nerven der russischen Fahrer.

Nachts ist es oft kaum möglich, von irgendwoher weiter weg nach Hause oder ins Zentrum zu kommen. Zu Larissa und Oleg gelange ich hin mit dem Bus, steige in eine Straßenbahn um, mit der ich nach circa vierzig Minuten mein Ziel erreiche. Zurück ist es meist ein minderschweres Drama. Die Straßenbahn verkehrt nur bis halbzehn. Larissa und Oleg, oft auch noch der quietschvergnügte Rodja, bringen mich zur Straße, wo wir vereint und abwechselnd winken, falls ein Auto die Güte haben sollte, diese Trasse lang zu fahren. Als Überbleibsel der sozialistischen Zeit gelingt es uns ein paar Mal, einen leeren Bus anzuhalten, der eigentlich auf dem genau entgegengesetzten Weg in seinen Heimathafen fahren will.

Larissa und Oleg schimpfen, wenn ich einen Dollar biete. „Das geht mit Rubeln viel billiger." Die Verhandlungen mit Privatfahrern übernehmen sie, ich darf keinen Mucks von mir geben, für Ausländer wird es teurer.

Ganz wenige Leute besitzen Privatautos. Mit einem dieser stolzen Besitzer, Witja, brachen wir einmal auf, um wieder mal in ein sechzig Kilometer entferntes deutsches Dorf zu reisen. Nach etwa fünf Minuten glatter und wie immer halsbrecherischer Fahrt durch die Stadt (daß da nicht tausende von Unfällen passieren bei diesen Fahrten, wir zittern alle immer jedes Mal um unser Leben) beginnt unser tolles Auto, ein uralter Lada, zu stottern. Witja gibt mehr Gas, da hopst er in weiten Sätzen über das Pflaster. Ich frage vorsichtig, ob man nicht doch besser anhalten sollte.

Drei Leute basteln an den Zündkerzen und dem Vergaser. Im Nu haben sie mindestens zehn Zuschauer, die gute Ratschläge geben. Nach einigen Minuten fahren wir wie auf Samtpfoten weiter und kommen bis zum Fernsehen, wo wir noch einen deutschen Kumpel abholen wollen. Dann beginnt unser Prachtstück wieder zu hoppeln und nach einem weiteren kühnen Satz steht er endgültig.

Da wir inzwischen in der Nähe von Witjas Wohnung „am linken Ufer" gelandet sind, schieben wir unser Vehikel etwa fünfhundert Meter bis zur Garage und vertagen unsere Reise. Witja hat nun das Gefühl, er müsse sich revanchieren und nach einem überreichen „kleinen Imbiß" organisiert er die Rückfahrt in die Stadt.

Ein Bekannter von ihm ist Fahrer eines Rettungswagens, „Schnelle Hilfe" heißen die auf russisch. Da der keine Leerkilometer haben darf, kommt er mit Blaulicht vorgefahren, ich mime die Verletzte, lege mich hinten auf die Pritsche, wir sausen über alle roten Ampeln und sind in einer Viertelstunde bei mir zu Hause. Gottseidank befindet sich neben meiner Wohnung eine große Klinik. Ich gebe eine unleserliche Unterschrift und sende einen Stoßseufzer gen Himmel, es möge für den netten jungen Mann alles gut gehen. Aber ich habe nichts Gegenteiliges gehört.

Besitzt jemand zufällig doch ein Auto, das an dem Tag, wo man es braucht, auch fahrtüchtig ist, beginnt das bange Knobeln, wer fahren muß, also nichts trinken darf. Hier herrschen ganz strenge Null Promille. Meist sind die Frauen die Opfer, weil die Polizei mit Frauen milder umgeht oder sie einfach durchwinkt. Ein Freude ist das beileibe nicht, weil zwar fast alle einen Führerschein besitzen, aber kaum Fahrpraxis.

Einmal bin ich bei Lisa und Sascha eingeladen, als sehr spät ein ganz hoher Gast, irgendein Direktor von einer gerade entstandenen Fabrik noch für einen winzigen Augenblick hereinschneit. Er ist mit Chauffeur unterwegs und bietet uns an, uns nach Hause zu fahren. Aber wir sind zu acht. Der Wolga ist geräumig, meint der Direktor lakonisch. Wir zwängen uns, nein verpacken uns fachgerecht in das Vehikel. Vorne neben dem Fahrer zwei. Hinten auf der Bank vier. Glücklicherweise ist keiner unserer Schwergewichtler dabei. Die leichtesten beiden müssen sich quer über die Beine der vier zusammengequetschten legen. Wir passen tatsächlich alle rein. Jetzt müssen wir nur noch beten, daß wir keiner Streife begegnen. Es ist eigentlich kein Platz mehr, um die Köpfe zu ducken.

Komischerweise haben wir diese Fahrt ganz gut überstanden, nur mein Fotoapparat nicht. Irgend jemand hatte nach russischer ritterlicher Sitte mir meine Handtasche abgenommen, um sie zu tragen. In der wild durcheinandergeschüttelten Menschenmasse muß er herausgefallen sein, und einer der schweren Männer muß sich auf ihm abgestützt haben. Als einer nach dem anderen mühsam aus dem Auto kroch, sammelten wir zum Schluß nur noch die Bruchstücke ein. Aber wir waren alle sicher zu Hause.

Das einfachste ist, wie gesagt, wenn man sein Ziel zu Fuß erreichen kann. Noch dazu, wo man nach ebenfalls russischer ritterlicher Sitte immer von Gastgeber nach Hause gebracht werden muß, falls man nicht zur Übernachtung gezwungen wird, was meistens bedeutet, daß die Gastgeber zu dritt oder viert in einem Bett schlafen, damit der Gast ein eigenes Bett in einem eigenen Zimmer hat. Einmal zogen wir an einem Sonnabend um halb zwei, nachdem ich mich sieghaft gegen eine Übernachtung gewehrt hatte, noch los zu mir nach Hause, etwa eine dreiviertel Stunde. Walerij und Lida, der zwölfjährige Sohn und ich brachen in der scheinbar sternenklaren Nacht auf, ein Auto war nicht aufzutreiben, bis uns nach einer halben Stunde heiteren Fußmarsches ein aus dem

Nichts auftauchender Platzregen überraschte. Wir fingen an zu rennen, wobei ich als Älteste die schlechteste Figur abgab und es daher natürlich auch absurd fand, nachts in Sibirien durch die Stadt zu pesen.

Als wir völlig durchnäßt und außer Atem bei mir ankamen, tranken wir zum Aufwärmen - beim Abrubbeln mit allen verfügbaren Handtüchern - noch einen Whisky, und ich schlug nun meinerseits eine Übernachtung bei mir vor. Zu Hause hütete die Oma den kleineren Jungen. Aber die schon fast bösartig zu nennende Wolke hatte sich so schnell, wie sie erschienen war, auch wieder verzogen und meine Freunde schlenderten zurück. „Es ist sehr gesund zu laufen" behaupteten sie.

Mit Flugzeugen dagegen hatte ich eigentlich immer Glück. Allen Unkenrufen des Spiegels oder deutscher Skeptiker, die nie ein AEROFLOT-Flugzeug besteigen würden, zum Trotz, ist keine der Maschinen, mit denen ich mich fortbewegen wollte, abgestürzt. Sie flogen auch pünktlich, selbst an dem 4. Oktober 1993, als in Moskau das Weiße Haus gestürmt wurde und die Innenstadt verbarrikadiert war. Wir waren sechs Mutige im Flieger, und wurden sehr verwöhnt. Wir kamen pünktlich, das heißt mit einer Stunde Verspätung in Moskau an. Allerdings konnte mich Sascha, der gutmütige schweigsame Chauffeur damals nicht abholen. Es war kein Durchkommen durch die Stadt. Dafür verhandelte ich zäh mit den sowieso gemeingefährlichen Taxifahrern in Tscheremetjewo, die angesichts des Ausnahmezustandes ausnehmend hohe Preise forderten. Von hundert Dollar aufwärts, wo fünfzig schon eine Frechheit sind.

Am 30.Dezember 1995 fuhr mich Sascha, der Chauffeur des Künstlertheaters pünktlich zu neun Uhr zum weit außerhalb der Stadtgrenzen Moskaus liegenden Flughafen Domadedowo. Um elf Uhr sollte mein Flugzeug starten. Mit leicht bedripstem Gesicht erzählt Sascha, die Flugzeit habe sich verschoben, auf 17 Uhr. Abgesehen davon, daß wir gerade fast 80 Kilo querfeldein über den Flugplatz zu der Abfertigung für Ausländer geschleppt haben, lohnt es sich kaum, die zweieinhalb Stunden zurück in die Stadt zu fahren, also werde ich warten. Geduld ist eines der wichtigsten Gepäckstücke, die man nach Rußland mitnehmen muß.

Um 17 Uhr erfahre ich auf massives Nachfragen, daß wir um 23 Uhr fliegen werden. Warum die Verspätung? Nicht „warum" fragen. Man bekommt keine Antwort. Um 23 Uhr, das ist der normale Abendflug. Das einzige öffentliche Telefon im ersten Stock ist wie immer kaputt. Ich habe die Zeit genutzt, in den beiden kleinen Flughafenbüros mit undurchschaubaren Aufgaben, aber funktionierenden Telefonen Beziehungen anzuknüpfen und kann regelmäßig mit Sascha telefonieren, und der dann wieder mit Omsk, als ob die da was tun könnten. Mir werden jedesmal herzliche Grüße bestellt, sie würden sich alle riesig auf mich freuen und warteten sehnsüchtig auf mich. Die können mich mal. „Der Omsker Flughafen läßt kein Flugzeug landen." Warum???

Es wird allmählich bitter kalt. Die Büros, in denen ich mich teilweise aufhalten konnte, schließen. Das Büfett schließt. Ich streite mich noch ein bißchen im kleinen Buchkiosk mit einer jungen, liebenswürdigen Verkäuferin, daß sie sich alle von kapitalistischer amerikanischer Schundliteratur überrollen hätten lassen. Sie ist sowieso meiner Meinung und ruft freudestrahlend den Chef, die Ausländer wollten was Russisches. Er kramt lange und fördert Kriminalromanhefte zutage, die ich herzlich dankend verschmähe.

Kurz vor 23 Uhr erfahren wir auf meine bestimmt zwanzigste Anfrage - wir, das sind inzwischen ein Engländer mit einer überaus zartbesaiteten dürren strickenden russischen Frau, die nach Ufa wollen, ein Bürger der Vereinigten Emirate, der nach Alma Ata will und ich - daß heute kein Flugzeug mehr fliegt. Vielleicht morgen früh um sechs. Die überdimensional dicke mitleidige Toilettenfrau zeigt mir einen kleinen kabuffähnlichen Verhau, mit einem schrägen alten Brett, vormals wohl eine Tür, da könne ich mich wenigstens hinlegen. Das versuche ich auch gegen ein Uhr, um gegen halbdrei schleunigst wieder zu flüchten. Ich fühle mich dem Erfrierungstod nahe. Draußen sind 25 Grad minus, in dem Kabuff etwa 15 Grad minus.

Mehrmals in dieser Nacht machen wir angestrengte Schlafversuche auf den durchgesessenen, unbequemen kleinen Stühlen oder auf dem kalten Steinboden. Der Flughafen, zumindest der Ausländerteil ist von Gott und allen guten Geistern samt den Abfertigungsbeamtinnen verlassen. Eine der Bürofrauen hatte uns gegen zehn Uhr zu sich eingeladen, sie wohne nicht weit von Domodedowo, das trauten wir uns nicht. Wer weiß, vielleicht fliegt doch noch was.

Um sieben Uhr macht das Büfett wieder auf. Mürrische Mienen, die blöden Ausländer sind immer noch da. Es gibt wenigstens heißen Tee. Mürrische Mienen auch bei den neuen Abfertigungsbeamtinnen, die uns ebenfalls nicht zu mögen scheinen, schon gar nicht unsere drängelnde Fragerei. Ich will wissen, ob von dem Flughafen Wnukowo Maschinen zum Beispiel nach Nowosibirsk fliegen, dann könnte ich ja dort einen Zug nehmen, der fährt acht bis neun Stunden nach Omsk. Eine undurchdringliche Mauer des Schweigens, der Unwissenheit und Unsicherheit. Die Beamtinnen sind böse, wir werden wütend. Wo in der Welt gibt es einen solchen Scheißservice!? Ich rede von den Gepflogenheiten in Paris oder Deutschland oder New York oder überhaupt in der zivilisierten Welt, wo man die geschädigten Fluggäste in Hotels unterbringt. Die stoische Antwort: „Sie können ja in ein Hotel fahren, dann fliegen wir eben ohne Sie."

Um acht Uhr klingele ich Sascha aus dem Bett. Die Omsker wollten wissen, ob ich noch durchhalte, läßt mir der Intendant ausrichten. Blöde Frage! Was habe ich denn für eine andere Wahl.

Meine Leidensgenossen und ich versuchen, ein genießbares Frühstück, das nicht aus den harten, übel riechenden, verschwitzten fetten Speck- und Fischbroten des Vortags besteht, zu bekommen. Steinerne Ablehnung der Buffetfrauen. Ich beschließe, allen einen Kognak zu spendieren, meine schauspielerischen Erfahrungen aufleben zu lassen, erzähle fast weinend von unserem harten Los der letzten fünfundzwanzig Stunden, schiebe ein paar Dollar über die Theke, und das Wunder passiert. Wir essen frisches Weißbrot, roten Kaviar und trinken einen russischen Champagner dazu.

Gestärkt laufe ich in eines der Büros. Die Nummer der internen Auskunft lautet 145. Ich treffe ein junges Mädchen, stockbesoffen. Sie stiert mich mit glasigen Augen an, versteht meine Frage und probiert mit hohem Schwung aus der Luft mit einem einzelnen Finger die Ziffern auf dem Telefon zu treffen. Ich bitte höflich, ihr helfen zu dürfen. Ich könne auch selbst fragen. Das läßt ihr Stolz nicht zu. Sie zielt von oben und sticht erfolglos auf das Telefon ein. Eine zweite, etwas ältere Frau erscheint, ich meine, die Kleine solle lieber nach Hause gehen. Die ältere Frau holt die Chefin, und das Büro wird ganz und gar geschlossen. Also doch wieder zu den Xanthippen der Abfertigung.

Dabei fliegen dauernd irgendwelche Flugzeuge an diesem Vormittag, nur nicht in unsere Gegenden. Gegen mittag ist mir alles egal. Ich komme von diesem vermaledeiten Flughafen nicht weg, zur Sylvesterabendvorstellung schaffe ich es sowieso nicht mehr, Neujahr fällt aus, alle freuen sich auf den schönsten Festtag der Russen, wollen so schnell wie möglich nach Hause, haben Vorbereitungen zu treffen, ich fühle eine oblomowsche stille russische Apathie. Die Omsker haben mir durch Sascha eine Nachricht hinterlassen, es habe in Omsk ein Wettersturz von 30 Grad minus auf fünf Grad plus stattgefunden und es regnete. Nun weiß ich wenigstens den Grund, weshalb ich nicht fliegen kann.

Um 16 Uhr begebe ich mich wieder zu den griesgrämigen unfreundlichen Abfertigungsdamen und erkläre kategorisch, ich führe nach Moskau zurück, sie könnten mich mal. „Aber wieso denn?" wu ndern sie sich. „Sie wollen doch nach Omsk? Das Flugzeug geht um 17 Uhr." Ich bin zu müde und zu genervt, um sie schlecht gelaunt anzuschnauzen, seit wann sie das wissen, ohne es für nötig gehalten zu haben, Bescheid zu sagen. Ich verabschiede mich von England und den Vereinigten Emiraten, denen auch eine vage Flughoffnung gemacht wurde und fliege nach 32 Stunden unfreiwilligem Aufenthalt nach Omsk. Im Flugzeug treffe ich unter den übermüdeten Passagieren Bekannte, wir verbringen mit der Stewardeß einen Teil des Flugs auf der Toilette, wo ich rauchen darf, später kümmert sich niemand mehr darum, fast alle trinken Sekt und rauchen, Feiertagsstimmung kommt auf.

Um 23 Uhr Ortszeit landen wir. Ins Theater zu fahren, hat keinen Sinn mehr. Unser Chauffeur und die rührende Verwaltungsdirektorin Nastja bilden das kleine Empfangskomitee. „Wir haben so gewartet! Das ganze Theater! Christa schafft das noch, haben sie gesagt." Und ich soll auf jeden Fall noch Lilja und Lisa und Oksana und die drei Tanjas anrufen.

Wir bringen Nastja bei ihrer Wohnung vorbei, der Chauffeur setzt mich in meiner Wohnung ab. Es ist 23.50. Lilja wundert sich, daß der Chauffeur weg ist, „Komm schnell zu uns!"

„Jetzt mitten in der Nacht allein?" „Heute passiert nichts." Ich erin-nere mich 'Eine russische Frau kann alles`. Ich hülle mich in meinen Pelz und stiefele durch die Straßen und schaffe es. Eine Minute vor Mitter-nacht bin ich bei Lilja und ihrem Mann, das Neue Jahr zu begrüßen.

Eine Omsker jüdisch-russische Familie

Olga, 37 Jahre alt, Musikpädagogin

Olga lernte ich im Theater kennen. Sie hatte gerade eine neue Stelle als Pressereferentin angefangen und fragte mich verzweifelt: „Was ist denn PR?" Über und durch meine reichlich komischen Erklärungsversuche wurden wir Freundinnen. Sie erzählt:

„Ich wurde am 26. August 1960 als Tochter von Wladimir Gorbunow und Zielana Gorbunowa, geb. Kriechmar in Omsk (Rußland) geboren. Von 1967 bis 1977 besuchte ich die Schule in Omsk. Von 1977 bis 1981 habe ich an der Musikfachschule studiert. Danach habe ich auf dem Land im Dorf gearbeitet.

Von 1983 bis 1993 habe ich in der Musikschule in Omsk als Lehrerin, von 1993 bis 1995 habe ich im Theater als Redakteurin für Pressefragen gearbeitet.

Im 1.9.1995 bin ich nach Deutschland gekommen.

Das Wichtigste für mich sind die Freunde, die ich liebe, ohne die ich nicht leben kann.

Wenn ich lange nicht gearbeitet habe, renne ich wie eine Wilde ins Theater, in Opern oder Museen. Aber mit Kindern Musik zu machen, ist mit das Schönste."

Olgas Mutter, Zielana Kriechmar, am 19. Mai 1936 in der Ukraine geboren, wohnte während des Krieges mit ihrer Familie in Sankt Petersburg. Ihr Vater war Dirigent eines Kriegsorchesters, das zur Omsker Oper gehörte. Sie wurden kurz vor der Katastrophe der deutschen Besatzung evakuiert, und so kam Zielana nach Omsk, wo sie Medizin studierte. 1958 lernte sie Wladimir kennen und heiratete als Jüdin in eine große russische Familie. Unter der Fuchtel der Babuschka wohnten alle in einem großen Haus. Wolodjas ältere Schwester, seine Lieblingsschwester Anna, machte mit Scharen von Verehrern der Großmutter den Platz als Großfürstin der Familie streitig.

Verliebte und Freunde waren in dem zweistöckigen Haus mit sieben geräumigen Zimmern immer willkommen. Aber als die schwangere Anna, geboren 1922, die zunächst als Volksschullehrerin auf dem Dorf, dann als Kriegsdispatcher in mehreren kriegswichtigen Betrieben arbeitete, ihren Mann in Stalingrad mit einer anderen Frau im Bett erwischt und den Fehler begeht, es der Babuschka zu erzählen, zwingt die sie, den schon sechs Monate alten Embryo abzutreiben. Und sie hat dann nie geheiratet. Vielleicht rührt daher ihre Liebe zu Puppen. Heute hat sie in ihrer kleinen Wohnung viele, viele Puppen und Spiegel, arbeitet inzwischen als Museumswächterin, bewacht die Bilder, strahlt und ist glücklich. Sie kann sich für Olga in Berlin keinen besseren Beruf denken, als eine Stelle im Museum, wo man die Kunstschätze vor Rowdys schützen darf. „Die Zeit vergeht so schnell" lacht die heute 74jährige. „Aber ich habe gelebt, ich hatte so viele zauberhafte Liebschaften, zum Beispiel in Sotschi... Da habe ich fast den Zug verpaßt, weil ich mit meinem Liebhaber auf Olgas glückliche Geburt mit Wodka und Champagner angestoßen habe." Sie liebt auch heute noch die Flirts, das Leben, sie tanzt und singt, sie hält die Familie zusammen, kennt immer alle Neuigkeiten, verbindet alle, schreibt zu allen Geburtstagen und ist dazu ein workoholic.

Zielana hatte sich als Kinderärztin qualifiziert und arbeitete in der Kinderklinik als Expertin für Frühgeburten. Nach 1972 arbeitete sie als Dozentin in der Medizinischen Fakultät über Kinderkrankheiten. Seit 1991 ist sie pensioniert und arbeitet freiwillig als Schulärztin.

Sie liebt das Leben in allen seinen kulturellen Erscheinungsformen: sie ist in jeder Premiere, geht in jedes Konzert, ist auf jeder Ausstellung zu sehen und organisiert bei sich zu Hause so etwas ähnliches wie einen kulturellen Jour fix.

Zielana ist eine lebensfrohe, mollige, höchst praktische, patente Person. Sie ist hochmusikalisch, singt, spielt Klavier, eine jüdische Mama mit intensivem Gluckeninstinkt, die außer der Familie drei weitere Dinge nicht entbehren kann: Sauna, Yoga und Wodka.

Sauna ist nicht nur ein Vergnügen, es ist mindestens so ein Volksfest wie Fußball. Es gibt kaum einen Russen, der nicht wenigstens einmal im Monat mit Kind und Kegel, Taschen voll Thermosflaschen mit Tee, Marmelade und Obst in die Sauna zieht. Allerdings müssen sich die Familien aufteilen, da Weiblein und Männlein züchtig prüde in zwei getrennte Abteilungen marschieren müssen.

Früher waren wir zwar in einer schöneren Holzsauna, aber nachdem wir hintereinander zwei Mal kein Licht hatten und traulich bei Kerzenschein zusammensaßen, dann kein kaltes Wasser vorhanden war und schließlich auch das Bassin verschwand, suchten wir uns eine andere.

Diese Sauna wirkt auf Deutsche wie ein verlassener Kriegsbunker. Die Decke besteht aus einem waschbrettartigen Betonwellblech, die Wände aus bröckelnden Vorkriegskacheln, es gibt zwei kleine Bassins, zweieinhalb mal anderthalb Meter groß mit kaltem und eiskaltem Wasser - ein rührendes kleines leicht beschädigtes Kachelbild mit blauem Himmel, weißen Wolken, blauem Meer und ein paar Felsen. Es gibt vorsintflutliche Wasserhähne, zwei ebenfalls an verwahrloste alte Gefängnisse erinnernde Duschen, aber das Wasser fließt. Für jede Gruppe ist ein kleines Zimmer mit abschließbarem Umkleideschrank und Tisch und Stühlen zur Erholung reserviert. Sind die Zimmer voll, wird dicht gemacht. Von allen Seiten wird uns „Guter Dampf" zug erufen und wir schnappen uns die großen Metallwaschschüsseln, um uns abzuseifen.

Wir schwitzen, schmieren uns Honig ins Gesicht, reiben den übrigen Körper mit Kochsalz oder Soda ab, springen ins eiskalte Bassin, waschen und schrubben uns ab, als hätten wir Monate nicht gebadet, schwitzen wieder, dies Mal schlagen wir uns mit Birkenruten, die ganze Zeremonie mehrere Male, bis wir uns nach getaner Arbeit bei halbgefrorenen schwarzen Johannisbeeren, Äpfeln, Apfelsinen und Kräutertee erholen können. Alla hat es fast immer geschafft, frühmorgens unter dem Bett ihres schlafenden Mannes unbemerkt eine Flasche Obstwein zu stibitzen.

Wenn wir Glück haben, sind wir fast allein. Mittwochs dürfen hier Rentnerinnen ohne Eintritt herkommen. Da ist der Leibesfülle und des Jahrmarkts der Erzählungen über mißratene Schwiegersöhne oder Schwiegertöchter, entzückender Tunichtgute von Enkelinnen, sowie der tiefen Seufzer über das schwere Leben im Allgemeinen wie im Besonderen, der Aufzählung von Krankheiten und unerwarteten Todesfällen, von abenteuerlichen Märchengeschichten genialer Geschäftsaufstiege kein Ende. „Unsere" Sauna ist vielleicht nicht die schönste, aber sie fun k-tioniert.

Meist wartet Zielana samt einigen wechselnden Familienmitgliedern mit dem Abendbrot auf mich. Sonnabend ist Ruhetag, der gehört uns, der Familie und Freunden. Zielana ist mit einem hageren, äußerst wort-kargen Sibiriaken verheiratet. Wolodja ist Ingenieur, ein Arbeitstier, er gilt in der Familie als schwierig, weil er meist finster und scheinbar griesgrämig in der Ecke sitzt, um vier Uhr morgens aufsteht und aufs Land fährt. Neben der Datsche, wo er im letzten Jahr eine wunderschöne Sauna gezimmert hat, besitzt er weiter entfernt von Omsk einen echten Acker, auf dem er wie zu Neandertalerzeiten schuftet und oft in einem roh gezimmerten Bretterverschlag auf der Erde übernachtet. Er ist ein echter Sibiriake. Sein Lieblingsspruch ist: „Wenn man gut arbeitet, kann man hier in Sibirien sehr gut und glücklich leben."

Für Wladimir wie für Zielana ist die Familie ihr ein und alles. Ihre beiden Kinder, Olga und Sascha, wollen aber weg aus Sibirien. Olga will nach drei Jahren erfolgreicher Pressearbeit für das Theater und nachdem sie erfolgreich bei dem Theaterliebhaberclub und der Presse gearbeitet hat, nach Deutschland. Der unbekümmerte Sonnyboy Sascha will mit seiner Frau und der kleinen Tochter nach Israel, wo einige Tanten und Onkel leben. Er verspricht sich dort das Paradies. Wladimir sagt fast gar nichts mehr, arbeitet um so verbissener.

Im August 1995 feiern wir Olgas Abschied bei ihr zu Hause. Sie hat fast alles verkauft oder verschenkt, es ist kahl in der kleinen Wohnung geworden, aber es prangt eine große Tafel mit allen sibirischen Delikatessen, Stühle haben die Nachbarn geborgt.

Olga kommandiert. Sie will keine Sentimentalität. Alle wissen, die Familie bricht auseinander, sie ist die erste, die fort geht. Papa Wolodja spricht den ersten Toast. „Es gibt viele Gründe, weshalb man sich versammeln kann, fröhliche, traurige. Heute ist es weder das eine noch das andere. Irgendwie wie ein fröhliches Begräbnis. Aber es ist sehr ernsthaft. Und ich hätte so einen Schritt nie jemandem vorgeschlagen. Meine Tochter wechselt das Land, sie geht von mir weg, sie fährt aus Rußland weg und vielleicht sind das meine letzten Worte... (Einspruch von Olga und von uns) Das ist ein sehr seriöser Schritt, weil Du aus Rußland wegfährst, aus Deiner Heimat, die Dich geboren hat, die Dich erzogen hat, aus Deiner Heimat, Deiner Sprache. Du fährst in ein zivilisiertes Land, das sicher ist, das sich nicht in so einer Situation befindet wie Rußland ... aber ich möchte, daß Du unsere Seele mitnimmst, Dich daran erinnerst ... mit allen meinen Adern bin ich bei Dir ... auch in Deutschland.“

Eine Tante, die bereits seit mehreren Jahren in Israel lebt, redet gegen die Melancholie an. „Es gibt doch so viele Möglichkeiten, sich zu sehen. Da fliegen Flugzeuge hin und her...wir leben hier so arm, später wird Olga die Flüge für euch bezahlen können...“

Zielana kommt wieder auf die Familie zurück. Ein ganz alte Tante, die über 90 ist, sitzt in der Ecke. Sie wird Olgas Einzimmerwohnung übernehmen. Sie ist die älteste, die klügste, weiseste, laut Familie. Sie lehnt es ab, sich darüber zu äußern. Olga soll sich an ihre russische Familie erinnern, mahnt die Mutter. „Ich denke russisch, fühle russisch, aber anscheinend gibt es sehr verschiedene Gene, deshalb haben wir so schwierige Kinder, nicht wahr, Wolodja?“ fragt Zielana.

Olga wird es zu viel. „Ich bin nicht das mißratene Kind. Ich danke euch für alles, was Ihr hier für mich getan habt, aber ich muß weg. Ich weiß, einige sind neidisch auf mich, weil ich den Mut habe, hier meine Zelte abzubrechen. Aber ich möchte einen Toast auf meine Eltern ausbringen, die hier in Omsk bleiben und die Stellung halten. Wir wissen, daß wir zurückkommen können. Ich danke euch für alles, was Ihr für mich getan habt. Und ich kann euch nur versichern, daß ich von der russischen wie von der jüdischen Großmutter Toleranz gelernt habe, allen Menschen gegenüber, egal, ob es Deutsche, Russen, Juden oder Engländer waren. Und warum sollte ich, bitteschön, die Heimat vergessen? Schließlich habe ich über dreißig Jahre hier gelebt und oft war ich auch sehr glücklich!“

Die Stimmung wendet sich. Der nächste Onkel bekundet sein volles Verständnis mit Olgas Ausreise. Da gibt es schon Trauer auf der einen Seite, aber andererseits „Ich leide mit Dir. Ich verstehe Deine Probleme, ich weiß, weshalb Du wegfahren willst. Du willst was Neues probieren. Die Zeiten sind hier so blöd, und wir wollen doch, daß unsere Kinder glücklich sind und in anderen Gewässern Fische angeln. Und wir werden uns an ihrem Glück freuen!"

Anna setzt sich ans Klavier, stimmt russische Romanzen und Schnulzen an, hält zwei große Wodkagläser hoch, stößt mit sich selber an. Alle wollen sie hindern, zu viel zu trinken. Sie donnert: „Auf Deine Freunde, sie werden Dir helfen, auf Dein Glück, auf Dein Wohlergehen, auf Deine Gesundheit in Germania." Und heult, laut in die Tasten des Klaviers hämmernd.

Zielana hat inzwischen aus Kummer kräftig dem Wodka zugesprochen und erzählt mir, daß sie eigentlich eine große Künstlerin ist und gewesen hätte sein können, wenn die Familie, sowohl die jüdische wie die russische sie nicht gehindert hätte. Da sie bei ihren Klagen um die verlorene Karriere etwas lauter wird, kommt Sascha unauffällig vorbei, hört vier Worte mit und verschwindet „Ach, an dem Punkt ist sie gerade." Anscheinend ein der Familie bekannter Refrain.

Olga und ich beschließen, uns am nächsten Tag von diesen Abschiedstrapazen in der Sauna zu erholen. Da kommt eine unerwartete Überraschung: Aljoscha hat Freunde mobilisiert, die Autos haben und außerdem wiederum Freunde, die auf dem Land ein von Deutschen verlassenes Haus gekauft und eine große Sauna angebaut haben, sogar mit einem kleinen Bassin. Wir hoppeln zu neunt über die Landstraßen und sind nach einer Stunde am Ziel. Bei den Freunden haben sich noch mal zwei Freunde eingefunden. Oh, wir sind dreizehn, erschrecke ich für meine Russen. Aber sie scheinen es nicht zu bemerken.

Hier ist alles selbst nach den höchsten westlichen Ansprüchen phantastisch. Der ganz mit Holz vertäfelte große Erholungsraum mit Kamin und einem langen Holztisch, Holzbänken und Holzstühlen wirkt durch eine Spiegelwand noch größer. Für die Sauna sind Kräuter und Essenzen vorbereitet, die uns das Gefühl geben, wir sind auf einer blühenden sibirischen Wiese. Zunächst sitzen wir Frauen in der Küche, packen unsere Mitbringsel aus, schnippeln Salate, schneiden einen Lachs, ein Braten schmort im Ofen - wer sollte uns verbieten, gut zu leben! - damit wir uns nach der Saunaarbeit mit Heißhunger auf das Festmahl stürzen können.

Selbst hier im Privathaus sind Weiblein und Männlein getrennt, das heißt es gibt mehrere Schichten. Zuerst dürfen die Frauen in die Sauna, danach die Männer und so abwechselnd weiter, bis nach reichlichem

Alkoholgenuß im Laufe des Nachmittags und abends die Übergänge fließend werden.

Da es draußen absolut unsommermäßig stürmt und regnet, machen wir den Kamin an und schwitzen, essen, tanzen, trinken, spielen Gitarre, singen bis fünf Uhr früh. Es wird eine ziemlich rauschende Orgie. Jeder findet in irgendeinem Winkel des Hauses irgendein Bett oder irgendeine Matratze, am nächsten Morgen wundern wir uns über die zufälligen (?) Konstellationen. Die `Frühaufsteher' kochen starken Kaffee. Die Männer tuscheln geheimnisvoll, bis ich herausbekomme, daß keine Getränke mehr da sind und noch schlimmer, keiner genügend Geld für eine Flasche Wodka hat. Warum fragt mich denn niemand? Ich habe immer einen Notgroschen mit, wer weiß, was einem alles in einem fremden Land zustoßen kann?

Aljoscha kommt nach kurzer Zeit aus dem Dorf mit einem Wodka zurück, wir trinken einen Katerschluck zum Kaffee, und jetzt bemerken auch die anderen, daß wir dreizehn sind. Das heißt hier zu meiner Erleichterung, daß zumindest ein Verliebter am Tisch sitzt. Aber wir können es nicht erraten, es scheinen zu viele Verliebte zu sein.

Drei Tage später fliegt Olga nach Moskau. Keiner der Familie begleitet sie zum Flughafen - bloß kein Abschied! Zwei Wochen später treffen Olga und ich uns bei Liljas Schwester in Moskau und fliegen gemeinsam nach Berlin.

Im Winter in die Sauna und im Sommer auf die Datschen

Das klingt wunderschön, ist aber gar nicht so einfach. Es gibt nur wenige glückliche Datschenbesitzer und die mußt du auch noch kennen. Dann muß man erst mal dahinkommen. Einen Menschen mit Auto aufzutreiben ist immer noch reine Glücksache, der Theaterbus ist wie immer irgendwo mit den Verwaltungsleuten unterwegs, also heißt es, auf öffentliche Verkehrsmittel zurückgreifen, als da sind: Schiffe oder Busse.

Schiffe in die gewünschte Richtung gibt es mehrere pro Tag, man muß nur Glück haben, auch mitzukommen. Um das Schiff um zehn Uhr zu erwischen, stehe ich bereits vor acht Uhr am Hafen, frage die Herumstehenden, wer der letzte in der Schlange ist, warte geduldig die zwei Stunden, quetsche mich zwischen einigen halbstarken Dränglern durch und bin glücklich, einen Sitzplatz zu ergattern. Die Fahrt kostet 40 Pfennig.

Nach einer Stunde habe ich mein Ziel erreicht. Einen Hafen gibt es nicht, auch keinen Steg. Das Schiff legt an einer Sandbank an. „Auf dem

Sande" heißt die Station. Ich springe mehr oder weniger geglückt vom Deck auf den Sand und marschiere los zu einer „Datsche"

In den letzten Jahren haben reiche Leute angefangen, ganze Paläste zu bauen, überall entstehen Steinhäuser mit den skurrilsten Ausbuchtungen, barocken oder gotischen Fassaden, schnörkeligen Geschmacksverwirrungen. Meine Freunde gehören nicht zu den Reichen.

Vor zwei Jahren war Aljoschas „Land", das er von der Stadt Omsk für seine Verdienste als Schauspieler zur 200. Vorstellung von Molieres „Arzt wider Willen" geschenkt bekommen hat, noch eine Sandgrube in der Landschaft. Jetzt hat er die Büsche rausgerissen, die Grube so weit zugeschüttet, daß eine sanfte Anhöhe geblieben ist, einen riesigen Gemüsegarten angelegt und auf irgendwelchen dunklen Wegen einen alten Eisenbahnwaggon beschafft. Man hat den Eindruck, daß die Bahn tausende von Waggons ausrangiert haben muß, so viele davon stehen in ganz Sibirien herum, sind mit Brettern notdürftig zugenagelt und führen die seltsamsten Innenleben. Aber irgend etwas Bettähnliches ist sogar für Gäste da.

Dies Mal treffe ich Aljoscha und seine Frau deprimiert an. Es ist zum zweiten Mal eingebrochen worden, die leeren Dosen ihrer Vorräte haben sie noch am Strand gefunden, aber der schlimmste Verlust ist eine alte, sehr geliebte Gitarre mit sieben Saiten. Wenigstens haben die Diebe nicht so wie die Wandalen gehaust wie bei den Nachbarn, wo alle mühsam gebauten Möbelstücke auch noch zerschlagen waren. Mühsam das heißt: zunächst muß einmal Holz beschafft werden. Wer zuerst kommt, bzw. im richtigen Moment, kann im Theater Glück haben und Theaterdekorationen absahnen: Da werden bunte Türen, Zimmerwände mit und ohne Tapeten auf die Datschen geschleppt, um sie dort sorgfältigst auseinanderzunehmen, die unzähligen Nägel zu entfernen und um dann daraus nach erneutem Anstrich die nötigen Regale, Tische, Fensterrahmen wieder zusammenzubasteln. Es wird gesägt (natürlich mit Handsägen), gehämmert, vermessen, genagelt, geschuftet. Aljoscha und ich sägen wie die Irren Holzpfähle in angemessener Höhe zu einem Zaun zurecht. Aljoscha hat große Steine herangeschleppt und kunstvoll eine Art Block gebaut, auf dem wir sägen können.

Überhaupt ist das Leben auf den Datschen nicht so idyllisch wie in Gorkijs „Sommergästen", und zum Philosophieren ist höchstens abends am Lagerfeuer Zeit, falls man nicht völlig erschöpft ist. Für alle ist es einfach lebensnotwendig, um den Winter zu überstehen. Während sich die Männer mit den 100 Kilogramm hergeschlepptem Holz abplagen, ackern die Frauen im Gemüsegarten, wo auf 800 Quadratmetern Tomaten, Schoten, Kürbisse, Auberginen, Gurken, Bohnen, Paprika und Kartoffeln der Pflege bedürfen.

Als wir nach den drei Wochen Gastspiel in Norilsk mit dem Notwendigsten, also mit Kaffee, Tee, Milch, Brot, Butter und etwas Wurst bepackt, zu den Datschen stürmen, weil es die ganze Zeit glutheiß in Omsk und kein Mensch zum Gießen da war, müssen wir uns erst einmal durch ein Gestrüpp von Unkraut durchbeißen, von dem angebauten Gemüse ist buchstäblich nichts mehr zu sehen.

Drei Tage lang arbeiten wir zu viert wie die Wahnsinnigen von morgens bis abends, nur von einigen erfrischenden Bädern im Irtysch abgesehen, und versuchen zu retten, was zu retten ist. Bei Lisa und Sascha sind die Gurken nicht mehr zu retten, außerdem haben Mäuse und anderes Ungeziefer die verschiedensten Kürbisse angebissen und die Möhren abgenagt.

Bei Aljoscha ist eine Schar von Wühlmäusen eingebrochen, die besonderen Gefallen an den Roten Beeten zu haben scheinen, denn sie sind alle weggefressen; dazu finden die Raben und Krähen die Schoten besonders reizvoll. Neben den Vogelscheuchen hängen wir lebensgroße schwarze Pappraben umgekehrt auf, was ein wenig hilft. Die Krähen wandern zu den Nachbarn. Nur die Beeren, Himbeeren, Stachelbeeren, schwarze und rote Johannisbeeren haben alles gut überstanden - und wir pflücken sie eimerweise. Überhaupt sind Eimer eins der wichtigsten Transportmittel für Obst oder Wasser.

Jeden Abend ziehen wir mit Eimern und Gießkannen bewaffnet an den Fluß runter und holen bis zu 80 Eimer Wasser. Gott sei Dank ist das Ufer hier nicht so steil, aber ich merke trotzdem meine Muskeln. Dabei gibt es eine Wasserleitung, aber die „arbeitet" nur mittwochs, sonnabends und sonntags, weil nur dann jemand das Pumpwerk bedient. Ich stelle meine berühmte Warum-Frage und bekomme wie immer keine befriedigende Antwort. Wahrscheinlich ist nicht genügend Geld da, heißt es lakonisch. „Und warum tut Ihr nichts dagegen? Warum organisiert Ihr euch nicht? Warum macht Ihr nicht selber Pumpendienst?" Müßige Warum-Fragen.

Aljoscha hat es gut, er hat einen „Meister" (sprich Handwerker - Brunnenbauer) gefunden, der ihm einen Ziehbrunnen auf seinem Land gebaut hat. Zwar reißt das Seil öfter, aber es ist der absolute Luxus. Außerdem ist das Wasser aus vierzig Meter Tiefe selbst in der glühendsten Hitze eiskalt und wir können - wie immer in den unentbehrlichen Eimern - jede Art von Getränk kühlen. Alle beneiden uns. Irgendwann in dieser Zeit rufen mich Berliner Freunde an, die nebenbei bemerken, daß sie noch sprengen müssen. Ich flippe vor Neid fast aus. Das gibt es auch noch: fließendes Wasser und Schläuche!

Da es natürlich nirgends Elektrizität oder Licht gibt, werden abends überall Lagerfeuer oder kleine selbstgebaute Steinöfen angezündet. Wir beginnen bei Kerzenlicht und wegen der bei Dämmerung auftauchenden Mücken in dicke Trainingsanzüge und Pudelmützen verpackt, Suppen aus den frischen Gemüsen und Tee aus den Kräutern des Gartens zu kochen und Brot mit Speck zu rösten. Von überall her duftet es köstlich.

Zu Tanja und Mischa muß man über Land fahren. Tanja und ich treffen uns eine Stunde vor Abfahrt des Busses, nehmen unseren Platz in der geduldig harrenden Schlange ein, hier sind die Sitzplätze numeriert, und schaukeln anderthalb Stunden durch die Steppe und die Taiga. Zwischendurch hält der Bus in der Nähe eines Dorfes, um noch mehr Leute in das sowieso schon überfüllte Gefährt aufzunehmen. Die haben sich denn auch gleich vorsorglich Zeitungen mitgebracht, um sich auf den Stufen der Eingangstür ein schmales sauberes Sitzplätzchen zu sichern. Die lautstark quer durch den Bus geführten Gespräche - die meisten kennen sich - drehen sich um die Ernte, die Güte der Äpfel, der Kartoffeln, um Schicksalsschläge wie großer Hagel, der beim letzten Gewitter vor ihren Augen die Tomaten vernichtet hat, und andere Schädlinge. Überwiegend fahren alte Frauen, die den Löwenanteil der Schwerstarbeit auf dem Land erledigen.

Nach knapp zwei Stunden sind wir an Ort und Stelle. In der menschenleeren Steppe wandern die Leute in alle Richtungen. Nach einer halben Stunde in der Gluthitze kommen wir in bebautes Datschengebiet und überraschen Tanjas Mann Mischa, der sägt und hämmert und dabei ist, eine Sauna zu zaubern. Seit sie die Datsche haben, und das ist etwas seit vier Jahren im Zuge der Perestrojka erst möglich geworden, hat sich der rastlose Mischa griechisch jüdischer Abstammung völlig gewandelt. Er konstruiert und baut und ist überhaupt ganz häuslich und heimisch geworden, so wie alle unsere Schauspieler zusätzlich den Beruf des Bauern oder des Landwirts gelernt haben. Ich bewundere das kleine Haus, die zwei unteren Räume sind fast fertig, später will er noch eine Treppe zum Dachboden bauen.

Zum Glück kommt hier jeden zweiten Tag ein Wasserwagen vorbei. Erst einmal setzen wir uns an einen opulent gedeckten Tisch aus massivem Holz, den Mischa auch selber gezimmert hat. Ein alter Nachbar bringt geräuchertes Fleisch und einen sehr hochprozentigen Selbstgebrannten, alles andere stammt frisch aus dem Gemüsegarten.

Später wandern wir durch endlose Sonnenblumen- und Maisfelder zum Irtysch hinunter, der hier so reißend ist, daß wir nur an einer Stelle ins Wasser können, sofort weggeschwemmt werden und auf einen in den Fluß hängenden Baumstamm zusteuern müssen, der unseren hemmungslosen Schwung aufhält und an dem wir wieder hinausklettern. Mir ist das eigentlich ein bißchen zu gefährlich, aber wer will schon als Feigling dastehen?

Eine der schönsten Datschen liegt in einer Gartenkolonie, nicht weit von der Stadt entfernt, so daß man im Notfall nicht per Bus oder Schiff, sondern auch per Anhalter oder Taxi dorthin gelangt. Sie gehört Olgas Eltern, die als Pensionäre dort den Sommer verbringen und ackern und schuften. Hier gibt es alles: Kirschen, Äpfel, Granatäpfel, Birnen, Pfirsiche, sämtliche Beeren, Brombeeren, Himbeeren, Stachelbeeren, Johannisbeeren, Erdbeeren, große gelbe Sanddornsträucher und Quitten, alle Gemüsesorten Sibiriens von riesigen Kürbissen über Melonen zu roten, gelben, Weißen Rüben und sämtlichen Kohlsorten. Ich fühle mich wie in einem riesigen fruchtbaren Urwald. Bei jedem Schritt muß ich aufpassen, daß ich auf nichts Eßbares trete.

Das Steinhaus besteht aus einer kleinen Küche mit einer Eßecke und einem gemütlichen Schlafraum. Alle Wände sind bis an die Decke mit Regalen mit Vorräten vollgestellt, man kommt sich vor wie im Schlaraffenland.

Nach und nach sind mehrere Freunde aus dem Theater mit der in Sibirien beliebtesten Sommernahrung, selbst marinierten Schaschliks, eingetrudelt. Auf dem schmalen Pfad zwischen dem fruchtbaren Urwald, der zu einer winzigen Sauna führt, gewinnt der Papa den kurzen, aber heftigen Streit mit Sohn Sascha, wer in dem kleinen Blechkasten am sachkundigsten Feuer machen kann, und bald kann der festliche Schmaus beginnen. Davor öffnet die Mama noch eine kleine Kellerluke im Schlafzimmer. Unten in der kühlen Erde ruhen ganze Batterien von selbstgebrannten Obstweinen und Schnäpsen. Das Bett wird wieder über die Luke gerückt, die Alkoholschätze sind so gut gekühlt und vor Dieben am sichersten.

Während es sonst einen ständigen Kleinkrieg zwischen Mutter und Tochter gibt, wer mit seiner Freundesclique die Datsche genießen darf, mit der zusätzlichen Schwierigkeit, die Kreise des schuftenden Vaters nichts zu stören, haben wir heute das seltene Ereignis eines friedlichen Beisammenseins der gesamten Familie und Olgas Freunden. Später tauchen wir auch alle gemeinsam, selbst mit der zweijährigen Enkeltochter Olga in den Fluten des Irtysch unter. Am Abend fahren wir mit so viel Vorräten zurück, daß ich zumindest das ganze Theater mehrere Abende lang zu Ratatouille einladen könnte.

Walerij, der Physikprofessor, der zwischendurch Chinageschäfte betreibt und seine Frau Lida, die am sprachwissenschaftlichen Institut der Uni arbeitet, besitzen ein richtiges Steinhaus mit drei schönen großen Zimmern, mit Wasser, Strom, Herd, Sauna, einem Vorratsschuppen und überhaupt allem in Sibirien erdenklichen Komfort in dem Dorf „Pobed itel" d.h. „Sieger" mitten in der Steppe, weit weg vom Irtysch. Natürlich auch alles selber gebaut und hergeschleppt, vom Zement bis zum letzten

Nagel. Aber Luxus im Quadrat: Walerij besitzt einen siebenundzwanzig Jahre alten Wolga, mit dem wir schon mehrere Male hoffnungslos stekken geblieben sind, was aber seiner Schönheit keinen Abbruch tut. Und meistens bringt er uns auch sicher ans Ziel. In der „Villa" ist bereits zum dritten Mal eingebrochen worden, obwohl sie mitten auf einer der Hauptstraßen steht und jedes Mal von innen mit maßgezimmerten Brettern verriegelt wird. Während die schlauen Diebe das erste Mal fast alles ausgeräumt haben, was nicht niet und nagelfest war, von Feldbetten bis zu Teppichen und handgemalten sibirischen Wandtellern, hatten die letzteren Pech: sie hatten offensichtlich Wodka gesucht und nur eine viertel Flasche Portwein gefunden und leeren können.

Walerij ist schon dort, Lida und ich kommen am Sonnabend nach. Wir werden drei Stunden lang in dem klapprigen Überlandbus durchgeschüttelt, und ich finde, das Dorf „Sieger" sieht wenig siegreich aus. Verschlafene Straßen, die üblichen riesigen verlassenen Kolchosenställe, eine schmutzige Fabrik, ansonsten Gänse, Enten, Hühner, Hunde und Katzen auf den Straßen. Walerij holt uns mit dem elfjährigen Sohn Serijoscha an der Bushaltestelle ab und berichtet über die neuesten Schicksalsschläge. Nein, kein weiterer Einbruch, nur eine besonders gefräßige Ziege - oder mehrere -, die den Lattenzaun an seiner schwächsten Stelle bezwungen und so feine Dinge wie die Erbsen, die Mohrrüben, die verschiedenen Salate und den Kohl ratzekahl aufgefressen haben. Natürlich hat von den Dorfbewohnern niemand was gesehen. Es würde sowieso nichts helfen, denn zahlungsfähig ist hier niemand. Die letzten fünf Monate haben sie keinen Lohn ausgezahlt bekommen. Alle sind pleite. Walerij, ein großer Hobbyfischer, erzählt, er ist gestern um Mitternacht von der Polizei gestoppt worden, als er vom Angeln kam. Lida fragt nicht etwa, ob er, Walerij, etwas getrunken habe, sondern: „O Gott! Waren die nüchtern?"

Nach dem Verzehr eines von Serijoscha und Walerij hervorragend zubereiteten Huhns fahren wir mit Wodka und Äpfeln, dem Angelzeug und Klappstühlen der Abendsonne entgegen durch die Steppe zu einem kleinen Teich, um zu angeln. In der Dämmerung erkennen wir überall um den Teich herum glühende Zigaretten, Taschenlampen blitzen auf, stolz werden die Anglerergebnisse von Ufer zu Ufer gerufen. Wir finden einen kleinen Steg, ich angle glaube ich zum zweiten Mal in meinem Leben und fange mit dem Glück des Anfängers zwei zehn bis zwölf Zentimeter lange Fische, die Serijoscha mitleidig wieder schwimmen läßt.

Am nächsten Morgen ziehen wir mit den unabdinglichen Eimern auf eine Kolchosenplantage. Wir sehen ein, daß wir am Sonntag um zehn Uhr früh viel zu spät dran sind, es stehen mindestens fünfzig Autos da und wir müssen weit in die Kirschfelder hineinlaufen, um überhaupt noch was zu finden. Die Plantage ist etwa zwei Kilometer lang und einen Kilometer breit. Die kleinen aromatischen Wildkirschen wachsen an Sträuchern. In zwei Stunden haben Serijoscha, Walerij und ich trotz der ziemlich abgegrasten Strauchreihen zwei Eimer voll gepflückt und kommen verschwitzt, zerstochen, sonnenversengt (bei 40 Grad im Schatten, den es nicht gab), aber stolz und glücklich an der Wiegestelle an. Für 15 Kilo Kirschen zahlen wir umgerechnet zwei Mark. Die angrenzenden Himbeerfelder sind seit zwei Jahren von den offiziellen Stellen aus Geldnot nicht mehr gepflegt worden, Walerij wagt sich zwei Meter in das verwilderte Gestrüpp, gibt aber auf, da bräuchten wir Dschungelmesser und gepanzerte Kleidung, um nicht total zerkratzt nach Hause zu kommen. Schade um die verkommenden Reichtümer.

Auf dem Rückweg gehen wir in das einzige Geschäft des Ortes, um Mineralwasser zu kaufen. Es ist Sonntag, daher nicht sehr voll und die vor uns stehenden Dorffrauen sagen immer nur ein Wort: „Butylotschka" - ein Fläschchen - und stecken den Wodka ein. Walerij sagt: „Drei Flaschen" und muß sich entschuldigen, weil er nicht dazu gesagt hat „Mineralwasser". Natürlich standen ganz automatisch drei Wodkaflaschen vor ihm.

Nachdem wir im Garten den Zaun repariert, die übriggebliebenen Pflanzen gewässert und viele Kräuter gepflückt haben (Gott sei Dank mochten die Ziegen die nicht), fliehen wir vor einem bedrohlich nahe kommendem Gewitter, kaufen bei einem befreundeten Bauern noch Milch, Sahne, Butter, Eier und Twarog (Quark), entkommen dem Gewitter, und sehen plötzlich erstaunlich viele Autos am Wegrand halten. Wir steigen also auch aus. Eine etwa fünf Kilometer lange Erbsenplantage. Von der Kolchose macht man sich nicht einmal mehr die Mühe, irgendeinen Wiegemann anzustellen. Wir pflücken - wegen der Mücken so schnell wie möglich zarte junge Schoten. Drei große Plastiktüten voll. Die Pflanzen sind nicht hochgebunden, liegen auf dem Boden und werden spätestens übermorgen, wenn das Gewitter hier hinüber gerast ist, vergammelt sein. Meine berühmte absurde Frage: „Warum erntet denn hier niemand?" Anscheinend haben sie keine Arbeiter, oder es lohnt sich nicht mehr. Welch ein Jammer, denke ich zum hundertsten Mal, welche Verschwendung - und weiß auch keinen Ausweg.

Auf dem Heimweg hören wir dann noch überraschend eine Meldung im Radio, daß große bequeme, aber eben sehr sensible Mercedesbusse, die nach drei Jahren Aufenthalt auf sibirischen Straßen innerlich so verwundet sind, daß eine Heilung zu kostspielig wäre, zum Kauf für Datschengrundstücke angeboten werden. Man will beim Personenverkehr doch lieber auf die heimischen hart trainierten, Schlaglöcher gewohnten

Ikarus-Busse zurückgreifen. Aber anscheinend waren wir zu langsam. Es gab keine mehr. Falls es überhaupt je solche Busse gegeben hat.

Im Frühjahr 1997 brennt das Haus eines Nachts nieder. Wahrscheinlich war es Brandstiftung, sagt die Polizei. Neidische Dorfbewohner? Aber wieder hat kein Mensch was gehört oder gesehen. Walerij, Lida, die Söhne und ich stehen fassungslos vor dem leeren Platz. Es ist buchstäblich nichts übrig geblieben. Walerij und Lida verlassen das Dorf „Sieger" für immer.

Die Versicherungssumme reicht für ein halbes Reihenhaus in einem anderen Dorf, Konezawod, zu deutsch Pferdefabrik, die es aber schon lange nicht mehr gibt. Nur bei der Straßenkreuzung, die nach Konezawod abbiegt, steht noch ein steinernes Standbild eines im gestreckten Galopp fliehenden Pferdes. Die Nachbarn, welche die zweite Hälfe des Hauses bewohnen, sind Bauern, die auf alles aufpassen, damit nicht wieder ein Unglück passiert, und Walerij beginnt im Sommer 2000 mit dem Bau einer Sauna in dem kleinen Garten.

Wie dreht man einen Film in Sibirien?

Nichts einfacher als das, dachte ich anfangs. Wenn man Land und Leute kennt und liebt, wenn man eine Redaktion davon überzeugt hat, daß es durchaus lohnenswert wäre, etwas von der Kultur im fernen Sibirien zu erzählen, wenn man ein Exposé geschrieben hat, das auch angenommen wurde, wenn man sich in unzähligen Telefonaten davon überzeugt hat, daß auch alle Leute, die man braucht, an Ort und Stelle in Sibirien sind, daß der russische Kameramann hervorragend sein soll, dann kann man sich mit Kassetten und viel Übergepäck bewaffnet, getrost auf den Weg begeben.

Zunächst klappte auch alles großartig. Die Freunde in Moskau hatten den Begrüßungswodka kalt gestellt, das Flugzeug nach Omsk litt nicht unter Kerosinmangel, es gab sogar ein kaltes rohes Hühnerbein, von dem ich im übrigen glaube, daß es seit Jahren dasselbe ist, es gab die Iswestija des 19.Mai: Und da stand groß: „Mafia-Kämpfe im Zentrum von Omsk mit zwei Toten und Verletzten." An der Umverteilung der Macht und der Märkte nahmen von beiden Seiten ungefähr zehn Leute teil. Die nach Omsk gereisten „Gäste" waren von den einheimischen Verteidigern ihrer Pfründe aus nächster Nähe erschossen worden. Dann hatte es ein ungeheuer pompöses Begräbnis, mit einem riesigen Leichenzug auf der Omsker Hauptstraße gegeben, mit Hupen und Scheinwerfern, eine Demonstration zur Abschreckung der anderen Seite. „Bei den Omsker Zuschauern kam die durchaus logische Frage auf: 'Wer ist denn heute Herr in der Stadt?` da sich die Polizei lieber vorsichtig zurückhielt."

Ich stürze nach der Ankunft sofort ins Theater. Leicht irritiert sehe ich überdimensionale Plakate, die überschwenglich das Gastspiel des Kamschatka-Boulevard-Theaters ankündigen. Der Intendant ist nicht da. Die Frau des Intendanten Lina, die mir den Kameramann, die Kamera, Motive etc. besorgen sollte, ist spurlos verschwunden.

Einige der Schauspieler haben Proben, andere sind in der sibirischen Weite am Irtysch angeln oder auf sonstigen Datschen von Freunden, um Kartoffeln, Paprika, Pfeffer und ähnliches als Wintervorsorge zu säen. Na gut, ich habe Zeit, ganze fünf Wochen.

Nach drei Tagen unermüdlicher Suche finde ich Lina, die sich bereit erklärt hatte, für mich die Produktionsleiterin zu spielen, wie durch ein Wunder taucht auch der Intendant wieder auf. Ich habe die endgültige Gewißheit, daß das akademische Omsker Drama-Theater die nächsten acht Wochen nicht spielen wird. Es ist eigentlich müßig, dem Intendanten klar zu machen zu wollen, daß die VHS-Kassetten, zum zehnten Mal überspielt, die ich von einigen Aufführungen habe, qualitativ für das Fernsehen nicht zu gebrauchen sind, sondern daß ich die Aufführungen und daraus ganz bestimmte Ausschnitte brauche, so aufgenommen, wie ich mir das für meinen Film vorstelle. Aber wir verabredeten immerhin einen Termin mit dem Menschen, der ein „Pressekommunikationscenter" und eine Kamera besitzt. Nach mehreren Anläufen heißt es plötzlich: „Morgen können wir drehen. Wo möchten Sie bitte?"

Was für eine Frage, wenn der Regisseur der augenblicklich laufenden Proben zu Sholem Alejchems „Behextem Schneider" nur noch einen Tag in Omsk ist. Zwar habe ich nur die Erzählung gelesen, kenne das Stück nicht, habe nur einen ganz kleinen Teil einer Probe gesehen, weiß also nicht, was sie proben, aber mit dem Mut einer zu Tode Verurteilten stürze ich mich am nächsten Morgen mit einem älteren Kameramann, beileibe nicht perfekten Sprachkenntnissen, was so filmnotwendige Worte wie 'Schwenks, Totale, Naheinstellung, Zoom' etc betrifft, in den ersten Drehtag.

Außer daß wir tatsächlich von jeder Szene neu überrascht werden, daß die Kamera die Proben stört, daß der Regisseur gereizt wird, bis ich auf die gute Idee komme, ein Interview mit ihm zu machen, daß mein Kameramann abends etwa drei Minuten, bevor meine schon gesehene Lieblingsszene kommt, verschwindet, geht alles verhältnismäßig glatt.

Am nächsten Tag stehe ich auf der Straße und warte auf den Theaterbus, der uns zu den verschiedenen Museen fahren soll. Ich gebe ihm zehn Minuten, dann die drei Treppen zur Wohnung hoch, im Theater angerufen - ja, mein Team wartet auf mich im Theater. Es war doch aber anders ausgemacht, oder?

Im Theater fehlt dann aber unsere Produktionsleiterin Lina, die alles mit den Museumsdirektoren ausgemacht hat. Also hoch in die Direktion, dort angerufen, eine verschlafene Stimme ...okay, wir fahren allein, sie hat verschlafen ... Aber sie hat alles hervorragend organisiert - man läßt uns überall drehen - und vor dem Museum der Künste erwartete sie uns strahlend und ausgeschlafen.

Am dritten Drehtag waren wir „unabhängig" von dem Theaterbus. Der Kamerabus sollte uns zur Verfügung stehen. Und wieder stand ich einsam auf der Straße. Der Bus hatte kurz vor dem Ziel seinen Geist ganz und gar aufgegeben.

Zwei Tage später wartete ich, durch Schaden klug geworden, in meiner Wohnung auf meine Mitstreiter. Die aber hatten mich schlicht vergessen und wunderten sich, warum ich nicht am Drehort war.

Aber manche Verabredungen kommen dennoch zustande, wir haben Glück, finden vor einer gespenstischen Hochhausansiedlung, die alle Großstädte der Welt schmücken, eine riesige Herde von Kühen, Schafen und Gänsen, was einen bizarren Kontrast abgibt, kommen auf den Turm des Tourist-Hotels ungesehen hinauf, von wo man einen fantastischen Rundblick auf Omsk, den „reißenden" Irtysch und den „stillen" Om hat.

Dann fahren wir in die „Natur", ich erkläre, daß ich die typische sibirische Landschaft einfangen möchte, also die schier unendliche Weite mit den kleinen Birkenhainen dazwischen. Wir fahren muntere sechzig Kilometer und mein Kameramann zeigt mir stolz einen Kiefernwald. Das sei hier der einzige weit und breit. Das will ich gerne glauben, denn sonst war mir hier noch nie eine Kiefer begegnet. Ich fühle mich wie im Berliner Grunewald und beginne ernsthaft, an meinen Russischkenntnissen zu zweifeln, wenn man mich so mißverstehen kann.

Wir finden dann aber noch Birken und plötzlich müssen wir halten, weil etwa achttausend Kühe die Straße passieren. Ich lasse umkehren, drehe auf meiner kleinen Kamera die Straße, die haltenden Autos, die Kühe, mein Kameramann scheint das ebenfalls zu tun. Wieder ein glücklicher Zufall. Am nächsten holprigen Feldweg biegen wir ab, um von etwas oberhalb eine große Biege des Irtysch zu drehen, als plötzlich ein schwarzer Sandsturm aufkommt und uns in Sekundenschnelle in staubbedeckte rabenschwarze Neger verwandelt. Aber wir haben ein Naturereignis.

Bei der ersten Möglichkeit, unsere Streifen zu betrachten, verfliegt mein Optimismus wieder. Die Filmaufnahmen haben merkwürdige kleine wandernde lila Flecken, die meine gebannte Aufmerksamkeit auf sich ziehen. Sie wandern ausgerechnet deutlich sichtbar in den Himmel und man ist versucht, den Irtysch im Bild hochheben zu wollen, weil sich das Lila im flimmernden Wasser etwas abschwächt. Unser Kameramann scheint blind geworden zu sein, weder sieht er die Flecken noch scheinen ihn die diversen Mikros groß und breit im Bild zu stören. Die Kühe hat er ohne die Straße, ohne die fluchenden Autofahrer, ohne die am Straßenrand seelenruhig Käse verkaufende Babuschka, ohne den wilden Kosaken zu Pferde, der die Tiere temperamentvoll, aber ziemlich vergeblich zur Eile antreibt, aufgenommen, so daß die Bilder so aussehen, als liefe eine große Kuhherde in Schleswigholstein auf der Wiese herum.

Ansonsten habe ich immer die Angst im Nacken, es würde zu lang, mir fehlen Anschlüsse, ich habe keine Schnittbilder. Ich mache also Schnittlisten, akkurat und pusselig, so wie wir drehen, habe aber nicht mit der - mir bis heute unverständlichen - Genialität meines Kameramannes gerechnet, der ab der dritten Kassette anscheinend nach jedem Take die Kassetten wechselt, jedes Mal mit einem neuen Timecode beginnt und damit ein buntes Mosaik auf den verschiedenen Kassetten veranstaltet. In seiner vollen Bedeutung erkannten wir dieses heimtückische Verwirrspiel aber erst am Schneidetisch. Das aber war zum Glück für den Kameramann schon in Berlin, er hätte unseren Schnitt kaum überlebt.

Nebenbei führe ich einen erbitterten Kampf mit meinem Telefon, das mal wieder seinen Geist aufgegeben hat. Alle meine Gefühle des Unmuts, Mißmuts verwandeln sich über maßloses Erstaunen in Wut und Haß. „Wenn hier je der Kapitalismus einziehen soll", sagt einer meiner Freunde, „dann wird es ein Kapitalismus ganz eigener, besonderer Art." Kapitalismus interessiert mich im Moment nur insofern, als ich möchte, daß mein Telefon wieder „arbeitet". Darum bemühen sich nach mehreren Stunden mehr als zwölf Leute, weil ich drohe abzureisen und sage, so könne ich nun überhaupt nicht arbeiten. Selbst der „Meister" begibt sich persönlich in die Telefonzentrale. „Obeschtschali" - sie haben versprochen - dieses Wort habe ich fürchten gelernt, denn dann passiert nie was. Es vergeht der Donnerstag, der Freitag, Sonnabend ist natürlich frei, der Sonntag ist heilig, und am Montag ist irgendein obskurer Feiertag. Ich mache Terror, niemand kann mehr das Wort „Telefon" hören und dann passiert am Dienstag nachmittag um 17 Uhr ein Wunder und zwei Tage vor meiner Abreise bin ich telefonisch wieder erreichbar und verhandlungsfähig.

Im Fernsehen haben sie mir inzwischen Szenen aus den Theaterstükken, die sie aufgenommen haben, überspielt. In einem großen Raum mit vier Zwei-Zolldoppelmaschinen, einem Höllenlärm und Rauchverbot hatte ich versucht, etwas Brauchbares rauszusuchen. Beim ersten Überspielversuch streikte prompt die Beta-Anlage und wir sahen nichts als grünes Rascheln auf dem Bildschirm.

Ich fuhr mit vierzehn Kassetten zurück und schwor mir, so schnell keinen neuen Filmversuch als einzelnes Individuum, als mein eigener Autor, Regisseur, Assistent, Aufnahmeleiter und Kassenwart zu machen.

Zunächst aber bemühten wir uns redlich und mit viel Spaß, aus diesen teilweise grünen, teilweise gefleckten, teilweise ruckenden Bildern einen kleinen Film zu machen. Nach drei Tagen intensivster Arbeit glaubten wir an das optimale Ergebnis, die anderen Redakteure waren aber nicht so überzeugt. Unser grandioser lyrischer Anfang (wir hatten auch noch eine tolle russische Folklore-Musik dazu gefunden) stieß geradezu auf Abneigung, schließlich würde das ja kein Feature. Wir schnitten also blutenden Herzens um, helfen tat das alles nichts, man hatte sich gegen uns verschworen (meine Russen würden schon wieder „Schicksal, Schicksal" schreien), und der Film wurde nicht gesendet.

Als ich im Herbst wieder in die sibirischen Gefilde kam, nahm ich mit meiner kleinen Hi8 Kamera von der vierten Reihe aus mit einem leicht altersschwachen Stativ wenigstens all das von den Vorstellungen auf, was ich eigentlich brauchte, und begann für mich zu schneiden. Zu Hause. Ohne wirkliche Hilfsmittel und mit - wie sich herausstellte - inkompatiblen Zählwerken der verschiedenen Computer und der Kamera. Wie, weiß ich nicht, aber es entstanden immer wieder schwarze oder krisselige Löcher, die sich auf geheimnisvolle Weise nach vorne zu schieben schienen, wenn ich sie neu überspielte. Ich trieb dieses nerventötende Spiel so lange, bis meine empfindsamen Hi8 Filme mir das übelnahmen und anfingen, sich aufzulösen, so daß ich am Schluß nur noch betend vor ihnen saß, sie sollten noch einmal ein Bild zeigen, ob nun mit oder ohne Löcher. Wie gesagt, keine Technik und keine Erfahrung meinerseits. Aber es kam ein siebzigminütiges Band heraus, was ich Freunden zeigte „Also einen ungeheuren Eindruck vermittelt es schon."

Der Verein „Kontakte" zu den ehemaligen Sowjetrepubliken hat einen jour fixe im Schöneberger Rathaus in Berlin, da wollten wir den Film zeigen. Sie brachten ein nagelneues Fernsehgerät mit Videorecorder, wir kontrollierten, alles paletti. Die Besucher strömten, ich erklärte die technischen Gebrechen des Films, machte eine Einführung und wir setzten uns in freudiger Erwartung vor den Fernseher. Der machte „klick" und tat dann gar nichts mehr. Er gab eifersüchtig nicht einmal mehr die Kassette heraus. So mußten wir uns wieder auf die ursprüngliche Übermittlungsmethode besinnen, aufs Reden und Fragen. Und obwohl es ein gelungener Abend wurde, beschlichen mich russisch schicksalhafte Ängste. Vielleicht soll ich keinen Film über Omsk machen?

Die magnetische Anziehungskraft
der Ausländer

Katja ist eine weißblond gefärbte Sexbombe mit fülliger Figur, mindestens schon dreimal geliftet. Sie ist lebhaft, um nicht zu sagen hektisch, dauernd in Bewegung, ihre Stimme überschlägt sich, sie redet wie ein Wasserfall, sie strahlt eine große Wärme und Herzlichkeit aus. Ihr Organisationstalent ist phänomenal, sie hat Beziehungen zu allen lebenswichtigen Organen der Stadt, sie ist raumbestimmend, raumverdrängend.

Sie wechselt ihre Liebhaber wie Nachthemden. Sie hat einen halbwüchsigen Sohn, der seine Mutter vergöttert und einen viel jüngeren Mann, von dem sie intellektuell nicht viel hält, aber er ist toll im Bett - da ist eben nichts zu machen. Inzwischen hat er sich abgesetzt, sie hat sich scheiden lassen, einen anderen geheiratet, der Sohn ist auch aus ihrem Leben verschwunden.

Sie ist gesellig, lebenslustig, trinkfreudig und arbeitet wie ein Stier. Der Firma, die sie vor vier Jahren übernahm, hat sie in dieser Zeit von einer leise vor sich hindümpelnden Bruchbude zu so viel Anerkennung verholfen, daß sie heute mehrere exquisite Geschäfte führt. Dabei hat es an Schwierigkeiten wahrlich nicht gefehlt. Ganz zu schweigen vom nie zu reichlich vorhandenen Geld. Der junge begabte Manager, den sie engagiert hatte, starb plötzlich nach ausgedehnten Geburtstagsfeiern an Herzversagen. Wahrscheinlich waren sie an vergifteten Fusel geraten, vor dem seit etwa einem Jahr alle Freunde warnen. Wodka soll man nur bei Bekannten kaufen, nicht von irgendwelchen Straßenhändlern. Sie pfuschen alle.

Bei Katja zu Hause habe ich vor Jahren auch zum erstenmal reinen Sprit zu trinken bekommen und dachte, ich müsse sterben.

Katja hat im Frühjahr Geburtstag. Sie lädt über 50 Freunde in ein „Sanatorium" ein. Rings um Omsk herum gibt es Erholungsheime, für Kinder, Rekonvaleszenten, Touristen. Weit- läufige Anlagen mit Spielplätzen, Blumenrabatten, Saunen, manche mit Swimmingpools, Parks und Sportplätzen. Die „Sanatorien" sind meist nur im Sommer belegt, sonst dienen sie den Privilegierten, die Beziehungen zu den jeweiligen Leitern haben, als Privatvergnügungsstätten.

Mit einem Kleinbus und mehreren Privatwagen fahren wir 60 Kilometer weit in so ein umzäuntes „Reservat", finden die richtige Baracke, schreiten zum Festmahl, danach in die Sauna.

Zwei Schauspielerinnen vom Jugendtheater, eine ganz dürre und eine ganz dicke, verspüren wie ich einen unwiderstehlichen Freiheitsdrang. Wir beschließen, die trunkenen Genossen ihrem Schicksal zu überlassen und uns bei dem herrlichen Sonnenschein draußen am Waldrand ein stilles Plätzchen zu suchen. Unweit vom Weg, aber außerhalb der Umzäunung finden wir einen idealen Winkel. Die dicke, lebenssprühende Ljuda schlägt FFK vor, da sich in diese Einöde um diese Jahreszeit kein Mensch verirren könne. Die Dürre, deren Namen ich vergessen habe, protestiert schamhaft, wir einigen uns auf `oben ohne' und schmoren selig träumend in der ersten Maisonne.

Unser Frieden währte nicht lange. Auf dem Weg tauchen ungefragt, ungeliebt und völlig unnötigerweise zwei berittene Polizisten auf, die sittlichen Anstoß an uns nehmen und uns aufforderten, bekleidet zu verschwinden. Die Dürre wickelt sich blitzschnell in ein Handtuch. Ich frage leicht irritiert, ob 'oben ohne` in Rußland verboten sei - Ljuda aber richtet sich zu voller Höhe auf, die fünf Kilo Busen wippen bedrohlich auf die Polizisten zu, sie beschwert sich lautschallend und wohlklingend über die Störung seitens der Polizisten - und noch dazu in Anwesenheit einer Ausländerin. Was soll die denn von uns denken? Sei Rußland denn so rückständig, prüde, unzivilisiert, uneuropäisch, eben kulturell zurückgeblieben, nicht auf der Höhe der Zeit? Sie sollten sich schämen, unschuldigen Mädchen (sic!) aufzulauern. Niemand könne sittlichen Anstoß an uns nehmen, höchstens wir an ihnen, da sie sich wie Voyeure gebärdeten. Sie steigert sich in unwiederholbare russische Flüche hinein, die Polizisten reißen aus.

Aber unser Vergnügen ist auch vorbei. Wir lutschen noch mit züchtig bedeckten Busen lustlos an einer luxuriösen Apfelsine und kehren bald aus unserer „freien Natur" reumütig in das asphaltierte Reservoir zurück. Theoretisch haben wir gesiegt. „Männer sind ja immer feige, aber die haben wir richtig in die Flucht gejagt," kichert Ljuda. „Sie hatten einfach Angst vor dir," stellt die Dürre fest. „Ach was," lacht Ljuda, „Russische Männer haben immer Angst vor Frauen!"

Die lebensfrohe, übermütige, allen Genüssen dieser bestmöglichen aller russischen Landschaften zugetane Ljuda sah ich ein halbes Jahr später - aufgebahrt im Foyer des Jugendtheaters. Sie war protestierend, unter entsetzlichen Qualen an Krebs gestorben, noch keine 40 Jahre alt. Kurz nach der ersehnten Scheidung von ihrem brutalen Mann, einem hoffnungslosen Alkoholiker. Sie wollte so gerne richtig leben und hoffte, damit jetzt in Saus und Braus anfangen zu können. Das Theater hatte für sie, die so vielen Menschen Mut und Fröhlichkeit eingeflößt hatte, mehrere Benefizvorstellungen für Medikamente gespielt. Aber der Erlös einer Vorstellung reichte immer nur für zwei Tage Morphium.

Das Defilee am Sarg schien endlos. Freunde und Kollegen aus allen Theatern hielten je zu zweit zehn Minuten Ehrenwache zu Häupten des Sarges. Davor die laut weinende, verzweifelte alte Mutter, die ihr einziges Kind verloren hat.

Ich hörte die ganze Zeit Ljudas tiefes, gurgelndes Lachen, wie sie damals die Polizisten von unserem Sommerfrischeplätzchen vertrieben hatte.

An diesem Tag ahnten wir von alledem noch nichts. Wir feierten im sicheren Schutz des umzäunten Gebiets singend und tanzend Katjas Geburtstag. Während die meisten dort übernachteten, fuhr ich trotz wüster Beschimpfungen von Katja mit einem der heimlichen Mafia-Bosse noch am Abend wieder nach Omsk. Ich konnte ihr nicht recht klar machen, daß ich eine „Geordnete Anarchistin" bin. Das heißt, daß ich heute feiere und morgen arbeiten will. Es war wohl nicht der richtige Zeitpunkt.

Als Ausländer, bzw. Ausländerin hat man in Omsk eine besondere Anziehungskraft. Aber die ersten Bitten werden immer erst geäußert, wenn man sich schon einigermaßen länger kennt, wenn man etwas mehr Vertrauen gefaßt hat und wenn man vom Status des ewigen Gastes ein wenig abgerückt ist. Und immer vorsichtig, auf Umwegen, aber ohne jedes Maß. Für einen einzelnen Menschen kann das leicht zu viel werden.

Ira kommt zu Besuch, eigentlich übergibt sie mir nur Quittungen, hat etwas für meine Wohnung erledigt. Aber ich bin beim Arbeiten und kann mich nicht zu sibirischer Gastfreundschaft entschließen und sie zu einem Kaffee einladen, den sie auch wegen der Halbherzigkeit meiner Frage ablehnt. Aber sie braucht erstaunlich lange, um sich ihre Schuhe wieder anzuziehen, nestelt herum, zieht einen wieder aus und als sie schließlich fertig eingemummelt an der Tür steht, sagt sie, sie hätte eine Frage. Vielleicht eine nicht ziemende Frage, aber sie wisse sonst niemanden, vielleicht sei es mir jetzt nicht recht. Oh bitte, frag doch schon.

„Ich habe eine Tochter, die hat Medizin studiert und die möchte gerne ins Ausland, so schrecklich gerne. Und ich weiß nicht, wie ich ihr helfen soll." Zu meinem Schrecken setzt sie sich auf die kleine Garderobenbank. „Sie hat schon alles mögliche probiert. Sie möchte einfach mal sehen, wie es im Westen ist, sie ist sehr intelligent, sie lernt sehr gut, sie hat überall die besten Noten. Es gibt jetzt Anzeigen, daß man für ein Jahr nach Amerika als Au-pair Mädchen kann, aber daraus ist bis jetzt nichts geworden."

„Wie lange will sie denn ins Ausland?" frage ich „Vielleicht für den Sommer. Mein Mann ist schon vor 20 Jahren gestorben. Ich war mit zwei

Kindern allein, ich habe noch einen Sohn. Nähen kann sie auch," kommt alles etwas ungeordnet aus ihr heraus. Es ist ihr peinlich, aber sie möchte was für ihre Tochter tun. Deshalb ist sie wohl gekommen. Ich verspreche, über eine Lösung nachzudenken.

„Ich bin eigentlich Ingenieur, ich bin schon pensioniert", meint sie mir weiter erklären zu müssen, „jetzt arbeite ich im Theater, weil wir sonst nicht auskommen. Und wenn es nur für ein Jährchen wäre, ich möchte ja auch nicht, daß sie ihre Stelle im Institut verliert."

„Ein Jährchen!" Wo finde ich denn eine Stelle für das Mädchen - für ein Jährchen?

Am nächsten Tag steht Witek vor der Tür. Er braucht sofort 300 Mark. Theoretisch kann man das Geld ja auch dem Markt oder auf der Bank kaufen. Aber da steht der Mensch vor der Tür und schaut mich so flehentlich an, daß ich nur noch stottern kann: „Wofür brauchst du das denn?"

Das ist auch bei den zahlreichen Folgebesuchen so, die sich immer wieder um einen Zahlungsaufschub drehen, nicht herauszubekommen. Immerhin begreife ich, daß auch die Rubel für soviel Geld nicht vorhanden waren. Ich kratze meine in verschiedenen Taschen verteilten Devisen zusammen und hoffe inständig und vergeblich, wie sich bald herausstellt, daß er wie versprochen am nächsten Morgen genauso früh mit einer Teilsumme des Geldes in Rubeln wieder erscheinen wird.

Nina, die Buffetchefin des Theaters hat wiederum nebenbei ein mysteriöses Chinageschäft laufen. Sie hat extra für mich einen Pelzmantel aufgehoben, der sicher toll ist und für westliche Begriffe einen Spottpreis kosten soll. Ich brauche aber keinen und möchte auch keinen für Freunde kaufen, die ihn dann nicht mögen, oder der ihnen nicht paßt? Wir trinken Sekt im kleinen Hinterraum, und ich bitte mir Bedenkzeit aus. Außerdem will Nina einen VW-Bus kaufen, am besten wäre es natürlich, wenn ich ihn beim nächsten Besuch mitbringen könnte, schließlich habe ich ja schon einmal einen Bus für das Theater herbugsiert. Ich beschließe zu fliehen.

Mitten beim Filmen, während ich alle Konzentration für mich und meine Vorhaben brauche, werde ich wiederholt und nachdrücklich von einer älteren Schauspielerin angesprochen, sie habe einen Sohn, der sei eigentlich Zahnarzt (oh, möge er es doch bleiben!), der wolle ein Reisebüro aufmachen, ob mich das nicht interessierte.

Nein, es interessiert mich nicht im geringsten. Aber ob ich mich mit ihm nicht treffen könnte. Ob ich ihr meine Telefonnummer verraten würde. Die Kontakte seien so wichtig.

Kurz gesagt sitzen wir wenige Tage später auf einer Parkbank in der Sonne. Ein dicklicher, schwitzender junger Mann mit knallrotem Gesicht und ein extrem dünner bleicher Jüngling erklären mir schüchtern und unsicher ihre Pläne. Für Westtouristen zwei Wochen Sibirien mit drei Tagen Kultur in Omsk, Oper und Theater, Galerien und Museen. Ich werde mit einem ganzen Stoß von Prospekten, Omskbüchern, Museumskatalogen, einer Laienkassette über Omsk, mehreren Kalendern und einem russisch geschriebenen Angebot für mögliche stark interessierte deutsche Reisebüros ausgestattet und zum Schluß gefragt, ob 2000 Dollar (ohne Reisekosten) für so einen Aufenthalt in Omsk und Umgebung nach westlichen Vorstellungen zu viel gefordert sei. Ich erkläre mich für überfragt. Ich ließ das Ganze etwas ruhen und hatte ein schlechtes Gewissen. Als ich dann nach einem halben Jahr der Schauspielerin leicht beschämt gestehe, ich hätte nur in zwei Reisebüros in Berlin nachgefragt, lacht sie mich fröhlich aus. Diese Kateridee hätten die doch längst aufgegeben.

Da erinnerte ich mich an ein Gespräch im Hotel vor zwei Jahren mit einem Menschen, der heute zur oberen Mafia gehört, ein gut florierendes Geschäft mit Autos, Möbeln, Immobilien und und und ... hat. Er kam, flankiert von zwei Frauen, einer Generalswitwe und einer hohen Parteigenossin und schlug mir eine Mitarbeit bei seinem Geschäft vor. Die drei boten Reisen wo auch immer hin an, damals auch noch nach Litauen und Estland, und ich sollte ihnen potentielle Kunden besorgen. Obwohl ich mir den Mund fusselig geredet habe, und viele meiner deutschen Bekannten das auch toll fanden, ist nie was daraus geworden.

Mit das Begehrteste sind Einladungen, die nach einem bestimmten Muster hier von der Polizei abgesegnet werden müssen. Aber nach den Fahrpreiserhöhungen der letzten Jahre ist die Anfrage spürbar zurückgegangen. Es sei denn, man liefert das Ticket gleich mit.

Richtig kriminell wurde es, als eine große Pelzfirma bei mir um Rat fragte. Sie hatten extra keine amerikanischen, keine japanischen Partner gesucht, sondern Deutsche, weil die als so zuverlässig gelten. Mit denen war ein Vertrag gemacht worden, wonach die an die fünfzig Autos und mehr als zweihundert Spezialnähmaschinen schicken sollten. Die Firma hatte ihr „ganzes Vermögen" in Dollar auf die Dresdner Bank überwiesen, es war ordnungsgemäß angekommen, der deutsche Partner hatte es fröhlich in seine Tasche gesteckt und ward nicht mehr gesehen. Der deutsche Rechtsanwalt, den ich für sie engagiert hatte, konnte also auch nur herausbekommen, daß die Firma liquidiert worden war, daß bereits ein Verfahren gegen den gesuchten Betrüger - weil er sich eben in Luft aufgelöst hatte, niedergeschlagen worden, und da steht man etwas bedripst da. Ich zumindest wußte nicht, daß man mit anderthalb Millionen oder mehr einfach so verschwinden kann, dann auch nicht durch Interpol gesucht wird (weil das zu teuer wäre), und der Geprellte im Grunde nichts dagegen tun kann. Wie die sibirische Firma das überlebt, ist noch ungewiß, abgesehen von dem ohnehin durch die nicht vorhandenen Maschinen entstandenen Verluste. In Rubeln beziffert sich das schon in Milliarden.

Im Jahre 1996 wurde der Betrüger durch einen Zufall doch erwischt, und nun ging der Kampf wieder los. Dies Mal mit unvorhergesehenen Schwierigkeiten von Seiten der Bank, die das Geld für den Gerichtstermin in Berlin nicht ohne Rechnung rausrücken wollte, was in Berlin nur mit Kopfschütteln und verständnislos zur Kenntnis genommen werden konnte. Der erste Gerichtstermin war jedenfalls geplatzt. Aber wie das ganze schließlich ausgeht, wissen die Götter.

Eine privat schwarz strickende Deutschlehrerin möchte den Kontakt zu einer Trikotagenfirma von mir hergestellt haben, der Bus braucht Ersatzteile, Ljuba bittet um Zahnzement, Ludmilla um Phantomschmerzmittel für ihre beinamputierte Schwester. Ein Maler braucht sofort westliche Ölfarben, sonst versiegt seine Kreativität, eine Bekannte möchte für sich und ihren Liebhaber eine Unterkunft in Prag, eine altrussische Ziehharmonika mit Denkmalswert müßte an einen interessierten Musikexperten in Deutschland verschachert werden...

Ich begegne einem siebenjährigen Wunderkind und seinen Eltern. Sie wollen gar nichts, nur daß ich dem Jungen helfe, ein Menuhin zu werden.

Aljoscha hat im entferntesten Sibirien einen Freund, und der Freund hat einen verschollenen Großvater, und der Großvater war in den zwanziger Jahren in Berlin ein Jahr lang engagiert. Wo? Er drückt mir Dokumente, Fotos, Kritiken in die Hand. Ahnenforschung soll ich auch für Natascha aus Moskau betreiben: 1917 ist ein Uronkel nach England ausgewandert, wieder Fotos, echte und anglisierte Namen, eine Londoner Adresse von 1918...

Katja schmuggelt auf vielen Umwegen zehn Zobel nach Deutschland, hat ein Heidengeld dafür bezahlt und meint, ich könne die hier ganz leicht verkaufen. (Einmal hätte ich die Chance gehabt, sie mit einem Verlust von 1300.--DM zu verkaufen, so schmoren sie denn fröhlich in meinem Kleiderschrank und ich hoffe, sie ereilt nicht das Schicksal von Marina Wladys Pelzen, die die Motten fraßen.) Das war im Januar 1994, aber das Schicksal der Zobel ist damit noch nicht zu Ende.

Ganz zu schweigen von den kleineren Wünschen wie Akkus für Batterien, trägerlose Büstenhalter, Brillen, aber auch und immer wieder die Bitte um notwendige Medikamente. Und ganze Krankenberichte von oft unheilbaren Kindern, mit Kontaktadressen vom Roten Kreuz und der flehentlichen Bitte um westliche Hilfe, hier habe man alles versucht.

So bin ich jedenfalls nach einem erneuten Besuch in meiner Wahlheimat hier ganz schön beschäftigt, da ist es immer noch das leichteste, bei der verheerenden Postsituation (ein Brief kann bis zu drei Monaten unterwegs sein, wenn er überhaupt ankommt) als Postillon für Ausreiseanträge oder einfach kleine Päckchen oder Briefe tätig zu sein.

Neuerdings bin ich auch in Berlin nicht mehr sicher. Ich wartete mit leichtem Grauen auf einen vom Intendanten als Freund des Theaters angekündigten Geschäftsmann. Ich verstehe überhaupt nichts von Geschäften. Er will ja auch nur einen Rat. Nachts um halbzwölf klingelt eines schönen Tages das Telefon, besagter Geschäftsmann mit Freundin steht am Hauptbahnhof und weiß nicht weiter. Was tun? Ich ärgere mich über mich selber, aber schließlich stehen sie beide vor meiner Tür. Er hat in der Nähe von Omsk irgendein Waldgrundstück zum Abholzen und Verarbeiten und Aktien in einer Holzfabrik. Ob ich ihm nicht helfen könne, deutsche Partner zu finden. Ich wehre mich zunächst vehement, weil ich noch nie was mit Holzgeschäften zu tun hatte. Trotzdem versuche ich zu helfen, schaffe Verbindungen über die Industrie und Handelskammer zu dem Verband der Holzindustrie- und Holz- und Kunststoffverarbeitender Industrie, finde mich eines Morgens nachtschlafend früh mit den beiden bei dem Direktor dieses Verbandes, der wiederum in den nächsten Tagen einen Kontakt zu einem möglichen Partner schaffen will.

Am nächsten Tag komme ich abends nach Hause, finde einen Zettel und zwanzig Mark für Telefonkosten vor, sie seien abgereist, er wolle in Westdeutschland ein Hörgerät kaufen. Keine Adresse, keine Telefonnummer und dann auch noch schwerhörig und ohne jegliche Sprachkenntnisse. Wie soll man da Geschäfte machen?

Als nächstes stehen die Schwester des Wunderkindes und deren Freund - natürlich unangemeldet vor der Tür. Ich bin so entsetzt, daß ich nicht mal „Guten Tag" sage, sondern nur „Seid Ihr verrückt geworden?" Sie wollen ein billiges Quartier und eine Arbeit. Sie haben ein Visum für drei Monate. Sie scheinen sich ungeheuer vorbereitet zu haben. Sie fragen, ob in Deutschland auch Bananen wachsen. Als sie Gott sei Dank vorher anrufen, ob sie meine 8000 Bücher, die sie abstauben sollen, nicht der Größe nach ordnen könnten, weil das hübscher aussehe, statt meine Ordnung beizubehalten, gerate ich endgültig in Panik. Außerdem habe ich in meinem Haushalt keine Arbeit mehr für sie. Ich gebe ihnen noch anhand der Kassetten über den Mauerfall ein bißchen Geschichtsunterricht und versuche, Himmel und Erde in Bewegung zu setzen, um sie loszuwerden. Natürlich ist ausgerechnet jetzt im Sender der Teufel los. Zwei Wochen vor Produktionsbeginn sagt ein Regisseur ab, wir müssen einen neuen finden, der nicht nur gut sein soll, sondern auch noch Zeit hat und gewillt ist, sich auf so einen Wahnsinn einzulassen. Ich habe wirklich keine Zeit, mich mit dummdreisten Kindern abzugeben. Ich werde sie los, aber nach vier Wochen stehen sie, diesmal angemeldet, wieder vor der Tür, sie hätten kein Geld, um nach Hause zu fahren. Mir blieb die Spucke weg. Das Geld habe ich ihnen geborgt und natürlich nie wiederbekommen.

Das Omsker Drama- Theater

Älteste russisch-orthodoxe Kirche in Omsk

Omsk

Irtysch im Schollengang

Kriegsbeschädigter

Hochzeitspaar auf der Straße zum Kriegerdenkmal

Nebenstraße in Omsk

Letztes Lenindenkmal vor Omsker Oper

Neue Straße zur Kreuzkirche

Blick aus meiner Wohnung

Teil des Omsker Hafens

Omsker Theaterensemble

Zehn Zobel auf Reisen oder zu Besuch in Berlin

Bei dem Gastspiel in Amerika lud mich Katja geheimnisvoll in ihr Hotel. Wie immer ist war sie etwas hektisch, um nicht zu sagen hysterisch, leicht überdreht und trinkfreudig. So begann der Nachmittag mit einem warmen Wodka, d.h. mit mehreren warmen Wodkas, und ich hatte Mühe, einen kühlen Kopf zu bewahren.

Was sie nur von mir wollte? Denn da mußte irgendwas dahinter stecken. Schließlich nestelte sie nervös in der untersten Schublade eines Schranks herum, fand ein verschnürtes kleines Paket, knipperte die Schnur auf, wickelte das Papier aus, rollte mehrere Fetzen eines früheren Laken auseinander und zutage kamen zwei Zobel. „Ja, die habe ich geschmuggelt. Es ist ja verboten. Vielleicht könntest Du sie mit nach Deutschland nehmen und dort verkaufen." „Aber ich habe überhaupt keine Ahnung von so was. Und darf ich die denn ausführen?" „Na, Du darfst doch alles." „Wieso?" „Na, du bist doch ein Westler." „Aha."

Blöd, wie ich war, nahm ich die beiden schmucken kleinen Tierchen mit in mein Hotel und legte sie unten in den Koffer. Am nächsten Tag waren es schon vier. Nein, sie hatten keine Jungen bekommen, sondern Katja robbte sich wohl tageweise an meine Bereitschaft heran, die Zobelchen mit nach Deutschland zu schleusen.

Wir kamen auch gemeinsam gut in Berlin an. Ein paar Monate später schenkte mir Katja in Omsk noch einmal zwei zum Verkaufen, trotz meines Protestes, daß ich völlig unfähig zu so etwas sei. So hatte ich nun sechs. Der Zoll nahm mir zwar eine kleine unechte Ikone ab, weil ich kein Zertifikat über die Unechtheit hatte, und sie als Moskauer davon überzeugt waren, die Sibiriaken hätten keine Ahnung von dem großen Wert dieser Imitation, die ich im übrigen trotz der abstrusesten Anstrengungen nie wieder bekommen habe, aber die Zobel hatten sie mir gelassen, leider. Und dann kam Katja nach Berlin, da waren es schon zehn.

Hübsche Tierchen, nichts dagegen zu sagen. Eine Zeitlang lagen sie auf den verschiedensten Sofas in meiner Wohnung und blickten mich treuherzig an. In den verschiedensten Pelzgeschäften fragte ich nach möglichen Preisen. Das variierte ziemlich, zwischen 300 und 800 DM pro Stück, aber so richtige Begeisterung brachte niemand auf. Aber Katja brauchte anläßlich eines Berlinbesuchs Geld, und als ihre Abreise immer näher rückte, mußte ich ihr 2000 DM als sichere Anzahlung geben. Weg war sie, die Zobelchen blieben ungeliebt zurück.

An einem eigentlich der Kunst gewidmeten Abend stellte sich heraus, daß einer der Regisseure drei Kürschner in seiner näheren Verwandtschaft hatte und ein Autor auch irgendwelche Verbindungen zu einem Mann hat, der wiederum...

Eine wilde Telefoniererei brachte neue Erkenntnisse, aber keine Chance, die lieben Kleinen loszuwerden.

Durch Vermittlung des Autors hatte ich nun neue Adressen, meist in den entlegensten Gegenden von Berlin. Einer kaufte überhaupt keine Zobel mehr, der andere klagte über die Tierschutzvereine, der nächste hatte gerade auf Nerz umgestellt, einer wurde so mißtrauisch, wo ich Zobel her hatte, daß ich vor einer möglichen Anzeige bei der Kripo eilends flüchtete, dann geriet ich in einen riesigen Keller in Dahlem, der so aussah, als habe sich eine russische oder deutsche oder sonstige Mafia darauf eingestellt, in einem Bunker den nächsten Atomkrieg zu überwintern. Als ich einem vierschrötigen bulligen Schlächtermeister durch endlose Gänge mit Holzverschlägen mit tausenden von Pelzen hinterher wankte, wurde mir himmelangst und ich fühlte mich wie in einem schlechten Krimi. Aber irgendwie erreichten wir ein als Kontor verkleidetes Kabuff, in dem ein zweiter „Gangstertyp“, noch massiger und noch furchteinflössender saß, und ich versuchte, sie mit meinen naivsten Charme zu becircen: „Ich habe keine Ahnung, was die wert sind...da und da habe ich sie her, die armen Leute haben auch keine Ahnung davon...“ und aus lauter Mitleid wollte Big Boss mir dann pro Stück sechzig Mark zahlen. Ich entschuldigte mich, ich müsse mich rückversichern und war heilfroh, wieder unversehrt das Tageslicht zu erblicken.

Ich beschloß, daß Geld als verloren anzusehen. Aber die Zobelgäste blieben mir treu. Kein Mensch wollte sie geschenkt haben, und in die Räuberhöhle traute ich mich nicht zurück.

Nach etwa einem Jahr machte ich einen erneuten Versuch mit Anzeigen in der Zweiten Hand. Zu meiner großen Erleichterung merkte ich, daß es noch dümmere Leute mit noch viel mehr Unkenntnis über Zobel gab als mich. Nachdem ich einem ausgeredet hatte, er könne aus zehn Zobeln sicher keinen Mantel für seine Frau schneidern lassen, den anderen davon überzeugt, daß er mich wenn, dann nicht nachts um eins besuchen könne, fand ich eine Expertin, die mir den Unterschied zwischen männlichen und weiblichen Tieren und anderen für Fachleute höchst bedeutsame Qualitätsunterschiede erklärte, mit der ich mir aber auch nicht handelseinig wurde, weil sie meine schon gezahlte Summe ebenfalls auf ein Viertel kürzen wollte. Hätte ich da man zugeschlagen. So brachte eine zweite Anzeige überhaupt keinen Liebhaber mehr und ich beschloß, auf bessere Zeiten zu warten.

Die Tierchen packte ich hübsch warm ein für einen Winterschlaf, und
versteckte sie in meinem Schlafzimmer. Unglücklicherweise gesellte ich
ihnen ein mir lästiges, aber unendlich kostbares und daher ohne Beleidigung nicht ausschlagbares Gastgeschenk aus Omsk hinzu, einen von
einem jagenden Schauspieler selbst geschossenen sibirischen Silberfuchs
(ebenfalls unbearbeitetes Fell). Und dann war es endlich so weit. Als ich
im Mai 1994 spät abends aus Omsk zurückkehrte, schwirrten in der
„Zobelecke" so merkwürdige Motten herum und die Wand war mit
einem leichten weißlichen Gazeschleier behangen. Noch wollte ich das
ganze Ausmaß der Katastrophe nicht wahrhaben, ergriff die Tüte und
warf sie mit weit ausgestreckten Armen auf den Balkon. Am nächsten
Tag bat ich meine Freundin Margarete von Trotta, welche gerade mal
wieder bei mir zu Besuch war, mal nach den sterblichen Überresten zu
sehen. Voller Entsetzen warf die sie schleunigst in die Mülltonne und
sagte, sie wolle mir den Anblick der völlig von Motten zerfressenen
Zobelpelzkadaver ersparen. Da ich aber ein recht schlechtes Gewissen
wegen Vernachlässigung meiner Fürsorgepflicht hatte, habe ich sie da
wieder herausgeholt und kleine Fetzen von „Erinnerungsstücken", (die
bis jetzt auch noch heil sind, allerdings nicht mehr im Schlafzimmer
ruhen) gerettet. Schließlich hatte der Autor mit den guten Pelzbeziehun-
gen eine wundervolle Filmidee: eine Russin kommt fröhlich und voller
naiven Glaubens, sie habe einen Schatz mitgebracht, nach Berlin und
möchte zehn Zobel verkaufen. Na ja, und was der da dann so alles
blüht...

Die Odyssee, einen Bus für das
Omsker Theater aufzutreiben

Das Omsker Drama-Theater besaß einmal einen schönen alten verrosteten, mit Plüsch ausgeschlagenen Theaterbus, mit dem wir Omsk-Besucher die ersten beiden Male auch noch vom Flughafen abgeholt wurden, allerdings nie ohne Panne. Mal verloren wir Teile der Karosserie, immer gab es eine Reifenpanne - und inzwischen hat sich das museumsreife liebenswerte Wrack ganz aus dem aktiven Straßenleben zurückgezogen.

Auf meine Frage, was im Moment für das Theater das wichtigste sei, kam prompt die Antwort: eine maschyna = ein Auto. Bei dem internationalen Symposion im Dezember 1991 in Omsk haben wir dann beschlossen, uns um einen Bus zu kümmern. Eigentlich wollten auch alle mithelfen.

Aber warum braucht das Theater einen Bus?

Die Schauspieler arbeiten bis zu 16 Stunden am Tag. Da die öffentlichen Verkehrsmittel, wenn sie überhaupt fahren, hoffnungslos überfüllt sind, hat sich die Theaterdirektion immer bemüht, die Schauspieler wenigstens nach den Vorstellungen, wenn es geht, auch nach den Proben, nach Hause zu fahren. Keiner der Schauspieler hat je ein eigenes Auto besessen - noch wird er in den nächsten Jahren in einen solchen Genuß kommen. Das war 1992. 1997 besitzen immerhin fünf von 39 Schauspielern einen fahrbaren Untersatz und im Jahre 2000 sind es schon elf.

Aber die Stadt ist unsicher. Der Intendant wurde aus heiterem Himmel vor seiner Haustür niedergestochen, eine unserer Schauspielerinnen ist mit Nervengas betäubt und vergewaltigt worden, Fremde stellen natürlich besonders begehrliche Ziele dar. Ein theatereigener Bus würde schon helfen, das Leben ein wenig erträglicher und leichter zu machen.

Im Dezember 1991 habe ich einen Bus mit allen Extras, die mir für Sibirien erforderlich schienen - wie zusätzliche Heizung, verstärkte Stoßdämpfer etc. - bei Mercedes bestellt. Im Januar kam die Auftragsbestätigung. Auslieferung Ende März. Für eine Überführung nach Omsk, hatte mir das Russische Konsulat gesagt, bräuchte ich den Beschenkten, also den Intendanten hier, eine notariell und vom Landesgerichtspräsidenten bestätigte Schenkungsurkunde, den Bus und den Intendanten persönlich in Berlin.

Also schickte ich ihm eine Einladung für März und April, da die Omsker immer noch Ewigkeiten für die Beantragung ihrer Pässe brauchen. Ich stiftete 10.000 DM und begab mich auf die Suche nach weiteren Spendern.

Mitte Januar fand ein europäisches Seminar mit einigen Omsker Schauspielern in Remscheid statt und auch da machten sich alle Gedanken über die Finanzierung. Unter anderem sollte ein Benefizkonzert im März stattfinden (das Konzert fand auch statt, aber nicht als Benefizkonzert für den Bus). Wir fahndeten nach Sponsoren, nahmen verschiedene Kontakte auf, aber es ergab sich lange nichts Konkretes. Da plötzlich ein Anruf einer westdeutschen Firma: sie seien von der Idee begeistert, wollten einen viel besseren Bus finanzieren und hätten auch schon einen bestellt. Meinen könnte ich wieder abbestellen.

Nach einiger Zeit traf von Mercedes Berlin eine Änderung zur Auftragsbestätigung ein. Ich klingelte Sturm bei Mercedes, wo man mir freundlich versicherte, mein Bus käme am 18.3.92 vom Band und sei pünktlich Ende März da. Ich geriet leicht in Panik, ob da nun etwa zwei Busse angerollt kämen.

Aber nichts von alledem stimmte. Die westdeutsche Firma hatte sich klammheimlich aus mir unbekannten Gründen wieder zurückgezogen. Ich schickte erneut einen zweiten Hilferuf um Spenden in die Welt, d.h. an alle meine Freunde und Bekannte, wer mir bis zum 1. April Geld leihen könnte, für etwa zwei Monate. Bis dahin wollte der Verein „Kontakte", welcher die ganze Aktion unter seine Fittiche genommen hatte, sein „kleines" Gemeinnützigkeitsproblem gelöst haben.

Mercedes rief an, wieso ich den Bus denn nicht abholte. Ich lief von Bank zu Bank (die vorgewarnt waren), überzog alle meine Konten bis zum geht nicht mehr, löste die Leih- Schecks meiner Freunde ein, sammelte die Spenden und konnte nachmittags tatsächlich den Bus in Empfang nehmen.

So, der Bus war da. Wie kommt er nach Omsk?

Eigentlich sollte Boris Mezdrich, dem ich nach Omsk ein Ticket mitgebracht hatte, weil sie ab 1.1.1992 alle Auslandsflüge mit Devisen zahlen mußten, am 1. April mit mir nach Berlin fliegen, damit wir zum Notar und und und...

Da aber passierte der Überfall auf ihn. Und als er einigermaßen genesen war, hatte der stellvertretende Intendant einen ziemlich schweren Autounfall, und Boris Mezdrich konnte sein Theater nicht alleine lassen.

Was nun? Der Bus hatte eine Zollnummer, die nur einen Monat gültig war. Ebenso die Versicherung. Die Tickets für Menschen und Bus nach St. Petersburg waren bei der Baltic-Line bestellt, der Notar, der Landesgerichtspräsident und das russische Konsulat vorgewarnt - das war nun alles erst einmal hinfällig. Drei Wochen lang habe ich unaufhörlich Termine umbestellt, bei geänderten Ankunftstagen (das Flugzeug flog von Omsk nicht, die deutsche Botschaft in Moskau rückte den Pass nicht raus) die Termine wieder abgesagt, wieder angemeldet, umbestellt, wieder abgesagt. Die Deutschen hielten mich allmählich für eine Verrückte und glaubten nicht mehr an eine tatsächliche Überführung des Busses. Ich solle ihn doch wieder verkaufen, wurde mir freundschaftlich, aber in völliger Unkenntnis der russischen Nöte geraten. Außerdem, wie sollte ich einen deutschen potentiellen Käufer davon überzeugen, daß er unbedingt einen Bus mit sibirischer Spezialausrüstung besitzen muß. Währendessen kurvte ich unermüdlich mit dem Bus in Berlin herum, um die ersten 1500 km bis zur ersten Inspektion zu abzufahren.

Nachdem der Intendant trotz unbeschreiblicher Schwierigkeiten doch noch nach Berlin gekommen war, wir trotz Streiks alle Formalitäten (Notar, Landesgerichtspräsident, russisches Konsulat zur Beglaubigung der Schenkung) siegreich hinter uns gebracht hatten, fuhren der Intendant und ich am 2. Mai um fünf Uhr früh nach Kiel zum Zoll.

Um 13 Uhr begann die Einschiffung. Die zwei Tage auf der „Anna Karenina" waren nach den tausend zu erledigenden und zu bedenkenden kleinen und großen Probleme wie ein Traum. Am 4.Mai um 18 Uhr landeten wir im Hafen von St.Leningrad, wie St.Petersburg jetzt im Volksmund heißt, nach fünf Stunden waren wir glücklich durch den Zoll und konnten den (nun noch kostbareren) Bus im streng bewachten abgeschlossenen Hof der polnischen Botschaft unterstellen, da der Intendant den polnischen Botschafter kannte.

Eigentlich sollten wir am 6. Mai von St.Petersburg fliegen, das änderte sich an selbigem Tag morgens um halbfünf, und wir fuhren wie die Wilden 700 Kilometer auf teilweise Loch-Slalom-Straßen Zickzack nach Moskau, mit zehn Kontrollen der GAI-Polizei, was uns ein paar Stangen Zigaretten kostete, und vier vergeblichen Benzinversuchen. Gott sei Dank hatte ich voll getankt und Kanister mit.

Abends gegen 21 Uhr wurden wir in ein riesiges militärisches Transportflugzeug verladen. Dabei wurden wir argwöhnisch von dem Bodenpersonal bewacht. Wir konnten nur mit List und Tücke ein wenig drehen und hinter den Rädern des Flugzeugs versteckt ein paar Fotos schießen.

Im Flugzeug vorne stand ein kleiner angenagelter Tisch und ein paar angenagelte Hocker. Andere Sitzgelegenheiten gibt es in solchen Militärflugzeugen nicht, falls man nicht die an den Seitenwänden abgenagelten 20 Zentimeter breiten „Bänke" als solche bezeichnen will. Ich beobachtete voller Verwunderung und Sorge: Die Besatzung spielte bei Wodka und Ölsardinen Karten. Irgend jemand verschwand von Zeit zu Zeit im Cockpit, um irgend jemanden abzulösen, der dann auch Karten spielte und Wodka trank. Da beschlossen wir, auch Wodka zu trinken. Ich war zu angespannt und nervös, um mir irgendwo ein Schlafeckchen zu suchen.

Erstaunlicherweise landeten wir heil und gesund am 7.Mai drei Uhr früh Ortszeit in Omsk. Der Bus wurde gleich in die Garage des Theaters im Theatergebäude in Sicherheit gebracht. Oksana hatte geduldig in der Theaterwohnung, die mir damals zur Verfügung gestellt wurde, gewartet, aber die Müdigkeit trieb uns alle schnellstens in die Betten.

Die Freude im Theater war unbeschreiblich.

Am 7. Mai, wir hatten kaum Zeit gehabt, zu uns zu kommen, sollte vor einer Ostrowskij - Vorstellung die feierliche Übergabe der Schenkungsurkunde auf der Bühne stattfinden, mit Blumen, Gesang und Sekt und einigen repräsentativen Schauspielern für das gesamte Ensemble.

So war es dann auch - und auf ein Stichwort, das mir gesagt worden war: „Man muß es begießen" sprangen die am Abend spielenden Scha u spieler mit Gitarren aus dem Orchestergraben und sangen ein russisches „Hoch soll sie leben". Ich erzählte in meiner „Rede", daß die deutsche Bürokratie mindestens so toll arbeitet wie die russische und unterstrich, es sei ein Bus für die Künstler. Mit gutem Grund, wie sich später herausstellen sollte. Aber erst einmal war der Bus da.

Probefahrten, Staunen, Erklärungen, was an dem Bus wo funktioniert, - der Theaterfahrer „eignete" sich den Bus an und außer mir durfte ihn über ein Jahr lang kein anderer fahren, - der Versuch einer Namensgebung, die Taufe, die Freude der Raucher, daß hinter jedem Sitz ein Aschenbecher angebracht war.

Zunächst aber saß ich mit vielen Schulden da Leider sind die Menschen, die ich persönlich kenne, nicht sehr betucht, und die offiziellen Theater hier haben alle eine Patenschaft zu irgendeiner russischen Stadt, so daß die Spenden auch nur spärlich flossen. Aber ich ließ die Hoffnung nicht fahren.. Die Sponsoren, die Geld zugesagt hatten, waren nicht mehr bereit, aufgrund der einsetzenden Rezession zu zahlen. Neue Versuche, von Mercedes über die Abteilung Öffentlichkeitsarbeit und Repräsentation doch noch einen Zuschuß zu bekommen, schlugen fehl.

Als ich ein paar Monate später wieder in Omsk auftauchte, gab es erst einmal Krach wegen der Nutzung des Busses. So ein Bus verführt natürlich die Direktions- und Verwaltungsetagen, ausgiebig von ihm Gebrauch zu machen, und die Schauspieler drohten fortan listig vor jeder meiner erneuten Ankünfte mit einem Donnerwetter meinerseits. Ein weiteres Manko war die fehlende Innenbekleidung im hinteren Personenteil des Busses, die im Sommer gegen die 40 Grad plus und im Winter gegen die 40 Grad minus schützt. Aber das war meine Schuld, weil ich als absoluter Laie, als Erstkäufer eines Busses bei der Bestellung nicht verstanden hatte, daß ein „Himmel" die einfache Decken verkleidung ist. Allerdings konnte ich mir auch nicht vorstellen, daß man einen Personenbus ohne Innenverkleidung liefert. Nun organisiere mal in Sibirien eine Innenverkleidung oder bringe dieses „winzige" Teil per Flugzeug dahin!

Nach einem guten Jahr, der Bus hat schon über 50.000 Kilometer runter, werden Filter gebraucht und bald auch Bremsklötze. Mit den Filtern ging alles noch ganz glimpflich. Aber bei den Bremsklötzern erklärte man mir, daß es da zwei nicht kompatible Hersteller gibt, und das stünde auf den Bremsklötzern drauf. Nicht erklären konnte man mir, weshalb so ein Unsinn bei ein und dem selben Bustyp gemacht wird, und wie ich an die sich in Sibirien befindenden Herstellernummern komme. Außerdem bräuchte man auch noch die Achsennummer. Bei dem Benzinfilter streikte der Computer völlig. Er sagte uns dauernd „unbekannt". Ich gab erst einmal auf. Inzwischen habe ich die technische Datenkarte immer in meiner Handtasche, dadurch sind manche Probleme lösbar.

1997. Doch, der Bus fährt immer noch. Während meiner Abwesenheiten tobt weiter ein erbitterter Streit über seine Nutzung zwischen der Verwaltung und den Künstlern. Wenn ich da bin, funktioniert es entschieden besser.

Der Bus ist berühmt geworden. Solschenizyn wurde während seiner Wanderschaft von Wladiwostok durch Sibirien nach Moskau in ihm spazieren gefahren, Rostropowitsch vom Flughafen zum Konzert in das Theater geholt, nur Jelzin hatte bei seiner Wahlkampagne seine eigenen Wagen.

Deutsche in Omsk

Anja, 32 Jahre alt, Ökonomin

Anja ist die uneheliche Tochter einer Russin und eines Deutschen. Da die Mutter nach dem kleinen Zwischenfall der Zeugung nichts mehr von jenem Deutschen wissen wollte, wurde Anna von dem neuen russischen Mann der Mutter adoptiert. Damit hatte sie auch erst einmal die russische Staatsangehörigkeit.

Als Anja erwachsen war, machte sie sich erfolglos auf die Suche nach ihrem wirklichen Vater. Sie wollte Deutsche sein und ausreisen. Als sie ihn partout nicht finden konnte, ließ sie sich für Geld von einem wildfremden Deutschen als eigenes Kind anerkennen, damit sie wenigstens formal wieder deutsch würde. Mit dieser wundervollen neuen falschen, aber eigentlich korrekten Identität stellte sie einen Antrag bei der Deutschen Botschaft in Moskau. Die fanden das irgendwie nicht ganz korrekt - außerdem erzählte mir Anna, man müsse sein Deutschtum jetzt beweisen, d.h. ab 1990 müsse man Urkunden vorlegen, daß man schon vor 1990 deutsch war und die begehrte Nationalität nicht durch irgendwelche Tricks erkauft oder erschlichen hat. In dem ganzen Kuddelmuddel drohte Anja nun die Staatenlosigkeit.

Eigentlich finde ich, ist das nicht direkt mein Problem. Ich kann ihr auf ihre flehentliche Bitte um Hilfe auch nur raten, den wahren Vater zu finden und den ganzen Schmuh aufzudecken. Das traut sie sich nicht. Selbst wenn sie den Vater fände, müßte der ja Vaterschaftsproben über sich ergehen lassen. Ja nun! Immer noch besser als eine erkaufte deutsche Nationalität. Noch dazu, da der falsche Vater mit ihr nach Deutschland will.

Ich erörtere mit einem früheren Bundesrichter Anjas Probleme, als eine neue Überraschung in Gestalt der Deutschrussin Alexandra auftaucht, die vor drei Jahren nach Deutschland ausgereist ist. Sie beklagt sich bitterlich über die deutsche Bürokratie. Die sei ja schlimmer als die russische. Wieso, was ist passiert?

„Das Finanzamt und die Behörden machen mir einen riesigen Terror, weil ich bei meiner Ankunft gesagt habe, ich sei mit Michael verheiratet."

„Ja, bist du das denn nicht?"

„Doch, jetzt schon, aber damals nicht."

„Ja und wieso hast du dann gesagt, Ihr seid verheiratet?"

„Das kann denen doch egal sein, wir hatten schließlich zwei gemeinsame Kinder."

O heilige russische Unschuld deutscher Nation! Auch in Rußland
werden Ledige und Verheiratete anders versteuert.

Von Anja aber höre ich schon mehr als ein Jahr nichts mehr. Mit der
Ausreise scheint es nicht geklappt zu haben.

Unter den hundert verschiedenen Nationen, die in Omsk und Umgebung fröhlich und friedlich miteinander leben, gibt es eine große Gruppe: die Deutschen. 40.000 leben allein in der Stadt, noch einmal achtzig-
tausend im Bezirk, in Dörfern, in kleinen Städten.

Die meisten kamen mit Stalins Umsiedlungswelle aus der Wolgare-
publik, aber es gab auch schon früher deutsche Siedlungen hier.

Seit 1993 existiert wieder ein „Rayon", ähnlich wie die „Wolgarep u-
blik". In Asowo ist die Verwaltung, da fließt auch das meiste Geld hin,
wie die verschiedenen Dorfbewohner neidisch bemerken.

Ich fahre in ein kleines „deutsches" Dorf. Die russischen Freunde
sind sehr stolz auf „ihre" deutschen Dörfer. „Alles ist so sauber, sie h a-
ben richtige Zäune, wir kaufen nur da Milch oder Brot. Leider sind jetzt
viele weggefahren oder haben Ausreiseanträge gestellt, weil sie nicht
daran glauben, daß es hier wirklich besser wird." „Warum denn nicht?"
frage ich.

Im Dorf Aleksandrowna, 50 Kilometer nordöstlich von Oms k fahren
wir die einzige langgezogene Dorfstraße entlang, Bauernhäuser mit
Zäunen, eine kleine (noch russische) Schule. Zweimal am Tag kommt ein
Bus, früher sind die Leute auf den Markt nach Omsk gelaufen (sic!).

Am Ende des Dorfes wohnt Anna. Sie ist mit ihren 83 Jahren eine der
ältesten Bewohnerinnen des Dorfes, die auch am längsten hier gewohnt
hat. Sie erzählt in tadellosem, wenn auch merkwürdig anmutendem
deutschen Dialekt, sie habe als Kind noch die Revolution erlebt. Sie kann
sich erinnern, wie mal die Weißen, mal die Roten in ihr Haus eingedrungen sind und wie ihr älterer Bruder, so oft wie „irgendwelche Horden"
kamen und sie im Keller saßen, die Front gewechselt hat.

„Ich weiß gar nicht, ob er zum Schluß als Weißer oder als Roter gefa l-
len ist. Aber sein Leben hat er für Rußland gelassen." Sie waren siebzehn
(!) Kinder, und die gesamte Familie wurde mit Sack und Pack nach Sib i-
rien umgesiedelt. Sie wurde als Deutsche interniert, floh, lief eintausend-
zweihundert Kilometer, „nach Hause", wurde zu Zwangsa rbeit in Omsk
eingezogen, floh wieder, kam ins Gefängnis und wieder gelang ihr die
Flucht. Da gaben die Behörden auf und ließen sie bei ihren vier kleinen
Kindern in Aleksandrowka. Sie baute mit ihrem Mann ein Haus, wo sie
heute noch, inzwischen allein, - die Kinder sind nach Omsk gezogen, -

mit Gemüsegarten, Wasserpumpe, einem kleinen Acker, ihrem Hühner-
stall, ihrer Kuh und ihren zwei Schafen autark wirtschaftet.

Anna ist das Textgedächtnis aller deutschen Lieder für das ganze
Dorf. Sie singt mit der sechzigjährigen Hedwig zweistimmig herzzerrei-
ßende, schaurig schön kitschige deutsche Volkslieder und Balladen über
die Heimat, geschändete Mädchen, den entlaufenen Liebsten, unzählige
Strophen, ich habe weder die Melodien noch die Texte je in Deutschland
gehört, sie müssen aus einer Zeit noch vor Bismarck stammen, mutmaße
ich.

Hedwig und Iwan Iwanowitsch Iwanow (sic!), waschechte Deutsche,
sind auch Wolga-Umgesiedelte, sie sind „reich", d.h. sie haben nicht nur
Schafe und Kühe, sondern sogar zwei Pferde, ein schönes sibirisches
Steinhaus, Stallungen, ein extra Küchenhaus, in dem nur gekocht, gebra-
ten und Brot gebacken wird, einen Obst und Gemüsegarten und Felder.
Natürlich war Iwan als Deutscher im Krieg auch interniert. Aber er will
nicht nach Deutschland. Er ist gerade erst vor drei Jahren „rehabilitiert"
worden, d.h. er hat einen Stalinorden (sic!) bekommen, den er bei jedem
Besuch aus dem Schrank herauskramt und stolz vorzeigt.

Er hat hochfliegende Pläne für das Dorf, vor allem, was die Kultur
angeht. Nach den Jahren der Quasi-Unterdrückung möchte er jetzt alles
auf einmal: mehrere deutsche Volksschulen, ein deutsches Gymnasium,
deutsche Kindergärten, ein deutsches Krankenhaus, ein deutsches Kulturhaus, ein deutsches Theater, deutsche Läden, eine richtige deutsche
Zeitung. Die deutsche Zeitung „Neues Leben", eine in Moskau herau s-
gegebene unabhängige deutsche Zentral-Zeitung oder die „Bunte Woche", die Tageszeitung für die Deutschen in Sibirien, die allerdings vo r-
wiegend russischsprachig ist, finden nicht so recht seine Anerkennung.

Alle diese Wünsche teilt er mit seinem Schwippschwager, dem Dorf-
lehrer, der gleichzeitig auch Deputierter für die Deutschen in Moskau ist
und sich besonders dafür einsetzt, daß ein geringer Teil der von den
Deutschen versprochenen Geldern auch bis nach Sibirien, insbesondere
in die kleinen Dörfer gelangt. - Als ich das nächste Mal komme, sind
beide mit ihren Familien ausgereist.

Apropos Zeitungen: Im „Neuen Leben" beeindrucken mich zum e i-
nen die Suchanzeigen. Immer noch suchen die Deutschen nach ihren
Verwandten, geboren zwischen 1900 bis 1933. Die Vornamen sind „russ i-
fiziert": Friedrich Philippowitsch, Peter Ernstowitsch, Peter Petrowitsch
usw. Zum anderen die Heiratsanzeigen, die fast alle mit dem Satz schließen: „der/die in die BRD auszuwandern einverstanden ist" oder „der
die Absicht und Möglichkeit hat, nach Deutschland auszuwandern,
zwecks Familienbildung." Die Herren der Schöpfung (unter ihnen auch
viele Russen) möchten Frauen zwecks Familienbildung kennen lernen,

die Verwandte in Deutschland haben. Viele verkünden, noch vor der Berufsangabe, Nichttrinker, Nichtraucher zu sein, dann erst kommen die anderen unwesentlichen Eigenschaften wie Beruf, Interessen oder Kinder.

Während im „Neuen Leben" viel über die Aussiedlerpro blematik in der Bundesrepublik berichtet wird, gibt es in der „Bunten Woche" sehr viel mehr praktische Hilfe: Anzeigen aus der Wirtschaft, Abdrucke von deutschen Fragebögen, Dienste und Leistungen und Adressen von Ar- beitsämtern in der BRD, aber auch Deutschstunden (mit russischer Laut- umschrift), deutsche Kochrezepte (Berliner Kartoffelsuppe: „Gewurfelten Speck auslassen, Speckwurfel herausnehmen. Im Fett das Suppengemu- se dunsten und mit Fleischbruhe auffullen. Die Kartoffeln dazugeben, abschaumen, Gewurze hinzufugen, durch ein Sieb ruhren... mit Kummel Salz und Pfeffer wurzen..."), aber auch auf einer Doppelseite deutsch und russisch das „Vater unser" in alter Kalligraphie. Oder Artikel über „einige Mängel beim Gebrauch der deutschen Sprache", wo sogar ang e- mahnt wird, daß man nicht „ich fühle mich schlecht" (wörtliche Über - setzung aus dem Russischen) sagen dürfte, sondern nur „Ich fühle mich nicht wohl, ich bin krank" etc.

Aber in vielen Briefen und Artikeln kommt sehr krass das Unbeha- gen vieler Deutschen zum Ausdruck, in Rußland zu leben. „Wir wollen nicht Menschen zweiter Klasse sein." (Sie wissen noch nicht, daß es ihnen in ihrem heiß erwarteten und heiß ersehnten Deutschland nicht anders, wenn nicht schlechter gehen wird.) „Die Russen mögen die Deutschen hier nur als Arbeitskraft, sie schätzen deren Fleiß und Sau- berkeit nur, um sie auszunützen." Und das immer wieder kehrende `Reizwort': Gleichberechtigung. Auch bei den Vertretern oder Mitglie- dern der Bewegung „Wiedergeburt" hörte man in den letzten Jahren als Ziele immer: Gleichberechtigung und Rehabilitierung.

Ein anderes Problem ist das Gefühl der „Heimatlosigkeit." Und da r- in liegt eine Tragik dieser „Deutschen". Mir fällt es schwer, sie mit den Deutschen, die ich in der BRD kenne, zu identifizieren. Natürlich haben sie viel von den Russen angenommen, aber gleichzeitig versuchen sie krampfhaft, deutsche Traditionen aufrechtzuerhalten. In den Wohnun- gen kommt man sich ins vorige Jahrhundert zurückversetzt vor - es sieht mit dem Plüsch und den Nippes und den Spitzen und Spitzendeckchen auf dem Fernseher und den gehäkelten und gestickten kleinen Läufern und anderen Staubfängern überall und den prallen schneeweißen Dau- nenkissen mit vorschriftsmäßigem Knick in der Mitte aus wie bei unse- ren Urgroßeltern oder wie in einer Filmdekoration, alles nur ein wenig vermischt mit russischen Elementen wie Teppichen oder Fellen an den Wänden.

Iwan sagt: „Von den Russen werden wir als Deutsche angesehen, und von den Deutschen als Russen." Er will, bzw. wollte eigentlich nicht weg aus Sibirien. Viele, die ausgereist sind, haben das Dorf wieder besucht, von den Containern, der Feindseligkeit, der Kälte berichtet, kamen aber mit einem alten Auto (ein immer noch unerschwinglicher Luxus für alle) und einer Unzahl von Luxusgütern, von Kaffee über Bonbons bis zu elektrischen Rasierapparaten. Einer ist mit 80 „nach die Heimat" und gleich da gestorben. Ja, aber ein anderer war schon 92 und lebt schon seit drei Jahren in Deutschland sehr sehr gut. So ganz geheuer ist es zumindest den Älteren nicht, sie haben nur Angst, daß die Kinder alle „abhauen".

Hier im Dorf hat man den Eindruck, daß mit viel Liebe und viel Wehmut das kulturelle Erbe der vorwilhelminischen Zeit gehegt und behütet wird. Wenn deutsche Lieder - mit sehr russischem, schwungvollem Rhythmus - gesungen werden, fragt uns Iwan: „Man kann doch solche scheene Kultur nicht verkommen lassen, oder?"

Neben uralten Ausgaben von Gebets- und Andachtsbüchern für jeden Tag (1897, 1901) finden sich deutsche Bücher nur bei den Lehrern. Außer klassischen Werken auch Hermann Kant oder Christa Wolf und Heinrich Böll. Aber hier auf den Dörfern steckt alles noch in den Anfängen, was Kultur anbelangt. Und die Jungen sind meist nach Omsk oder noch weiter gezogen. Annas Sohn Gennadij, Physiker, hat in Omsk eine Russin geheiratet, seine beiden 17- und 19jährigen Töchter sprechen kein deutsch mehr. Inzwischen hat Gennadij eine für Deutsche in Omsk erstaunliche Karriere gemacht: Er ist Rektor der Omsker Universität geworden.

Deutsche Besucher aus der eigentlichen „Heimat" sind immer noch hochwillkommen. Die Neugier ist groß, sie fragen uns Löcher in den Bauch, nach dem heutigen Leben, den Bedingungen für die „Aussiedler", den materiellen Voraussetzungen, dem geistigen Leben, der Kirche, den Traditionen und Bräuchen. „Was macht Ihr denn Weihnachten, Ostern?" „Na, den Tag des Sieges werden sie sicher nicht feiern." Es ist schwer, ihnen klar zu machen, daß es „ihr" Deutschland gar nicht mehr gibt.

In der Bezirksstadt Omsk existiert neben der Zeitungsredaktion beim Rundfunk eine „Ausländerredaktion", die aus zwei Leuten besteht, einem Redakteur, der einen Ausreiseantrag gestellt hat und einer Sekretärin. Auch sie wollen in einem Interview von mir etwas über die deutschen Traditionen, Sitten und Bräuche wissen. Ich verspreche, nach dementsprechenden Büchern zu fahnden.

Seit dem 1. November 1992 gibt es in Omsk eine kleine deutsche Privatschule für eine erste und inzwischen eine zweite Klasse auf einem alten Fabrikgelände. Gegründet wurde sie unter kaum beschreibbaren bürokratischen und finanziellen Schwierigkeiten von einer Russin, Lidija Koslichina, die 1954 in Omsk geboren wurde, verheiratet ist und zwei Töchter hat. Die Kleinere, Katja, geht auf die deutsche Schule. Lidija war unter anderem Deutschlehrerin an einer Omsker Mittelschule, Direktorin der deutschen „Gesellschaft „Wiedergeburt".

„Was ist für mich das wichtigste in meinem Leben?" antwortet sie mir: „Sehr sehr viel bedeutet für mich meine Familie, meine Kinder, aber ich kann mir ein Leben ohne Arbeit auch nicht vorstellen."

Aber auch das ständige Zusammensein mit den verschiedensten Menschen, ganz besonders mit Kindern und auch die dauernde Suche nach neuen Formen des Lehrens und der Erziehung gibt mir die Möglichkeit, mich selber weiter zu entwickeln und das Gefühl, daß andere Menschen mich brauchen."

Auf die Frage, wie sie als Russin auf die Idee gekommen sei, eine deutsche Schule zu gründen, antwortet sie: „Zuerst ... (sie fährt russisch fort) ... muß ich betonen, daß ich in der Gesellschaft für deutsche Wiedererneuerung gearbeitet habe. Und daher kam das Bedürfnis, die deutsche Sprache und die deutsche Kultur in Omsk zu erhalten. Und eine deutsche Schule zu gründen, wurde mein Lebensziel. Ich war in einer staatlichen Schule und kenne deren Niveau. Erst einmal haben wir jetzt eine Klasse (Herbst 1993), wir wollen noch zwei weitere erste Klassen aufmachen und das Ziel ist es, eine Mittelschule aufzubauen, wo jeder hinkommen kann, Deutsche, Russen oder andere Nationalitäten. Wir wollen eine Bildung vermitteln, die nicht schlechter ist als woanders und ein deutsches kulturelles Zentrum für alle Deutschen in Omsk und im Omsker Bezirk schaffen."

1996 existieren dann auch schon zwei erste und zwei zweite, eine dritte und eine vierte Klasse. Seit 1995 existiert das von ihr gegründete Kinderzentrum der deutschen Kultur `Hoffnung`. Sie ist natürlich die Direktorin.

Das Niveau der deutschen Schule war schon nach einem Jahr erstaunlich hoch. Unterrichtet wird in deutsch, untereinander reden die Kinder aber russisch, wie ich bemerke. Wieder singen sie neben „Der Mai ist gekommen" und anderen Volksliedern mir völlig unbekannte Weisen, die dort überliefert und in keinen Büchern zu finden sind. Sie tanzen neben Polka und Lambada auch langsamen Walzer, allerdings nicht so gern wie die wilderen russischen Tänze.

Im April 1994 treten sie bei einem deutschen Wettbewerb der Schulen der ganzen Omsker Region auf. Ich höre Lieder, die ich seit meiner Kindheit nicht mehr gehört habe, wie „Summ, summ summ, Bienchen summ herum", „Laurentia", ein sehr kunstvolles „Alle meine Entchen"...

Die Mädchen tragen alle riesige Schleifen und natürlich alle Halbschürzen, manche auch Häubchen. Eine Schule führt ein Frühlingsprogramm auf, die Jahreszeiten werden von Pappmützen mit den entsprechenden Blumen symbolisiert. Leim gab es wohl gerade nicht, die Tütenmützen sind mit Büroklammern zusammen gesteckt. Oft ist das Deutsch für mich etwas schwer verständlich, aber rührend war das Unternehmen schon sehr. Eine Gruppe hatte zu spät von dem Wettbewerb gehört und führte ein Weihnachtsstück auf, so daß wir kurz vor Ostern in den Genuß von „O Tannebaum", „O du fröhliche", „Süßer die Glocken nie klingen", „Leise rieselt der Schnee" und vielen, das Weihnachtsfest bej ubelnden Sentenzen kommen.

Die 140.000 Deutschen im Omsker Gebiet sind keineswegs eine homogene Gruppe. In den verschiedenen Dörfern werden verschiedene Dialekte gesprochen, ein hessisches Sächsisch oder ein altertümliches Schwäbisch. Nun sind zwar in den letzten zwei Jahren etwa 20.000 Deutschstämmige nach Deutschland ausgewandert, dafür ist aber etwa die gleiche Zahl von Deutschstämmigen aus Ländern wie Kasachstan oder Usbekistan zugewandert. Und mit „Fremden" gibt es Probleme, wie überall.

Im Dezember 1996 existiert das deutsche Dorf praktisch nicht mehr. Insgesamt leben dort noch sechs Deutsche. Alle anderen sind ausgewandert. Anna wird am 5.Dezember 86 Jahre alt, den Geburtstag will sie noch „zu Hause" feiern, aber eine Woche später wird sie in die „richtige Heimat", nach Deutschland zu ihrer Tochter in die Nähe von Frankfurt emigrieren.

Als ich sie frage, ob sie nicht Heimweh haben wird, ob sie nicht Angst hat, in das „fremde" Deutschland zu fahren, lacht sie nur: „Na her mal, hier kenn isch doch schon alles, muß doch mal was Neies sehn und erleben."

Ein Ausflug nach Taschkent

Oksana, 40 Jahre alt, Dramaturgin und Dokumentar-
filmerin

„Ich beendete an der Saratower Universität russische Philologie und
an der Moskauer Universität Kunstgeschichte. Ich bin in Saratow geboren und habe dort zwölf Jahre als Chefdramaturgin und später acht Jahre
in Omsk am Drama-Theater gearbeitet. Das Wichtigste in meinem Leben:
das Kind und die Arbeit."

Jeden Abend um etwa halb zwölf klingelt das Telefon. Immer wenn
ich in Omsk bin. Seit sechs Jahren. Eine wunderschöne Stimme rezitiert
in wundervollem Russisch ein Gedicht. So sorgt sich die Dramaturgin
des Omsker Drama-Theaters um meine Bildung. Ich rate, von wem das
Gedicht ist. Manchmal rate ich richtig.

Oksana lebt allein mit ihrem Sohn. Nach zwei zerbrochenen Ehen hat
sie einen Freund, der Regisseur ist, aber leider 3000 Kilometer entfernt
lebt. Sie besuchen sich in regelmäßigen Abständen. Das heißt: drei Tage
und drei Nächte mit dem Zug - das Flugzeug ist inzwischen unbezahlbar
geworden.

Oksana ist hochintelligent, hochgescheit, um nicht zu sagen, sie ist
eine Intellektuelle und wie die meisten russischen Intellektuellen, die ich
kenne, pessimistisch, zynisch, sarkastisch, kritisch bis zur Beleidigung.
Aber sie hat den unbeugsamen Willen, alle auch noch so beschissenen
Situationen zu meistern. Sie gilt allgemein als hart, unbeugsam, intole-
rant, hochmütig, herrisch.

Wenige wissen von ihren langen einsamen Spaziergängen am Irtysch, ihre Träumen, Sehnsüchten, ihrer Liebe zur Poesie und der klassischen Musik. Ihr Sohn ist nach dem Abitur und der bestandenen Aufnahmeprüfung an der medizinischen Fakultät „abgehauen", er fühlte
sich unterdrückt, wollte nicht mehr Geige spielen, (was er konzertant
beherrschte), wollte sein eigenes Leben ausprobieren. Und ward nicht
mehr gesehen. Oksana leidet wie ein Tier, sieht aber nicht ein, was sie
falsch gemacht hat. Da sie selber unnachgiebig alles von sich verlangt
und unter den größten Entbehrungen alles, was in Omsk nur möglich
war, für den Sohn getan hat - private Musikstunden, Malkurse, zusätzliche Sprachkurse - verlangte sie von dem Sohn auch so ein rigoroses
Leben. Der aber erwies sich als echter Sprößling seiner Mutter und wurde genauso eigensinnig. Jetzt lebt er sein Leben in Amerika.

Oksana donnert ihren Lieblingstoast in die Gegend: „Nieder mit der Emanzipation!" Und antwortet auf unsere erstaunten Blicke: „Wenn wir uns emanzipieren, tun die Männer überhaupt nichts mehr, und die Frauen müssen doppelt und dreifach schuften". Und: „Ich heirate nur einen Mann, der mir wenigstens einen Tag in der Woche alle Sorgen, alle Besorgungen, allen Alltagskram abnimmt, und zwar nicht am Sonntag!"

Sie kam vor neun Jahren nach Omsk - nach der abrupten Trennung von ihrem zweiten Mann, dem Vater ihres Kindes, zog mit dem Zirkel einen Kreis um das Theater und nahm, ohne sie besichtigt zu haben, von den drei angebotenen Wohnungen diejenige, die dem Theater am nächsten gelegen war. Zwei Zimmer, eines für den Sohn. Ihr Zimmer ist an jeder Wand bis an die Decke mit Büchern zugepflastert. Nur ein impressionistisches Ölbild ihrer Heimatstadt gibt einen Lichtblick über der Ausziehcouch.

Kompromißlos, verschlossen, mit höchsten Ansprüchen an sich selber, diszipliniert bis zur Selbstkasteiung, macht sie sich das Leben nicht einfach. Sie raucht nicht, sie trinkt nicht, sie ißt kein Fleisch, kein Brot. Sie hat Rückenprobleme. Sie ist philosophiebesessen. Sie hält druckreife Vorträge aus dem Stegreif.

Als man im Theater nach sieben Jahren von ihr bedingungslose Loyalität zu dem neuen Oberspielleiter forderte, kündigte sie sofort. Und man kann nicht behaupten, daß sie mit Urteilen über andere Menschen oder gar über Feinde fein oder behutsam umginge. Für sie begann ein mühsamer, steiniger Weg, eigene Filme über Schauspieler, Regisseure, Wissenschaftler, Intellektuelle, über Poeten und Probleme der russischen Sprache in die Wege zu leiten, Geld aufzutreiben und zu drehen. Und in diesen Schwierigkeiten unterscheiden sich Deutschland und Rußland herzlich wenig.

Mit einer ungeheuren Kraftanstrengung hat sie es innerhalb von zwei Jahren geschafft, fünfzehn sechzigminütige Filme zu drehen und zu finanzieren. Heute reist sie nach Nowosibirsk, St. Petersburg, Krasnojarsk und dreht so fanatisch Filme wie sie vorher im Theater Regisseure, Schauspieler und Spielpläne durchgesetzt hat. Das Theater ist für sie gestorben, radikal und unnachgiebig wie sie ist. Das ist alles nur noch „provinzielle Scheiße."

Als sie gerade im Theater gekündigt hatte, kam sie auf meine Einladung hin nach Berlin, schwelgte in Inszenierungen der Mnouchkine und der Schaubühne und renovierte ganz nebenbei meine Wohnung. Nach kurzer Zeit fand sie sich auch in diesem Beruf genial, ich sehe allerdings bis heute noch überall die Farbspritzer an Stellen, wo sie nicht direkt hingehören. Aber sie hatte sich ein Startkapital für das neue Leben verdient. Und sie drehte nicht nur Filme, sondern organisierte das erste internationale Theaterfestival in Nowosibirsk mit so großem Erfolg, daß es jetzt schon das zweite Mal stattgefunden hat und eine alle zwei Jahre stattfindende Institution geworden ist. Auch für das Jahr 2001 wird sie es wieder organisieren.

1996 hatten Oksana und ich beschlossen, nach Taschkent zum Internationalen Theaterfestival zu fliegen. Einmal in der Woche geht von Omsk ein Flug nach Taschkent. Immer mittwochs. Statt zwei Stunden zu fliegen, könnten wir auch zehn Stunden über Nacht mit dem Zug nach Nowosibirsk zu fahren, um nach russisch angemessener Wartezeit von dort aus nach Taschkent zu fliegen, wo wir dann auch erst abends einträfen, also zwei Tage unterwegs wären, dieselbe Prozedur auf der Rückfahrt. Oder über Moskau, was ungefähr bedeutet, von Berlin aus über Oslo nach Madrid zu fliegen.

Oksana, meine damals noch vom Omsker Theater besessene Dramaturgin und ich, treffen - wie wir hinterher erfahren - die falsche Entscheidung (wir erfahren später, daß wir die besten Vorstellungen verpaßt haben) und fliegen mit einem späteren Flugzeug von Omsk aus. Mitten in der Nacht werden wir zwei einsame Personen von einem großen leeren Bus in Taschkent abgeholt und finden uns zu unserem Erstaunen im „tiefsten Sozialismus" wieder.

Das internationale Luxus-Hotel ist potthäßlich, nur Beton, Beton auch noch als Dekoration vor den Fenstern, von Service keine Spur um ein Uhr nachts, das Zimmer ist ein leichter Alptraum, es fehlt sogar das obligate Mineralwasser. Ein prähistorischer Fernseher der Marke Berezka mit einem verschwommenen Programm, das Laken mit Löchern und Roststellen, ein kleiner befleckter und mit Kerben versehener Tisch, offensichtlich hat da jemand erste Schnitzübungen gemacht, ein wackliger Holzstuhl, im Bad eine Sitzbadewanne, aber auch mit Argusaugen ist kein Stöpsel zu erspähen (ein sicheres Zeichen dafür, daß ich wo auch immer, aber in einem sozialistischen Bereich bin), die Dusche läßt sich nur unter äußerster Kraftanstrengung auf Dusche stellen und denkt gar nicht daran, in dieser Stellung zu bleiben, dafür singt sie in höchsten Tönen. In etwas tieferem Ton singt das Klo, wenn ich fast mit Handstand auf den Seitenhebel für die Spülung drücke. Als ich der ersten Kakerlake auf dem Handtuch begegne, fühle ich mich vollends zu Hause. Die Aussicht aus dem völlig verdreckten Fenster ist wie gesagt von breiten dekorativen Betonkaros versperrt. Eigentlich unverschließbare metallene Rahmen, die aus der Vorkriegszeit zu stammen scheinen, lassen sich nicht öffnen. Dazu fehlt mir ein Schraubenzieher, um die aus den Fassungen hängenden Schrauben, mit denen die Griffe abgeschraubt sind, festzuziehen. So ist es ein mittleres Abenteuer - und dem Zufall der sich zerwürfelnden wackelnden, sich gegenseitig behindernden Schrauben

148

und meiner flexiblen Geschicklichkeit überlassen, ob ich das Fenster aufbekomme. Von den 22 Schrauben des Fensterrahmens fehlen 15, eine hängt zur Hälfte heraus (das kann ich mittels einer Nagelfeile etwas beheben) und eigentlich ist es ein Wunder, daß sechs Schrauben den schweren Rahmen noch halten. Und ich schaffe es, das Fenster zu öffnen, ohne daß der ganze Rahmen ins Zimmer stürzt, lasse es auch trotz der strengen Anweisung im Hotelregelement, beim Verlassen des Zimmers die Fenster zu schließen, offen. Aber meine Zimmerfee ist akkurat, ordentlich und befolgt merkwürdigerweise die Regeln, und ihr fällt es anscheinend leichter, das Fenster zu schließen. Oksana hat ähnliche Probleme, nimmt sie aber leichter. „Das ist doch fast normal", meint sie spöttisch auf meine Klagen.

Taschkent hat breite, geradezu weiträumige Straßen. Für einen Fußgänger ist es lebensgefährlich, eine von ihnen zu überqueren. Doch, natürlich gibt es Ampeln. Aber die Fußgänger halten sich eigentlich nie daran, manchmal habe ich den Eindruck, sie warten, bis es rot wird, denn sie laufen grundsätzlich bei rot rüber, während die Autos, die grün haben, wie wild hupen, d.h. im Grunde wird der Verkehr durch Hupen, Jagen und Gejagt werden geregelt.

Im übrigen wundert mich jedes Mal, wie die Autos, speziell unser Bus, die Straßen mit ihren Löchern, Asphaltausbuchtungen, Bögen und Rissen lebendig überstehen. Aber man sieht ja auch Unmengen von Wagen, die am Straßenrand oder mitten auf der Kreuzung stehen und irgend etwas basteln oder reparieren. Auch gibt es, was ich von Sibirien gar nicht mehr gewöhnt bin, dauernd Kontrollen, außerhalb der Stadt, vor und nach den Städten, vor einem Distrikt zum anderen, mit Schranken und allem Drum und Dran. Wir werden als „Ausländer" meist schnell durchgelassen. Einmal sehe ich durch das Fenster einen Polizisten einen Wagen anhalten, aber meine kleinliche Sorge, oh jeh, was hat der wohl verbrochen, löst sich schnell auf, denn der Fahrer und der Polizist gehen aufeinander zu, fallen sich in die Arme und küssen sich ab.

In den Bussen freut mich die Inkonsequenz der Einheimischen. Es gibt Busse, die haben wunderbare große Aschenbecher an jedem Vordersitz, aber vorne ein Schild „Rauchen verboten." Da raucht jeder ordentlich und sauber. Dann gibt es Busse, in denen kein Rauchverbotsschild steht, aber auch keine Aschenbecher vorhanden sind. Da ferkelt dann jeder stillvergnügt und mit den ihm zur Verfügung stehenden Hilfsmaßnahmen vor sich hin und raucht auch.

Ganz Taschkent hat sich in eine Festivalstadt verwandelt. Es scheint so, als ob alle Menschen in eines der vielen Theater oder zu den Pressekonferenzen oder zu den Bussen eilen, die einen in die entfernteren

Theater bringen. Es ist das erste Internationale Festival in Taschkent, und alle sind mächtig stolz darauf.

Mark Wail, der das Festival erfunden und organisiert hat, ist seit 1975 mit unfreiwilligen Unterbrechungen der Intendant des Taschkenter russischen Theaters „Ilchom", was auf usbekisch Inspiration heißt. Zu Anfang war es ein Keller mit Kartoffeln, Zwiebeln und Ratten, heute ein wunderschönes größeres Kellertheater mit einem großen Vestibül als Ausstellungsraum und Büfett. Dort suchte sich der junge Wail unabhängige junge Künstler, die neues experimentelles Theater machen wollten, was ihnen auch gelang. Der KGB dachte, hier gäbe es keine Dissidenten, bis das Theater 1982 nach Moskau zu einem Gastspiel eingeladen wurde. „Die Zuschauer hingen noch an den Lüstern", erzählt Mark Wail, für den KGB war es ein Schock, man dachte, man bekäme etwas aus Mittelasien zu sehen, dabei zeigten sie den „Klassiker" Brecht mit der „Kleinbürgerhochzeit" und das nie offiziell erlaubte Stück „Drachen" von Jewgenij Schwartz.

Der Moskauer KGB klärte den Taschkenter KGB über seine Giftschlangen auf, und das Theater wurde 1983 versiegelt. Wail tauchte unter, kehrte 1985 zurück und kämpfte bis zur Perestrojka weiter. Dann begannen Gastspiele in Bulgarien, im früheren Jugoslawien, in Deutschland, Norwegen, Irland, Italien, Amerika. Mark Wail machte Gastinszenierungen in Bulgarien, Jugoslawien und in der USA.

Seit 1989 hat er eine Schauspielschule im Theaterinstitut gegründet, seine Schüler machen nun schon ihre eigenen Experimente, „Caligula", den „Idioten" mit vier Personen, eine Clowniade...

Die Idee zu einem Internationalen Festival in Taschkent, das, wenn es nach Mark Wail ginge, immer multikulturell bleiben soll, kam ihm 1989 in Salzburg. Doch wie überall war das Geld knapp. So dauerte es, aber Wail hatte eine Idee geboren, die auch anderen keine Ruhe mehr.

Man sieht ihm den stürmischen, zornigen revolutionären jungen Mann gar nicht an. Er hat für mich eher mit seiner „ewig unbeirrbaren" Ruhe, seinen Platinnerven, seiner nie versiegenden Geduld und Höflichkeit etwas von einem „asiatischen Gemüt" an sich, dabei ist er russischer Jude.

Zeit hat er immer für alle und für alle Probleme. Ob es organisatorische Probleme zu regeln gibt, ob Stücke vorgestellt werden müssen, auf Pressekonferenzen, bei Interviews für alle Nationalitäten, ob er sich mit fehlenden Stühlen befaßt, ob die Kirgisen mit ihm ihren Erfolg feiern und oder die Schweden um halb drei Uhr nachts noch etwas mit ihm besprechen wollen, die Dänen morgens um sechs verabschiedet werden müssen, die Japaner nach Samarkand möchten oder Neuankömmlinge nicht wissen, wo der Basar ist und welche Vorführungen sich besonders und vor allem für sie lohnen würden, überall ist er da, gibt Auskunft, berät, tröstet, begrüßt, verabschiedet und hat dazu noch seine eigenen Vorstellungen im eigenen Theater. Seine Frau Tanja klagt: „Ich sehe ihn überhaupt nicht mehr, und wenn dann schlafend."

Oksana und ich sind nach dem Festival noch zwei Tage bei ihm zu Hause eingeladen. Wir wohnen mit Tanja und Mark, der Tochter Sascha, zwei Katzen, einer weißen Ratte, die mich besonders nachts auf der Toilette erschreckt, in einer Dreizimmerwohnung - mit täglich mindestens zehn Gästen aus dem Theater. Oksana ist in ihrem Element, diskutiert und streitet heftig um Konzeptionen, Inszenierungen, Übersetzungen, sogar um Dekorationen, während sich bei mir langsam der Satz: `Man kann es auch übertreiben' einnistet. Aber ich begreife allmählich, warum sich Oksana so intensiv mit ihm auseinandersetzt: Sie möchte, daß er den Posten des Oberspielleiters in Omsk übernimmt. Das tat der aber nicht. Sein Freiheitswille war größer als die Toleranz des Omsker Intendanten.

Nachdem wir dazu noch jeden Tag vier Mal im Theater waren, usbekisches, russisches, finnisches, serbisches, kroatisches, japanisch-deutsches Theater, Puppentheater, Kindertheater, Tanztheater, „richtiges" Theater und die Schlußveranstaltung ganz im Stil der alten pompösen sozialistischen Selbstbeweihräucherungsfeiern gesehen hatten, ich allein den Basar, d.h. mehrere Basare und Museen besichtigt habe, da Oksana leidenschaftlich mit allen möglichen Theaterleuten diskutiert und behauptet, Taschkent schon zu kennen, begebe ich mich auf den Rückweg nach Omsk. (übrigens: auf den Basaren habe ich für umgerechnet 20 DM, und ohne groß zu handeln, weil ich dazu zu schüchtern bin, zwei Fladenbrote, ein Kilo vom schönsten Knoblauch, zwei Kilo rote Bohnen, ein Kilo Saubohnen, ein Kilo helle Rosinen, zwei große Ringe getrocknete Tomaten, ein Kilo geröstete Aprikosenkerne mit Schale, zwei Kilo getrocknete Aprikosen, ein Kilo Granatäpfel und mehrere Gewürztüten erstanden.)

Ich bin die absolute Sensation: eine Ausländerin auf einem Inlandflug. Mein 20 kg schwerer Koffer wird nicht angenommen, weil ich kein Schloß habe. Aber schleppen will und kann ich nicht, weil ich noch ein 15 kg schwere Handgepäcktasche bei mir habe. Der Theaterdirektor zahlt schließlich heimlich, wie er glaubt, ein Schmiergeld und einer der Kofferträger nimmt den Koffer und trägt ihn tatsächlich bis ins Flugzeug. Vorher aber - wieder mal bin ich die einzige in einem riesigen Bus für mindestens fünfzig Menschen, vor den ein Sattelschlepper gespannt ist, - springt der Sattelschlepper nicht an. Also schieben der Beifahrer und mein Kofferträger im strömenden Regen den Bus samt Sattelschlepper an. Der erste und der zweite Versuch mißlingen, das Flugzeug steht weit weit weg, die Zeit wird (für westliches Verständnis) knapp - aber immer mit der Ruhe - beim dritten Versuch klappt es - und ich sitze glücklich im eiskalten Flugzeug, das plötzlich mit geisterhaft von irgendwoher aufgetauchten Leuten proppevoll ist und mich nach zwei Stunden unbeschädigt wieder in Omsk absetzt.

Oksana meldet sich erst zwei Wochen später wieder. Sie ist weiter im Taschkenter Theatersumpf versackt.

Das Horrorgastspiel in Norilsk

Nadeshdina, 74 Jahre alt, Verdiente Schauspielerin,
viele Preise und Auszeichnungen

„Ich bin im Dezember 1923 in Baku geboren, in der Familie des Künstlers Wladimir Alexandrowitsch Lenin. Die Mutter war eine Ballett-tänzerin. In der Kindheit reisten wir von Stadt zu Stadt, von einem Theater ins andere. Der Papa war ein hervorragender Schauspieler und erhielt viele Angebote. Baku, Rostow, Krasnodar, Archangelsk, Dnjepropetrowsk ... Smolensk. Von 1933 an lebten wir in Smolensk. Da beendete ich die Schule. Und 1941 begann der Krieg.

Wir wurden nach Samara evakuiert. Ein Jahr lang arbeitete ich dort in einer Fabrik und versuchte nebenbei in einem Studio eine Schauspiel-ausbildung zu bekommen. 1944 befreite man Smolensk, ich kehrte zurück und bekam beim Theater ein Engagement.

1946 lernte ich wieder im Studio - im Studio des Künstlertheaters in Moskau. Ich heiratete und fuhr in ein Theater der Nordflotte nach Murmansk. Dann bin ich viel gereist, habe in verschiedenen Theatern gearbeitet: in Wilno, in Moskau, später in Wologda, in Norilsk, Saratow, wieder in Smolensk, in Keremowo. Seit 1969 bin ich in Omsk engagiert.

Als ich in Norilsk war, heiratete ich zum zweiten Mal und fuhr gemeinsam mit meinem Mann, dem Nationalschauspieler der UdSSR Alexander Iwanowitsch Tschogholew ins Omsker Drama-Theater. Wir haben viel, interessant und aktiv gearbeitet. Wir waren Repertoirekünstler, wir waren, weil Alexander 1988 gestorben ist. Ich aber werde arbeiten, solange sie Rollen für mich haben. Ich spiele. Sicher weniger als früher, aber ich bin immer noch im Theater, und im Theater spielt sich mein Leben ab.

1994 hatte ich ein Jubiläum - 50 Jahre im Theater, davon 25 Jahre auf der Omsker Bühne.

Ich habe einen Sohn, eine Tochter, einen Enkel, Enkelinnen, eine sehr geliebte Schwester, die ihr Leben dem Ballett gewidmet hat, und ihre Familie.

Ich habe ein ziemlich schweres Leben gehabt, aber ich denke - ein glückliches, weil ich mich immer mit dem beschäftigen konnte, was ich geliebt habe. Und dann hatte ich noch Glück mit wunderbaren Menschen, die ich getroffen habe, und das ist sehr kostbar.

Wovon ich träume? Ich will arbeiten! Spielen! Gott möge mir die Gesundheit dazu schenken.

Ich bin 74 Jahre alt - nein, das kann nicht sein!

Ich habe auch noch in den letzten Jahren viele Rollen gespielt: Katharina die Große, die Königin im Hamlet, die Großmutter in Dostojewskijs 'Spieler` und für meine Rolle in Swetlana Alexijewitschs 'Der Krieg hat kein weibliches Gesicht` erhielt ich den Staatspreis von Rußland.

Das Wichtigste in meinem Leben? - das Leben selbst!"

Nach Jahren ohne Gastspielreisen im Sommer, weil die Fahrpreise so horrende gestiegen und die Sponsoren noch nicht gefunden, bzw. nicht zu begeistern waren, hat der Intendant für den Sommer 1995 Gönner und Mäzene aufgespürt. Wir fahren an einen, wie wir hinterher feststellen, grausigen Ort, an dem Nadeshda Nadeshdina vor fast vierzig Jahren unter größten Entbehrungen gespielt und ihren ersten Sohn bekommen hat. Im Museum werden wir Fotos von ihr finden.

An einem besonders schönen warmen Sommertag brechen wir in die nördlichste Stadt der Welt auf, die oberhalb des nördlichen Polarkreises, mehr als viertausend km nordöstlich von Omsk liegt. In der letzten Wartehalle stehen die abgefertigten Passagiere nach Norilsk und nach Hannover. Wir entscheiden uns für Hannover, denken dann aber doch, der Schock wäre zu groß, und steigen in das Flugzeug nach Norilsk. Nach russischer Sitte (selbst in der Fastenzeit der strenggläubigen Orthodoxen gibt es die Ausnahmen: an Geburtstagen, wenn Gäste kommen, bei Krankheit und auf Reisen darfst du alles essen und trinken) beginnt ein großes Gelage. Alles wird geteilt. Eine hat gebratene Hühner mit, andere Piroggen, Schinken, Würste, Tomaten, Radieschen, Bananen, Apfelsinen, alles was auf den Omsker Märkten auftreibbar war, wandert mit uns in den Norden. Und natürlich Wodka und Kognak und Wein und Tee und Säfte.

Nach einer Zwischenlandung in Nishnij Wartowsk, landen wir nach viereinhalb Stunden in Norilsk, wo uns auf dem Flughafen ein etwa zehn Meter hoher, dreckiger zusammengekehrter Schneeberg begrüßt. Aber der Bus wartet, wir fahren eine Stunde lang durch etwas, das früher wohl mal normales Land war, heute vielleicht als verwüstete Industrielandschaft bezeichnet werden könnte. Es erinnerte an eine riesige Müllhalde. Zerfallene Fabriken, Schutt, Müll, verrostete Eisenreste, verbogene, scharfkantige Blechteile in den merkwürdigsten Verrenkungen, verrosteter Stacheldraht in großen Mengen, leere Tonnen, Teile von Betonwänden, ein Stückchen grauer Boden, von Grün keine Spur, dann plötzlich ein klatschmohnroter Fluß. Ein tödliches Rot. Es sieht so aus, als habe hier vor langer Zeit ein unvorstellbar merkwürdiger Krieg mit irgendwelchen Außerirdischen stattgefunden. Es wird ganz still im Bus.

Nach einer Stunde kommen wir in die Stadt. Erneutes Erschrecken. Grauenhaft! Gräßlich! Fürchterlich! Eine graue Kaserne nach der anderen, ein unwahrscheinlicher Dreck, die Straßen einzige Ströme von grauem Schlamm. Riesige schwarzgraue Schneeberge an den Straßenrändern. Kein Mensch zu sehen. Trostlos. Wir wohnen in dem einzigen Hotel der Stadt. Es heißt „NORILSK". Ein großer gelber Kasten. Vor der Eingangstür liegt ein Brett über einer Pfütze, wir balancieren von dem Brett auf einen Ziegelstein und bemühen uns, jede Berührung mit einem dicken gewundenen Draht, der wie es scheint sinnlos, aber bedrohlich aus der Erde herausragt, zu vermeiden.

Im Hotel sieht es etwas besser aus. Wenn auch der Fahrstuhl jedes Mal mit so einem Ruck stehen bleibt, daß man an ein kleines Erdbeben erinnert wird und die Eisschränke neben dem üblichen Rucken und Zittern des Motors merkwürdige Jaullaute von sich geben und mit jedem Anspringen ein Stück weiter wandern, aber sonst ist alles okay. Sogar die üblichen Kakerlaken fehlen nicht.

In jedem Zimmer hängt ein großes absurdes Schild „Wir rauchen nicht", aber daran hält sich natürlich niemand. Vorsorglich stehen auch überall Aschenbecher. Mein Luxusappartement, ein Vorraum mit Schrank, ein Schlafzimmer mit zwei Betten und einem kleinen Farbfernseher, einem großen Spiegel und Nachttischen, einem Puffstuhl, ein kleiner Raum nur für einen großen Eisschrank mit einem Gefrierschrank oben drauf, ein Bad und ein Salon mit einem überdimensionalen Sofa, zwei riesigen Sesseln, über denen warme flauschige Decken liegen, einem Tisch, einem Schreibtisch mit einem elektrischen Samowar, der allerdings kaputt ist, zwei extra Stühle, alles ist für unsere Feiern vorbereitet.

Das Hotel verwandelt sich auch sofort in eine opulente häusliche Omsker Küche. Die Frauen haben an alles gedacht und alles angeschleppt: Tauchsieder, Teekessel, Kochtöpfe, Suppen, Spirituskocher, Tee, Kaffee, Trockenmilch, Kartoffeln, Handtücher, Gläser, Plastikgeschirr und Jagdmesser, Korkenzieher, Dosenöffner ... Solange die Vorräte reichen, ziehen wir von einem Zimmer ins andere. Später sind alle Geschäfte ausgekundschaftet, jeder erzählt jedem, wo es was billig gibt. Jeder hilft jedem. Leider klappt es nicht, die eine Matratze aus meinem Zimmer in das von Sascha und Lisa zu bugsieren, damit der kleine Sohn und natürlich seine Eltern besser schlafen können. Sie ist mit dem Bett verwachsen oder eingebaut, eingeklebt, man kann sie nicht bewegen.

Aber das Informations- wie das Warnsystem insgesamt funktioniert hervorragend. Als wir nach einigen Tagen nachts um halb zwei bei hellem Sonnenschein in meinem Luxusappartement angeregt über die seltsamen Reaktionen des Norilsker Zuschauers diskutieren, verdunkelt sich plötzlich der Himmel. Eine plötzliche Nebelwolke? Dafür nähert sie sich viel zu rasch. Und schon wird an unsere Tür gehämmert. „Alle Fenster schließen! Das Kombinat hat seine Schleusen geöffnet!" Binnen kurzem ist die Nachricht an alle weitergegeben, alle wissen Bescheid, auch die Schlafenden sind geweckt worden. „Falls es morgen regnen sollte" - und es regnet hier jeden Tag - „müßt Ihr unbedingt irgendeine Kopfbedekkung haben, sonst bekommt Ihr eine Glatze", wird gewarnt. Von der Stadt, der Straße vor unserem Hotel ist nichts mehr zu sehen. In dickem giftigen Dreck versunken. Das nächtliche Leben im Hotel scheint es nicht sehr zu berühren. Eine Truppe spielt bis in den dunklen Tag Karten, in einem anderen Zimmer werden traurige russische Lieder gesungen, in einem anderen spielt unsere Jugend „Mafia", ein Spiel, bei dem eine oder einer immer als böser Mafiaboß enttarnt wird, aber ich habe die Spielregeln nie begriffen - aus einem Zimmer ertönt schallendes Gelächter, da sind unsere Witzerzähler am Werk. Ljuba berichtet, sie hätten bis um sechs Uhr früh diskutiert. Worüber? Ach, das ist unwichtig, Hauptsache, daß wir zusammen waren. Larissa braut unermüdlich heilende Kräuter und Tees für uns. Die meisten sind bereits angeschlagen, haben Magen-, Kopfschmerzen, Fieberanfälle oder Allergien. Ich habe toi-toi-toi nur leichte Magenbeschwerden, kann nichts essen, aber ich wollte ja sowieso abnehmen. Unseren jungen Theatermusiker und Pianisten brachten wir ins Krankenhaus, eine Vorstellung der „Moskauer Küchen" mußte ohne Klavier improvisiert werden.

Jeder Tag ist voller Überraschungen. Es beginnt morgens mit der Neugier, was für eine Wasserfarbe uns heute aus dem Wasserhahn geschenkt wird: grün, gelb oder braun. Einmal klopft es nachts um eins bei unserer fröhlich versammelten Truppe, ob hier jemand von Zimmer 638 sei. Ja. Sie müssen sofort umziehen, morgen früh wird bei Ihnen die Wand verlegt. Einige Sonnenhungrige versuchen, nachts in der Sonne braun zu werden, denn Absurderweise regnet es fast immer tagsüber, während uns nachts strahlende Sonne bescheint. Die Petersburger weißen Nächte sind gegen diese ununterbrochene Helligkeit Waisenkinder.

Eines nachts treffe ich auf meinem Weg in ein anderes Zimmer einen einsamen Russen, der ähnlich unglücklich wie wir in dieser und über diese Stadt ist, jammert, daß er keinen Menschen kennt, und trotz meines Protestes, meine Freunde warteten auf mich, in sein Zimmer rennt, um mir eine Tafel Schokolade zu schenken, vor Freude, mit einem Menschen hier schon Bekanntschaft geschlossen zu haben.

Der Weg ins Theater am ersten Tag vormittags löst bei allen helles Entsetzen aus. Es regnet, alles ist grau, des Schmutzes kein Ende, kurzum trostlos. Wir hopsen über Bäche, umgehen mühsam Pfützen, versinken an deren Rändern im Schlamm, balancieren auf Bordsteinkanten - versuchen uns an die Häuserwände zu drücken, wenn sich etwa ein Auto nähert, obwohl die Fahrer sehr diszipliniert, höflich und vorsichtig fahren, um nicht alles mit Dreck zu bespritzen. Die Häuser sind grau zerfressen, lila, grün oder gelblich gesprenkelt angemalt. Sie scheinen alle auf Betonstelzen zu stehen, aus den Keller ähnlichen Zwischenräumen stinkt es erbärmlich, anscheinend werden sie als Abfallhaufen benutzt.

Später erfahren wir, daß wegen der immensen Kälte alle Häuser auf fünfzehn Metern hohen Betonfundamenten stehen (was sechzig Prozent der Baukosten ausmacht), dann kommt der Zwischenraum, damit das Eis nicht die Wände sprengt und dann erst das eigentliche Wohnhaus, zu dem jeweils einige Stufen hinaufführen. Im Abstand von circa einem Meter folgen innen drei Eingangstüren. Erst einmal aber sehen wir überall nur die kaputten Fassaden - später erfahren wir, daß alle Häuser zwei bis drei mal im Jahr gestrichen werden, aber gegen die Gifte des Kombinats gibt es kein Mittel - überall Schutt - und Abfallhaufen, aufgerissene Höfe, dreckige Schneehaufen. Glücklich im Theater angekommen, sagt eine unserer älteren Schauspielerinnen, Ljuba: „Also Kinder, ich mache jetzt eine Woche Winterschlaf. Das hier ist nicht auszuhalten. Wenn ich spielen muß, weck mich bitte!"

Wir erfahren, daß wir zur ungünstigsten Zeit gekommen sind. Der Dreck und der Schnee sind noch nicht weggeräumt. Die praktische Lilja meint: „Wieso sollen die denn das Zeug wegschaffen? Es schneit bald wieder und dann siehst du nichts mehr." Die Häuser sind noch nicht wieder gestrichen, an den Sträuchern ahnt man jetzt Anfang Juli kleine Knospen, aber von Blättern noch keine Spur. Unsere ständige, jeden Tag x mal wiederholte Frage wird lauten: Wie kann man hier nur leben? Dabei wurde die erste Siedlung schon 1935 gegründet, die Stadt selbst ist vierzig Jahre alt, jetzt wohnen hier 150.000 Menschen unter den schlimmsten Bedingungen. Wir werden getröstet, sie seien alle Millionäre (in Rußland waren damals 300 DM eine Million) und sie hätten drei Monate Urlaub, sie könnten ins „Mutterland" = Rußland oder ins Ausland fahren, um sich zu erholen.

„Norilsk wurde zwischen dem 69. und 70. Breitengrad Nord 1935 geboren, offiziell 1939, geboren aus der größten Ungerechtigkeit und dem größten Schmerz unseres Jahrhunderts, gleichzeitig mit den metallurgischen Kombinaten. Das ist der Reichtum, der Stolz und der Sinn der Existenz der Stadt, deren Kupfer, Nickel und Platinschätze unvergleichbar sind. Nach sieben Jahren wurde die „Nickelfront" eröffnet. Schon nach elf Jahren wurde der Ort zur Stadt. Es folgten neue Kupfer- und Metallwerke, zuerst „Bärenquelle" und „Jenseits des Polarkreises", der „Leuchtturm", „Oktober" ... Insgesamt gibt es mehr als zweihundert Unternehmen in Norilsk," lesen wir in dem Buch „Norilsk - eine Liebeserklärung" von Jurij Gladysch. „Jetzt kommen die Menschen freiwillig.

Die einen, um Geld zu verdienen, materiell unabhängig zu sein, der Familie ein gesichertes Leben zu bieten. Heute können wir offen bekennen, daß auch dies ein ehrenwertes Ziel ist. Andere wollen einfach ihre Situation ändern, neue Gegenden, neue Menschen kennenlernen ... Wieder andere wollen sich selbst erproben ... Aber neben dem Stolz und der Liebe zu unserer Stadt existiert auch das schmerzliche Gefühl irgendeiner Erwartung. Dieses Gefühl der Erwartung, das Warten auf irgendwas, lebt in den Bewohnern der Stadt. Das Warten darauf, daß der Schneesturm aufhört, daß die Sonne wieder scheint, das Warten auf einen ersten Regentropfen, auf die sommerliche Wärme, auf die ersten Blumen in der Tundra, auf den ersten Septemberschnee, auf die Reise ins „Mutterland", auf den Urlaub, auf alles ... Eine Stadt des Stolzes, der Liebe, des Schmerzes, der Erwartung, des Wartens ... Aber hier gibt es eine der nördlichsten Eisenbahnlinien der Welt, die den Hafen von Dudinka mit den Industriezentren der Gegend verbindet ... Bei uns gibt es alles. Plätze und Straßen, Geschäfte, Restaurants und Cafes (mit den Kantinen zusammen mehr als dreihundert) Es gibt mehr als vierzig Schulen, mehrere technische Schulen, Institute, eine Hauptzeitung, die „Prawda zapoljarnaja" und einige kleinere Zeitungen. Das hiesige Fernsehen sendet das Programm des ältesten Studios in Norilsk, daneben existieren neue private Gesellschaften ... Selbst die hartnäckigsten Skeptiker müssen zugeben, daß sowohl in der grimmigsten Kälte wie in den wütendsten Schneestürmen mehr als alles andere uns die Hoffnung auf einen baldigen Frühling, auf die Sonne unsere Herzen erwärmt ... Und wir lieben, was man nach allgemein menschlicher Logik nicht lieben dürfte: die kalte windige stürmische unfreundliche Gegend, die eingegrabene, rauchige, in Stein und Asphalt eingemeißelte Stadt."

Wir können das alles nicht recht glauben. Wir kaufen Postkarten von Norilsk und behaupten steif und fest - „In dieser Stadt, die wir auf den bunten Postkarten sehen, sind und waren wir nicht". Einleuchtender ist schon, daß diese Stadt eine Stadt der ewigen Erwartung ist.

Wir haben uns vom ersten großen Schrecken erholt und wandern durch die Straßen. Wie überall in Rußland heißt die Haupt- und Prachtstraße Leninstraße, daneben gibt es die üblichen altbekannten Namen: Karl-Marx-Straße, Dscherschinskistraße, Komsomolzenstraße, Oktoberstraße, Partisanenstraße ... etc. Vor allem aber erkunden wir die Geschäfte. Auf besonderen Rat einer Kollegin - und nach ihren Angaben - suchen wir ein Geschäft, in dem es angeblich Bananen für umgerechnet eine Mark statt sonst für acht geben soll. Wir laufen geradeaus, rechts, links, wieder geradeaus, bis Oleg fragt: „Wohin gehen wir eigentlich?" Ich antworte: „In ein Geschäft, das es nicht gibt." Wir fragen nach dem Basar, obwohl Sauwetter für diesen Regen und Wind gar kein Ausdruck ist.

Der Basar hat einen großen offenen Teil, wo es hauptsächlich Obst, Zigaretten, Jeans und Schuhe gibt. Wir machen Weitsprungübungen über die Pfützen, versuchen über die wenigen Bretter zu balancieren, nehmen schließlich den Schlamm in Kauf, ich will eigentlich nur Dollar tauschen, aber meine Freunde wollen den besten Preis erkunden. Zunächst wollen sie meinen Hundertdollarschein nicht, er sei zu alt. Sie drehen ihn nach allen Seiten, halten ihn in die Luft, senken den Preis, ich schwöre mir, das nächste Mal in der Berliner Bank nur nagelneue, nach 1990 gedruckte Scheine zu verlangen, weil ich dasselbe absurde Problem schon in Omsk hatte. In Moskau sind Dollar ganz normale Dollar, in Omsk gibt es angeblich ein Gesetz, daß nur die ganz neuen Dollar ab 1990 gültig sind. Es findet sich eine mitleidige Seele in der Menge, die unsere Diskussion belauscht hat und gnädig meine Dollar wechselt. Pobeda! Sieg! Wir begeben uns in den zweigeschossigen inneren Teil. Hier ist es richtig vornehm. Neben kostbaren Teppichen und Pelzen, Salamanderschuhen, amerikanischen, italienischen, schweizer, belgischen Importwaren riesige Berge von getrockneten, gesalzenen und frischen Fischen, Störe in jeder Größe, von den anderen Untieren kenne ich die Namen nicht einmal auf deutsch. Da die Fische spottbillig sind, kaufen wir sie in Massen, so daß bald niemand mehr getrockneten oder gesalzenen Fisch sehen kann.

Die Preise überraschen uns immer mehr. Es gibt fast nur ausländische Waren, die für uns sehr teuer sind, aber dann kaufen wir ein Deo für sechs Mark und ein Paar feinste italienische Damenschuhe für acht Mark, eine echte Perlenkette für zehn Mark, wenn auch ohne Verschluß. Den haben sie aber auch vorrätig. Larissa bietet sich an, das ganze zusammenzuknippern und die Fadenenden mit Hilfe einer glühenden Zigarette zusammenzulöten.

Daß es auf den Straßen eine Unzahl von meist heimatlosen Hunden gibt, war uns gleich schon aufgefallen. Daß ich in einem Damenkonfektionsgeschäft fast über einen seelenruhig neben den Mänteln schlafenden sibirischen Wolfshund stolperte, mochte ja noch angehen, aber als ich in unserem Supermarkt einen ebenso großen Wolfshund direkt neben dem Frischfleisch sitzen und gähnen sah, verschlug es mir fast die Sprache. Die Russen scheint das nicht zu stören. Hauptsache, es ist alles vorhanden. Es gibt sogar Tonic Wasser in Zwei-Liter-Flaschen, und Drei-Liter-Glasbehälter mit schwarzem Johannisbeersaft für umgerechnet eine Mark. Nur wie die auf das Schiff schleppen, mit dem wir sieben Tage lang unseren Rückweg antreten wollen. Dafür wird eifrig reiner Alkohol (Sprit) gekauft und stundenlang in allen Zimmer über das richtige Mischverhältnis debattiert. Zum Schluß sind wir, obwohl alle Vorräte erschöpft sind, wieder genauso bepackt wie auf der Hinreise. Da wurden

Koffer, Skier, Schuhe, Wintermäntel, Klappstühle, Angelzeugs, Feldflaschen, Hausklingeln gekauft, eben alles, was es gab, treu nach der sozialistischen Devise: alles gleich kaufen, morgen ist es weg.

An einem Abend nach der Vorstellung ziehen Larissa, Oleg, Lilja, Tanja, Boris, und ich ins Spielkasino, das in einem völlig unscheinbaren Gebäude dicht hinter dem Theater liegt. Wir untermauern diese schnöde Begierde damit, daß Oleg und Boris in Dostojewskijs 'Spieler` die Hauptrollen spielen, also auf der Bühne schon geübt haben. Wir spüren einen Hauch der großen weiten Welt in dieser verfluchten Stadt, fühlen uns ein bißchen wie in Baden-Baden im 19. Jahrhundert.

Tanja, die sich auf dieser Reise als leidenschaftlicher Spielerin in jeder Form entpuppt, setzt als erste 50000 Rubel. Und verliert sie in Sekundenschnelle. Ich wage ebenfalls 50000 Rubel, die genauso zügig geheimnisvoll verschwinden. Futsch ist auch im Nu Liljas Einsatz, obwohl wir uns einbilden, besonders intelligent zu spielen. Ich versuche zu trösten. „Dostojewskij hat auch immer alles verloren." Unsere Methode hinkt irgendwie, wir setzen noch gemeinsam drei Mal auf Zero, das vierte Mal auf rouge, promt kommt zero. Wir sind weise und verlassen das Lokal um 150.000 Rubel ärmer.

Nach einem völlig verregneten Busausflug durch die Stadt kommen wir in das Lagermuseum, wo erschütternde Dokumente über die Lager, insbesondere über die Frauen- und Kinderlager gesammelt sind, und uns allen ist klar, hier konnte kaum einer überleben. An einem Berghang etwas außerhalb der Stadt ist eine kleine Gedenkkapelle gebaut worden, weil man dort bei Grabungen nur Knochen gefunden hat. Es erscheint uns schon ohne Lager und bei guter Verpflegung hier nicht zum Aushalten, geschweige denn in solchen danteschen Höllen.

Die Norilsker scheinen unser Theater nicht besonders zu mögen, sie sind wohl leichtere Kost gewöhnt und bringen uns zur Verzweiflung. Sie reagieren auch auf die lustigsten Szenen nicht. Aljoscha erzählt einen Witz. „Paßt mal auf, das ist der Norilsker Zuschauer: Ein Mann kommt in eine Tierhandlung und will einen Papagei kaufen. - „Haben wir nicht", sagt der Verkäufer. Nach einer Woche kommt der Mann wieder und verlangt gebieterisch einen Papagei. - „Das haben wir Ihnen doch schon vor einer Woche gesagt, wir haben keinen!" - Aber der Mann gibt nicht auf, erscheint wieder, fleht den Verkäufer an, ihm doch einen Papagei zu verkaufen, er sei so allein, er brauche jemanden, mit dem er reden könne. - Das rührt den Verkäufer und er sagt zum Gehilfen: „Hol mal den Uhu, dann hat er wenigstens einen Vogel." Hochbeglückt zieht der Mann ab. Nach vier Wochen trifft der Verkäufer den Mann zufällig auf der Straße und fragt hinterlistig: „Na, spricht der Papagei schon?" -

„Nein", antwortet der Mann, „aber er guckt schon sehr sehr aufmer k-sam!"

Plötzlich kommt Mischa während einer Geburtstagsfeier auf die perverse Idee, mich zu fragen, was ich an den Russen NICHT mag. Oj jeh! Totale Stille: Das wollen alle wissen. Ich hole tief Luft. Auf diese Frage war ich, besonders an diesem Tag nicht gefaßt.

Ich versuche eine Antwort: Also der enorme Unterschied, der zwischen Männern und Frauen gemacht wird, (Oleg verteidigt sich, das sind alles nur Rollenspiele) er helfe auch im Haushalt. Larissa, seine Frau, ist da etwas anderer Meinung. Ich versuche zu erklären, daß es nicht nur um den Haushalt geht, sondern um Abhängigkeiten, darum, was die Männer einer Frau an Kreativität zutrauen, obwohl es doch in Wirklichkeit die Frauen sind, die das Leben meistern.

Ausgeprägte Vorstellungen davon, was Frauen oder Männerarbeit ist. Versteinerte Vorstellungen über Männer- oder Frauenfreundschaften, aber auch eine wohltuende Ritterlichkeit, Höflichkeit den Frauen gegenüber. Aber alles funktioniert nach festgeschriebenem Kanon.

Da beginnt eine allgemeine Diskussion: Die Frauen sind auf meiner Seite, meinen aber, sie seien auch selber schuld.

Ich beklage die auffallende Abhängigkeit von Hierarchien, vielleicht besonders stark ausgeprägt im Theater, wo der Intendant immer noch wie ein Zar regiert, dicht gefolgt vom Kronprinzen, dem Oberspielleiter, der eine schier unbeschränkte Macht besitzt. Gibt es keine Gesetze, mit denen z.B. das Gehalt geregelt wird? Keine Reise ohne Erlaubnis des Intendanten, alle Pässe liegen bei ihm, er kümmert sich um alles, kann alles erlauben und alles verbieten.

Dazu kommt eine gewisse Unlust zu selbständigem Denken, Nachdenken. Eigene Gedanken sind nicht nur nicht gefragt, sondern störend. Es hat ja alles sowieso keinen Sinn. Was du selber denkst, ist nicht wichtig, wird nicht für voll genommen, es ist alles im voraus geregelt.

Die Unpünktlichkeit, (ich hasse es zu warten) die Unzuverlässigkeit, die Schludrigkeit bei der Arbeit ... Aber was mich immer wieder überrascht und verwundert und was ich mit Zeit unendlich bewundere: ihre unermeßliche Geduld, ihre Flexibilität, sich auf andere Situationen einzustellen, ihre große kindliche Neugier, ihre Erfindungsgabe im Reparieren, Umgestalten, Helfen.

Daß sogar die Männer so unpolitisch sind, sich um nichts kümmern. Aber da wird stürmisch protestiert. Ja, ich weiß, Ihr sagt immer, man könne sowieso nichts ändern, aber Ihr versucht es ja nicht einmal. Und schon sind wir in einer großen politischen Diskussion und vergessen die spezifischen Mängel der Russen.

Am nächsten Tag bin ich bei Lisa und Sascha eingeladen. Es ist ein besonderer Tag, ihr neunzehnter Hochzeitstag. Der erste Toast: „Gebe Gott, daß wir den zwanzigsten alle zusammen, mit dir verbringen."

Aber auch zu mir strömen die Gäste, wir veranstalten Konzerte, singen uns in diesen hellen Nächten die Kehlen wund und können uns nicht so recht an diese strahlenden Sonnennächte und verregneten Tage gewöhnen.

Wie immer wundere ich mich über den leichtfertigen, wenn nicht verschwenderischen Umgang der Russen mit Dingen. Während unseres Aufenthaltes wird überall im Hotel renoviert. Ab sieben Uhr morgens wird gehämmert und gebohrt, besonders neben, über oder vor meinem Zimmer, genauer vor neben unter über meinem Bad. Am allerletzten Tag, wir haben am Nachmittag gepackt, weil wir kurz nach der Abendvorstellung wieder in einen Bus verfrachtet werden sollen, tropft es bei mir im Flur gleichmäßig von der Decke auf die kleine Anrichte, die dort steht. Ich rette meine Koffer ins Zimmer und rufe das diensthabende Stubenmädchen und zeige ihr den Schaden. Sie ruft die Oberdiensthabende, die besieht sich die Chose, bricht in Wehklagen aus, schimpft auf die nichtsnutzigen Arbeiter und verschwindet. In den nächsten zwei Stunden rührt sich nichts, das Tröpfeln aber ist inzwischen zu einem kleinen Bächlein angeschwollen. Wir gehen ins Theater. Bei meiner Rückkehr erwartet mich ein stiller Strom, der auf den Flur fließt. Ich rufe wieder meine Diensthabenden, und mir wird mein Fehler bewußt. Ich hatte gesagt, daß ich noch am gleichen Tag abfahre, und das hat wohl jede Initiative zum Stillstand gebracht. Dabei darf man nicht glauben, daß die Preise in dieser trostlosen, gottverlassenen Stadt für ein Hotel etwa niedrig wären. Mein Zimmer kostet pro Tag einen guten mittleren Monatslohn, etwa 80 Dollar für eine Person.

Am letzten Tag treffe ich überall in der Stadt „meine" Schauspieler". Jeder kauft noch was für die Lieben daheim oder für unsere Schiffsreise, die immerhin sieben Tage dauern soll. Manche haben sich Geld geborgt und rennen noch schnell, die hier sehr viel billigeren Schlittschuhe oder Stiefel zu erstehen. Norilsk will uns anscheinend versöhnen. Nach dem tagelangen Regen scheint die Sonne am Tag, man kann zum ersten Mal ohne große Sprünge die Schlammberge und Pfützen umgehen. Dafür ist das Wasser im Bad heute fast dunkelbraun und stinkt erbärmlich. Dazu kommt der Geruch widerlich beißender Farbe auf der Straße, wo hauptsächlich Frauen, aber auch Männer „freiwillig" die Bordsteinkanten weißeln, und im Hotel hämmern sie seit sieben Uhr früh, so daß an Schlaf nicht zu denken ist. Aber wann sollte man hier auch irgendwas ausbessern oder reparieren, wenn nicht in diesen wenigen Monaten mit Helligkeit und Sonne und Plustemperaturen.

Wir verlassen die Stadt mit sehr zwiespältigen Gefühlen. Da ist dieses „moderne" Norilsk, wo die Leute Geld haben, da die Bezahlung hier doppelt und dreifach so hoch ist wie im „Mutterland", (wo allerdings ein Jahr auch für anderthalb oder zwei Lebensjahre zählt), wo in den Geschäften alles, aber auch wirklich alles zu kaufen ist, was in Europa, Japan und Amerika produziert wird, wenn auch zu horrenden Preisen, wo nichts mehr davon zu spüren ist, daß diese Stadt „auf Knochen" aufgebaut wurde. Wo es seit 1956 keine Lager mehr gibt, wo die Menschen freiwillig hinkommen, wo sie behaupten, glücklich zu sein, wo sie uns dauernd fragen, wie uns diese „Perle der Polarlandschaft" gefällt, wo sie von ihrer Heimat schwärmen. Aber wir können beim besten Willen diesen unbeschreiblichen Dreck nicht übersehen, wir pressen unsere Lippen aufeinander, um nicht die absolut verpestete Luft einzuatmen. Wir versuchen, einen Hauch von Schönheit in den zerbröckelnden, schiefen, grauen oder ziegelroten oder teils gräßlich lila oder rosa angemalten, kreuz und quer in die Gegend geworfenen Gebäuden und Zäunen zu entdecken, stolpern über Drähte, umgehen wieder und wieder Abfallhaufen, suchen uns mühsam einen Weg durch Schlamm, Morast und Pfützen. Was wir verstehen, ist, wenn du hier als Gefangener, wie zum Beispiel der Dichter Gumilow, der Sohn der Achmatowa, hinkommst, bist du schlicht in der Hölle, bist du verloren.

Überall haben wir gefragt: wie kann man hier leben? Wie kann man solche Verbrechen zulassen? Wie können kluge Menschen, Ingenieure, Wissenschaftler, die es besser wissen müßten, so etwas projektieren? Geht es wirklich immer nur um Geld, wie „meine" Schauspieler sagen? „Menschen haben wir genug. Darauf kommt es nicht an". Die Plakate mit Lenin, `alles sei für den Menschen` fragt sich nur für welchen, vielleicht für ihn, der längst verreckt ist, alles Humbug..." Ich wundere mich, nachdem ich diese Leitungen, diese Ruinenfabriken, diese halb zerfallenen, angefressenen Betonhäuser gesehen habe, nur, daß nicht alles längst in die Luft gegangen ist, daß nicht schon viel früher und viel größere Umweltkatastrophen passiert sind. Greenpeace würde auf der Stelle tot umfallen und alle anderen Vorhaben stehen und liegen lassen, wenn sie eine Ahnung davon hätten, was die hier ökologisch anstellen. Da kann man wirklich nur Wodka oder Spiritus saufen. „Bei uns hat sich eine merkwürdige Art von Gleichgültigkeit eingestellt. Sterben wir eben früher", sagt ein seit Jahren dort lebender Journalist. „Ich stelle mir vor, daß die Menschen um Tschernobyl irgendwann ähnlich apathisch wurden oder werden." Wir reden darüber, daß es sicher besser wäre, im Winter hier zu sein. Dann wäre es zwar kalt, bis 60 Grad minus und dunkel, die absolute Dunkelheit dauert vom 31. Dezember bis zum 15. Februar, aber wenigstens weiß, und nicht so grau in grau. Aber einmal

ein Smogauswurf vom Kombinat, und der Schnee ist ebenfalls raben-
schwarz.

Die letzte Vorstellung: Die Moskauer Küchen. Das Stück über die
Dissidenten, die stalinistischen Opfer hier, in Kolyma und anderen
Schreckensorten. Wie werden die Norilsker es aufnehmen?

Es wurde allen Unkenrufen zum Trotz ein großer Erfolg, aber wir
fuhren nach der Vorstellung und einem versöhnlichen Empfang des
Oberbürgermeisters doch recht erleichtert mit dem Bummelzug drei
Stunden die achtzig Kilometer durch die teilweise noch schneebedeckte
Tundra zum Hafen Dudinka, wo wir das Schiff in Besitz nehmen, was
uns sieben Tage und sieben Nächte lang auf dem riesigen Fluß Jenissej
bis nach Krasnojarsk bringen soll. Das wurde dann auch eine Traum-
fahrt, mit dem schönsten Wetter, den größten Fischen und den wunder-
vollsten Exemplaren von Mücken, für die das deutsche Antimücken-
spray aus dem Reformhaus ein wahrer Leckerbissen zu sein schien.

Anders reisen - auf dem Jenissej

Nach dem Alptraum dieser Stadt endlich auf dem Schiff. Sicher, glücklich in der eigenen Koje. Nachdem jeder seine gefunden hat, suchen wir unsere Familienangehörigen auf den anderen Decks. Ich wohne ganz oben in einer winzigen Einzelkabine. Am anderen Ende des Ganges treffe ich bald darauf Inna, eine Millionärin, die ein Luxusappartement mit drei Räumen, eigenem Bad und einem großen Eisschrank, der bald Allgemeingut des Theaters wurde, bewohnt. Ihr gegenüber der Chefarzt in ähnlichen Luxusverhältnissen. Wir teilen uns das Schiff mit einer Gruppe von Ärzten, die jeden Tag morgens und nachmittags Vorträge halten oder sich anhören müssen. Wir bedauern sie sehr.

Sonne, Sonne, Sonne am nächsten Morgen. Wir sind in der Nacht auf dem gewaltigen Jenissej ein ganzes Stück südwärts gefahren. Die Mutigsten wagen ein erstes Sonnenbad an Deck. Ich habe an Schiff zwei ewige Sputniks, den achtjährigen Aljoscha, Lisas und Saschas Sohn und die vierjährige Krystyna, Dawids und Maschas Tochter, die sich vor allem in der Filmkunst bilden wollen und meine Videokamera malträtieren.

Wir sehen die Tundra in allen Farben und Erscheinungsformen. Nach zwei Tagen machen wir in einem nordsibirischen Dorf halt - wir sind hochbeglückt - hier beginnt der Flieder zu blühen. Es ist der 9.Juli. Aber keiner von uns möchte in diesen kleinen windschiefen Holzhäuschen wohnen und vom Fischfang leben. Die Fischer kommen mit Eimern von getrockneten, gesalzenen und geräucherten Fischen, sibirischen Kieferkernen und holzgeschnitzten Andenken, wo auch immer wir Aufenthalt machen, an das Ufer. Es scheint die einzige Abwechslung in ihrem eintönigen Leben zu sein. Unsere Imbißhappen zu irgendwelchen Getränken am Abend sind von nun an die verschiedensten Fische, deren Namen ich zwar auf russisch lerne, aber im deutschen Wörterbuch nicht finde. Außer großen und kleinen Stören und einer Art von Lachsfischen kenne ich die Namen sowieso nicht.

Wir laden uns gegenseitig ein. Einen Abend bin ich bei Nadeshdina, die ihren berühmten Selbstgebrannten, den sie für Notfälle immer bei sich hat, nur wenigen Auserwählten kredenzt. Unsere Küken haben sich mit jungen Ärzten angefreundet, die in einem großen runden Kreis wieder Mafia bis zum Umfallen spielen oder auf dem Vorderdeck bis zum nicht vorhandenen Morgengrauen, das sich erst wieder nach vier Tagen Fahrt einstellt, bis gegen drei oder vier Uhr früh zu ohrenbetäubender Musik tanzen.

Es erscheinen wieder Bäume am Ufer, die Taiga beginnt. Ein nächtlicher Ausflug in ein altes stalinistisches Lager wird um 23 Uhr abgeblasen. Wir lästern, unsere Führer seien zu faul, zwei Stunden mit uns durch Wald und Gestrüpp zu laufen. Dabei gab es viele Freiwillige, inklusive unserer in Norilsk neu gebildeten Kleinfamilie, die diese Fünfstundentour zu einem der gefürchtetsten Lager gern, bzw. aus Neugier auf sich genommen hätten. Wann kommt man da schon mal hin! Es seien zu viele Mücken dort, man könne das unmöglich aushalten. Ja, und die damaligen Gefangenen?

Wir sind eines besseren belehrt, als wir wenige Stunden später, zwanzig Kilometer flußabwärts unweit des Ufers ankern und auf den kleinen Rettungsbooten an Land geschifft werden. Es gibt hier kein Dorf, nur gelb, rosa, lila, tiefrot, tiefblau blühende Wiesen, Wälder. Wunderschöne riesengroße, seltsamste, nie gesehene Blumen und Blüten an Sträuchern. Leider haben wir vor lauter Mücken Mühe, sie richtig wahrzunehmen und zu pflücken. Meine verschiedenen Antimückenmittel scheinen sie wie gesagt fast mehr anzuziehen als abzuschrecken. Zumindest stechen sie auf jeden nicht eingeriebenen oder besprühten Millimeter des Körpers, durch die Haare hindurch, durch die Kleider, ins Innenohr ...

Wir waten durch einen wohl gerade erst aufgetauten Morast im Walde zu einem glasklaren See, in den ein ungeheurer Wasserfall hinabstürzt. Direkt neben seiner Gischt können wir etwas aufatmen, das halten noch nicht einmal die Mückenschwärme aus. Über und über zerstochen kehren wir nach einer Stunde sehr erleichtert auf das Schiff zurück und verstehen die Weigerung unserer Mannschaft, nachts mit uns durch einen Mückenwald, von dem sie behaupten, er sei noch viel dichter als hier, in das Lager zu laufen.

Auf dem Wasser begegnen wir immer mehr riesigen Lastschiffen, Schleppern mit vierhundert Meter langen zusammengebundenen Holzflößen, ab und zu nähern sich uns Fischerkähne mit gerade gefangenen ein bis zwei Meter großen Fischungcheuern, die sie dem Koch noch wild zappelnd verkaufen wollen. Fast unmerklich haben wir die Tundra hinter uns gelassen und am Ufer ist inzwischen die Taiga aufgetaucht, Wald, Wald und noch mal Wald, aber Bären haben wir am Rand des Jenissej nicht gesichtet, obwohl unser Kapitän behauptete, hier trieben sie sich in Rudeln herum.

Bei jedem unserer Landaufenthalte kaufen diejenigen, die noch Geld besitzen, Wodka und Fische. Bald hängen fast vor jeder Kajüte zwei bis zehn getrocknete, geräucherte oder salzig tropfende Fische in Plastikhüllen, die den Heimweg nach Omsk überstehen sollen. Aber bald hat fast niemand mehr Geld, selbst der Intendant möchte bei mir Geld borgen, aber ich habe auch nur noch Dollar, die hier jeden Sinn verloren haben. Alle, die als sparsam gelten und bei denen es etwas zu leihen gab, sind angepumpt worden, andere mag man nicht um Geld bitten. Lilja sagt, wie immer positiv eingestellt, den altbekannten Spruch: „Ach, wir finden schon Geld." Jedesmal habe ich bei dem Satz wieder die Assoziation, daß Geld in Rußland auf der Straße liegt.

Drei Tage vor Krasnojarsk, wo unsere Schiffsreise enden soll, beschließen wir, ein Konzert für die Ärzte zu geben.

Seit einem Tag fahren wir durch ein Großbremsengebiet. Sie sind drei Zentimeter lang, ziemlich plump und nicht schwer zu vertreiben oder zu erschlagen, aber ihre Stiche sind gefährlich, verursachen Schmerzen und große Beulen. Sie umschwirren das Schiff in recht ansehnlicher Zahl. Auf dem hinteren Deck legen wir einen Bremsenfriedhof an, denn sie eignen sich hervorragend als Köder für unsere Hobbyangler. An die 500 Stück finden dort eine letzte Ruhestatt.

Die Probe zu dem Konzert am Nachmittag sieht denn auch etwas grotesk aus. Wenn die Schauspielerinnen nicht sängen und tanzten, würde man meinen, man wohne einem merkwürdigen Schauspiel bei, dessen Besonderheit darin bestünde, daß die agierenden Personen zu allem, was sie tun, wild um sich schlagen und sich mit beiden Armen wedelnd verrenken müssen. Trotzdem wurde der Abend bei etwas gemilderten Gesten ein Erfolg.

Die Ärzte revanchierten sich am folgenden Tag mit einem gewaltigen Lagerfeuer am hellen Nachmittag, was der Romantik etwas abträglich war, und bewiesen, daß sie ebenfalls sangesgewandt waren. Obwohl der Jenissej hier selbst am Ufer - dies Mal waren wir über zusammengebaute Fischerkähne und darübergelegten Brettern an Land gelangt - sehr reißend war, versuchten wir am Rand, ein wenig zu schwimmen. Beim Rausgehen wunderten wir uns über die vielen Blutstropfen, die an Beinen und Armen herunterflossen. Bald entdeckten wir winzigste Stechfliegen oder stechende Käfer über dem Wasser, die man erst an den Blutströmen und später am juckenden Schmerz und kleinen runden Blutblasen an den verschiedenen Körperteilen bemerkte. Die anderen beschließen, ich solle in Deutschland ein antisibirisches Insektenmittel entwickeln lassen.

Im malerischen Jenissejsk mit seinen kunstvoll aus massiven Holzstämmen gebauten Häusern, dem alten Kloster und den vielen Kirchen fühlen wir uns unserer vertrauten Zivilisation wieder etwas näher. Abends verabschieden wir uns von unserer Millionärin Inna. Ich weiß jetzt, daß sie einen Sohn Konstantin hat, der studieren will, für den sie diese ganze Computerfirma aufgebaut hat. Ihr Mann und Vater des Sohnes, ist noch vor dessen Geburt in der Armee verschollen, vor 20

Jahren. Sie hat für das Kind gelebt, hat nicht wieder geheiratet, ist reich und einsam geworden. Sie blüht in unserer Gesellschaft auf, würde auch gern wieder heiraten, gesteht sie uns. Wir versprechen, jemanden für diese attraktive, nicht sehr glückliche Frau zu suchen.

In der wunderschönen Stadt Krasnojarsk überstehen wir in Gluthitze eine Stadtrundfahrt mit einer zurückgebliebenen Parteiziege als Reiseführerin und einem humorvoll kommentierenden Chauffeur und sinken einigermaßen geschafft an demselben Abend in unsere Zugabteile. Die landschaftlich ungemein reizvolle Fahrt von Krasnojarsk bis Omsk ist nur etwas getrübt durch die etwa 35-38 Grad Wärme in dem Zug. Auf dem Bahnhof von Nowosibirsk, wo uns unsere Waggonschaffnerin einen Aufenthalt von 20 Minuten versprochen hat, gibt es Mineralwasser, Kefir und Joghurt, worauf wir uns stürzen. In Krasnojarsk hatte ich Dollar tauschen können, so daß wir ein wenig flüssiger waren. Und trauen unseren Augen nicht, unser Zug fährt los, obwohl noch keine zehn Minuten vergangen sind, von einer Ankündigung der Abfahrt oder sonst irgendeinem Signal ganz zu schweigen. Von allen Seiten stürzen Leute auf die offenen Wagentüren zu, drinnen schreien und kreischen aufgeregt die Hinterbliebenen. Aber wir schaffen es, auf den fahrenden Zug zu springen, und als wir unsere Lieben zählen, fehlen zunächst einige, die aber dann durch die anderen aufgeregten Abteile wieder zu uns stoßen.

Nach 26 Stunden Bahnfahrt durch Birkenwälder, Steppe, Birkenwälder, Steppe und abermals Birkenwälder, landen wir verdreckt, verschmutzt und verschwitzt in Omsk. Wie immer empfängt uns die treue schmale blonde Nastja mit dem Bus.

Die Omsker zum ersten Mal
in Berlin

Mascha, 30 Jahre, Schauspielerin

„Ich, Mascha , wurde am 31.August 1967 auf der Insel Sachalin geb o-
ren. Mein Vater war ein professioneller Musiker, Mama war einfach
Mama. Ich habe die Musikhochschule in Sachalin beendet, danach studierte ich im Kunstinstitut in Wladiwostok, wo ich nach zwei Jahren
meinen Mitstudenten heiratete. 1990 wurde unsere Tochter Kristina
geboren. Seit 1992 arbeite ich gemeinsam mit meinem Mann David im
Drama-Theater.

Das Wichtigste für mich: die Familie? Aber die ist ja immer da. Ich
würde sagen: das Theater."

Xenia, 24 Jahre alt, Schauspielerin

„Ich wurde am 28. August 1973 in Krasnodarsk in einer Künstlerf a-
milie geboren. Mama war Schauspielerin des Krasnodarsker-Drama-
Theaters, der Vater auch Schauspieler. Die Realschule beendete ich 1990
und wurde in der Theatersektion des Konservatoriums in Saratow angenommen, wo ich bis 1994 studierte. Danach wurde ich sofort an das
Omsker Drama-Theater engagiert."

Xenia und Mascha gehören zu einer Gruppe von jungen Schauspielerinnen, die 1994 an das Omsker Theater kamen. Sie haben heftige Kon-
kurrenzprobleme. Mascha ist sehr begabt, aber Xenia ist trotz ihrer Jugend schon einer der Stars. Sie kann eine reife junge Frau, eine eifersüch-
tige Xanthippe, eine komische Alte, die Salome, eine Goldonifigur genauso leicht spielerisch bewältigen wie das naive, unschuldig erstaunte
Mädchen in Alexej Schipenkos 'Shambala`, das sich zur mordenden
Militaristin entwickelt. Es fehlt ein wenig Technik und Erfahrung. Trotzdem war sie für den Chefdramaturgen des Deutschen Theaters in Berlin
unter anderem ein Grund, weshalb er nach seinem ersten Besuch in
Sibirien vom „Wunder von Omsk" in der Frankfurter Rundschau beric h-
tete.

Im Omsk kommt sie nach der Vorstellung oft bei mir vo rbei, mit oder
ohne Mann oder Hund, um etwas Gutes zu essen oder zu trinken, vor
allem aber, um Kritik einzufordern und über die vielen Probleme im
Leben und im Theater zu quatschen, aber auch einfach, um die Seele ein

wenig baumeln zu lassen. Sie wohnt um die Ecke und nennt mich ihre „Omsker Mama".

In Berlin zieht sie mit der Gruppe der jungen Leute nachts los, die Stadt lebendiger, ein bißchen bunter und reicher zu machen. Fast immer dabei ist der Sergej, quicklebendig, gelenkig wie ein Tänzer, klein wie Chaplin oder Curt Bois, eine vielseitige Begabung, der Hitler oder Arlecchino, Clowns oder Tragödien spielen kann, mit Neugier und ungeheurem Ernst auf das Leben erpicht. Auch ohne besondere Sprachkenntnisse haben sie sich in Berlin gut zurechtgefunden. Lara, eine junge, stille, verträumte Einzelgängerin mit der Stimme einer Zarah Leander, die eher einer Novizin eines Nonnenklosters als einer Schauspielelevin ähnelt, wandert in freien halben Stunden in der fremden Stadt herum und spinnt sich Geschichten zusammen. Sie erfindet die Stadt neu.

Für die sibirischen Theaterleute gab es immer einen Ausweg: Das Zauberwort: Gastspiel im Ausland. Der frühere rege innerrussische Austausch von Nord nach Süd und Ost nach West „rechnet sich" jedoch jetzt nicht mehr, die Fahrkosten sind schlicht gespenstisch hoch geworden. Für Auslandsgastspiele, die das Renommee des Theaters steigern, finden sich auch leichter Sponsoren.

Mein Traum war es immer, die Omsker Truppe nach Berlin zu holen. Nach mehreren fehlgeschlagenen Versuchen - kein Geld, kein Interesse - machte ich einen Versuch, das Göttinger Theater zu begeistern und eher mechanisch fragte ich im September 1995 beim Deutschen Theater in Berlin an, ob man, da der Intendant und Chefregisseur nun mal auf der Durchreise in Berlin seien, Zeit für ein Gespräch hätte. Man hatte. Nach einer halben Stunde standen wir verwirrt, überrascht und unsicher glücklich wieder vor dem Theater und konnten es nicht fassen: das Deutsche Theater wollte das Omsker Theater und schlug sogar schon genaue Termine vor. Das Göttinger Theater dagegen mußte das Gastspiel wegen Wegfall der Zonengrenzgebietszulage absagen.

Im Dezember machten der Chefdramaturg und der technische Direktor des Deutschen Theaters eine Vorbesichtigung in Omsk, kamen begeistert zurück und berichteten vom „Wunder von Omsk". Nachdem man sich unter unendlichen Schwierigkeiten auf drei Aufführungen geeinigt und Verträge hin und her gefaxt hatte, begaben sich unsere Omsker Häuptlinge wieder nach Berlin und kamen tatsächlich - ein neues Wunder! - mit unterschriebenen Verträgen zurück.

Ich fing an, - glücklicherweise war ich zu der Zeit in Omsk - die drei ausgewählten Stücke zu übersetzen, bzw. Synchronfassungen für die Kopfhörer anzufertigen, was ziemlich qualvoll wurde. Das Musical

„Moskauer Küchen" wurde zum Alptraum - Verse und Songs sind bekanntlich mit am schwersten zu übersetzen.

Das zweite ausgewählte Stück, „Pannotschka", ist eine heitere, subkutan fröhliche philosophische Satire von Nina Sadur nach Motiven der grotesken Novelle „Wij" von Gogol. Das ist nicht nur teilweise in ukrainisch geschrieben, sondern es gab nicht einmal einen richtigen Theater-Text, so daß ich nach Tonband übersetzen und mit jedem Schauspieler seine Rolle Satz für Satz kontrollieren mußte.

Alexej Schipenkos Stück „Naturalwirtschaft in Shambala" hat seine besonderen Tücken in unendlich vielen buddhistischen und fernöstlichen Zitaten und Anspielungen und ich muß zugeben, daß ich von Buddhismus keine Ahnung habe. Die Schauspieler konnten mir auch nicht helfen, sie verstanden vieles nicht, was sie spielten. Dazu verzweifelte ich über das Improvisationstalent der Mimen, die ich beschwor, wenigstens in Berlin eine exakte Fassung zu spielen.

Aber es kam alles ganz anders. Nachdem ich mit Hilfe russischer Freunde und des Autors in Berlin mühsam meine Synchronfassung fertig hatte, konnte ich zwei Wochen vor der Ankunft der Omsker über das Hebbel-Theater eine Übertitelungsanlage besorgen, was mir besonders wichtig für die „Moskauer Küchen" war, weil es nicht gerade heiterer wird, wenn eine Übersetzerstimme in die Lieder hineinquakt.

Das Deutsche Theater war überglücklich, sagte die teuren Kopfhörer ab, nun sollten gleich alle Stücke übertitelt werden. Natürlich ist kein System mit dieser Anlage kompatibel, alles mußte nicht nur gekürzt, auf Ablesen getimet, sondern auch neu geschrieben werden. Mit der Studentin Franziska, die als einzige mit der Computeranlage umgehen konnte und die - welch ein Glück - auch noch russisch konnte - klebten wir wieder an den Tonbändern und Bruchstücken der Stücke, die ich auf Video hatte. Aber es sollte noch viel schlimmer kommen.

Die letzten beiden Wochen vor dem Gastspiel war bei mir sowieso der Teufel los. Sowohl die Omsker wie das Deutsche Theater hielten mich für irgendeinen Theatergott, der alles weiß und alles möglich machen kann. An manchen Tagen bekam ich bis zu dreißig Anrufen mit den merkwürdigsten Fragen und Ansinnen. Jeder hielt mich für den deutsch-russischen Oberboss. Ein Container sollte 'irgendwann' in Brest (woher soll ich wissen, ob in Brest oder Maloszewice?) ankommen und dort auf deutsche Laster umgeladen werden. Änderungen der Liste der Einzuladenden gab es fast täglich, Visaschwierigkeiten, das Deutsche Theater hatte nach Moskau an die Deutsche Botschaft gefaxt, neuerdings ist aber Nowosibirsk zuständig. Und überhaupt diese mühselige Faxerei nach Omsk! Plötzlich gab es kein Programmheft, keine Texte von der

Omsker Dramaturgin, keine Fotos. Natürlich brauchten die Deutschen das vorgestern: über die Stadt, das Theater, die Stücke, die Autoren. In zwei Nächten fabrizierte ich das alles fluchend. Die Nervendrähte schabten sich ab. Mißverständnisse (z.B. wollte das Deutsche Theater die Omsker Kopfhöreranlage haben, die aber ist in die Sitze fest eingebaut) und die Nervosität wuchsen. Anrufe der Presse, der Funk, meine Versuche, „meine" Fernsehkollegen zu informieren und zu aktivieren, der russische Kulturattaché, der Leiter der Außenstelle der Botschaft der Russischen Föderation in der Bundesrepublik Deutschland, der Graphiker mit dem Layout des Programmheftes, Vertragsänderungswünsche, Nachbesserungen, Kartenbestellungen und hunderttausend Kleinigkeiten überzeugten mich, daß ich mich als Manager nicht eigne und so ein Abenteuer nur einmal überstehe.

Schließlich und endlich landete am 1. Mai die hochkarätige Vorhut: Intendant Boris und der neue Chefregisseur Wolodja und der stellvertretende Generalgouverneur von Omsk, was die Situation nicht gerade entspannte. Aber er war umgänglich, der Kultur sehr zugetan, wenn auch nicht gerade besonders an Theater interessiert.

Bei der Pressekonferenz beeindruckte die Deutschen am meisten, daß die Inkombank in Omsk, der Hauptsponsor, es sich zur Aufgabe gemacht hat, die „ewigen Werte" zu bewahren, und daß zu denen auch das Theater gezählt wird. Jetzt wollen sie eine deutsche Bank mit solchen Idealen suchen.

Am 5.Mai um die barbarische Zeit 5.48 sollen wir das Omsker Ensemble auf dem Bahnhof Lichtenberg begrüßen. Ich hole unsere Häuptlinge am Hotel unter den Linden um 5.15 ab, wir sind 5.38 Uhr am Bahnhof und werden strahlend von unseren Schauspielern in Empfang genommen. Der notorisch zu spät kommende Zug aus Moskau war 20 Minuten zu früh angekommen.

Im Hotel sind um sechs Uhr früh trotz dringlichster Vorwarnungen nur vier Zimmer für 54 Leute frei, die anderen, wenn alles gut geht, vielleicht um 11 Uhr. Was macht man in aller Herrgottsfrühe in einer häßlichen kalten Hotelhalle mit einem übermüdeten bleichen Ensemble mit unendlich vielen Gepäckstücken, das vier Tage und vier Nächte im Zug unterwegs war und an die deutsche Verläßlichkeit glaubt? Mit Müh und Not können wir das Hotel überreden, zumindest das Frühstück vorzuverlegen. Und wenigstens waren alle heil angekommen.

Irgendwann lösten sich die Probleme, Lilja, die mit ihrem Mann 113 DM Strafe für ganze zwei Stangen (zu viel) Zigaretten, die sie ohne weiteres nikotinlosen Kollegen hätten geben können, bei einem bösartigen deutschen Zöllner hatte zahlen müssen, kam mit mir nach Hause, wo wir (nach einem kurzen Wahllokalbesuch meinerseits - Berlin Brandenburg - ein Land?) gemeinsam mit Olga für 60 Leute schnippelten und rührten und brieten und brutzelten. Ich hatte das gesamte Ensemble, Omsk-Freunde und einige vom Deutschen Theater zu mir eingeladen, zum Kennenlernen und aus Freude. Bis auf einen kamen alle, fühlten sich wie zu Hause. Wir überwanden bei Schmaus, Trank und Gesang einen Teil unserer bangen Erwartungen und Ängste. Wird das kritische Berliner Publikum das Omsker verstehen, akzeptieren? Werden sie überhaupt kommen? Schließlich sind gleichzeitig Theaterfestspiele.

Es gab nur eine Probe am Vormittag vor der Abendvorstellung von „Moskauer Küchen." Beim Einbau der Übertitelungsanlage krachte die runter und war nur noch bedingt, d.h. einzeilig funktionsfähig. Ein Chip war ausgefallen, reparaturfähige Menschen gab es nur in Dänemark. Natürlich hatten wir immer zwei Zeilen auf einem Titel. Einfach eine Zeile zu streichen, hätte einen unverständlichen kunterbunten Unsinn ergeben. Also alles neu schreiben, um die Hälfte kürzen, neu formulieren, zusammenfassen. Meine schönen Verse und Reime gingen flöten.

Zwei Minuten vor Beginn der Vorstellung rasten wir durch die hinteren Gänge des Theaters, zehn Sekunden vor dem ersten Lied hatten wir den Computer angeschlossen und hielten siegreich bis zum Ende durch. Leider war der Zuschauerraum nur halb voll, aber die da waren, zeigten sich begeistert und manche Kritiken überschlugen sich fast. Gottseidank setzte wohl ziemlich schnell eine intensive Flüsterpropaganda ein, so daß wir am letzten Abend von „Shambala" sogar ein richtig volles Theater hatten.

Viel Freizeit hatten die Deutschen den Omskern zwischen Proben, fünf Abendvorstellungen an sechs Tagen wirklich nicht gelassen. Dabei waren bis auf drei Mann alle zum ersten Mal in Berlin und wollten was sehen. Erst am letzten Sonntag, am Abfahrtstag, gab es eine Busstadtrundfahrt. Und sie hatten so viele Wünsche. Von dem spärlichen Diäten sollte für die nächsten Jahrzehnte eingekauft werden. Wo sind Secondhandshops? Wo kaufe ich einen Kinderwagen? Grüne Nudeln? Echten Roquefort? Lila BHs? Elektrische Rasierscherköpfe? Ein Zahnarzt für weiße statt goldener Kronen? Autoteile? Fünf wollen alte Autowracks kaufen. Ich streike, dabei zu helfen. In meiner Wohnung stapeln sich sowieso Massen von Kleidern, die liebenswerte Freunde gesammelt hatten. Die müssen ins Hotel geschleppt und verteilt werden. Eine Ferienwohnung in London? Oder in Südfrankreich? Kennst Du jemanden? Die Dolmetscherin und ich sind leider nicht omnipotent. Dazwischen natürlich Interviews und Empfänge nach den Premieren und Schnellübersetzungen von den Kritiken und und und...

Trotzdem war das Gastspiel in Berlin ein Erfolg, wenn auch kein rauschender. Das Omsker Theater hat das Deutsche Theater für 1997 zu einem Gegenbesuch eingeladen, zumal da im Omsker Bereich auch jetzt noch 120.000 Deutschstämmige wohnen. Es wäre das erste Mal, daß ein deutsches Theater in Omsk gastiert. Vielleicht klappt es. Mir scheint der Weg von den Deutschen zu den Russen noch sehr weit, aber nicht aussichts- oder hoffnungslos.

Was heißt da Zukunft?

Lida, 38 Jahre alt, Universitätsdozentin

„Ich bin in Glasow, in Urmutien geboren und habe da auch die Sch u-
le beendet. Dann wollte ich nach Moskau an das Sprachinstitut, aber das
war den Kindern von hohen Parteigenossen und Diplomaten vorbehal-
ten. Als Mädchen aus der Provinz ohne Beziehungen hatte ich keine
Chance, versuchte es am Pädagogischen Institut. Da stellten sie mir viele
Fragen über die Geschichte der kommunistischen Partei. Ich konnte nicht
alle beantworten, versuchte mich zu retten, indem ich sagte, mein Papa
sei in der Partei, ich würde ihn fragen. Natürlich wurde ich nicht aufgenommen. Ich ging nach Irkutsk zur Großmutter, studierte dort am Philo-
gischen Institut, fuhr aber jedes Jahr nach Moskau, wo mir drei Jahre
lang gesagt wurde, es wäre kein Platz für mich frei.

Ich beschloß, es mit Sport zu probieren. Ich begann mit Pfeilschießen
und wurde bald olympiaverdächtig. Ich war schon „Kandidat". Sportler
bekommen Stipendien. Ich also wieder nach Moskau, der Trainer des
Sportkomitees setzte sich für mich ein, aber ich mußte erst einmal in die
Kolchose, Kartoffeln buddeln. Nach zwei Jahren in Moskau als gute
Sportlerin und mit besten Leistungen im Pädagogischen Institut hatte ich
als jemand, der keine ständige Aufenthaltsberechtigung hat, keine Chance dort zu bleiben. Wir wurden alle auf die Provinz „verteilt", ich sollte
drei Jahre in die Mongolei aufs Dorf.

Da erschien Walerij, den ich schon aus Irkutsk kannte. Walerij oder
Mongolei? Ich wählte von den zwei Übeln das kleinere."

Walerij sitzt übrigens mit uns in meiner Küche und amüsiert sich
über unser Gespräch. „Wir wohnten im Wohnheim, hatten wenig Geld,
ich bereitete meine Dissertation vor, und wir bekamen eine Arbeit auf
der Post. Ich mußte, immer mit dem einjährigen Sohn auf dem Arm, die
Telegramme austragen, Walerij sollte eigentlich ab fünf Uhr früh die Post
und die Zeitungen sortieren. Er stellte sich dabei so unbegabt, d.h. so
unzuverlässig an, - er nahm die Post mit nach Hause, schlief wieder ein
und trug sie dann später aus, - daß er bald wieder entlassen wurde.
Dann wurden wir nach Omsk an die Universität delegiert. Ich wurde am
Philologischen Institut Assistentin, schrieb meine Dissertation über die
'Akzentverschiebung im Russischen` zu Ende. Das war damals ein harm-
loses Thema, spannende wurden nicht akzeptiert. Ich wurde Dozentin.

Nach Beginn der Perestrojka waren andere Themen erlaubt, ich
schrieb z.B. Aufsätze über die 'Gegenwartssprache in der Stadt` und

augenblicklich arbeite ich an einem größeren Werk über „Politische Reden". Was für einen Einfluß hat die politische Sprache auf die Leute, wie entstehen politische Images. Ich bekam eine Einladung nach Amerika, und in einem gemeinsamen Projekt verglichen wir amerikanische und russische Präsidentschaftswahlen.

In China waren wir beide in den Jahren 1991 und 1992. Walerij verlegte sich auf den Handel, einige Chinesen wollten ernsthaft russisch lernen, weil es eine Perspektive gab. Ich unterrichtete zwei große Gruppen an der Uni. Aber diese Periode ist schnell zu Ende gegangen, weil die Preise in Rußland so in die Höhe kletterten, es lohnte sich für die Chinesen nicht mehr, russisch zu lernen.

Für die Zukunft sehe ich keine großen Chancen, zumindest nicht in den nächsten fünf bis zehn Jahren. Die Instabilität wird bleiben. Der Kommunismus ist, gebe Gott, endgültig vorbei, aber einen zivilisierten Kapitalismus wird es in der russischen Variante auch nicht geben. Für das Volk ändert sich nichts Wesentliches. Es herrscht sehr große Unzufriedenheit. Und privat? Die Kinder werden heiraten, wir werden Enkel haben, die Familie wächst.

Natürlich hätten wir gern, daß die Kinder in einer zivilisierten Welt aufwachsen - aber das scheint mir nur in einem anderen Land möglich. Wenn es hier schlechter und schlechter wird, und ich sehe keine Anzeichen, daß es besser werden wird, kann man nur ausreisen, falls wir den Moment erwischen, wo das noch möglich ist. Aber ernsthaft denke ich nicht daran. Wir haben es besser und leben ganz gut, weil wir eine geistige und keine physische Arbeit zu leisten haben. Auf die Machtspiele da oben hat niemand Einfluß.

Das Wichtigste in meinem Leben? Meine Familie, meine beiden Söhne (17 Jahre und 12 Jahre alt), die Liebe zu meinem Mann und seine Liebe zu mir."

„My ne gotowy". „Wir sind darauf nicht vorbereitet, wir sind nicht bereit für das, was heute hier geschieht", ist das häufigste, was ich höre.

„Nicht vorbereitet - auf was?"

Wir sitzen fröhlich beisammen und versuchen, uns klar zu werden, warum in Rußland alles so chaotisch ist und ob es so sein muß.

„Wir sind auf nichts vorbereitet. Nicht auf die Situation, nicht auf das Geld, nicht auf den Luxus, nicht auf die 'Demokratie', nicht auf die Preise, nicht auf die plötzlich auftauchenden, für uns doch nie erreichbaren Möglichkeiten..."

„Was für Möglichkeiten?"

„Na, zum Beispiel sind wir früher gereist, in die Bruderstaaten natürlich, oder nach Moskau oder St.Petersburg oder auf die Krim oder in die

Ukraine zu Verwandten in die Ferien. Nur der Westen war tabu. Jetzt kannst du theoretisch überall hin, und praktisch nirgendwohin, weil die Reisen so teuer geworden sind, daß die wenigsten überhaupt noch wegfahren können."

„Es gab bei uns einen Slogan, das war eigentlich schon ein Ritual: 'Wir bauen eine Helle Zukunft.`

„Das ist doch alles Schnee von gestern, kein Mensch baut mehr eine `helle Zukunft'."

„Wir brauchen eben ein tragisches Ideal. Wir waren alle Romantiker, jetzt sollen wir plötzlich Rationalisten werden."

„Es geht alles kaputt. Die moralischen Werte, die Strukturen, und es kommt nichts Neues außer der Gier nach Geld, 'bissness' und Neid auf die Reichen."

„Sieh dir doch nur unser Fernsehen an. Früher kamen wenigstens noch anständige Filme. Jetzt siehst du nur noch amerikanische Krimis oder Reißer, noch nicht mal synchronisiert, russisch übersprochen, und am unteren Bildschirm läuft unaufhörlich eine Zeile mit der absurdesten Reklame, Adressen und Telefonnummern."

Das kann ich bestätigen. Ich sehe eine ziemlich heftige Liebesszene, danach einen einsamen, traurigen Mann, danach eine Vergewaltigung und werde gleichzeitig auf einem laufenden Spruchband am unteren Bildschirmrand aufgefordert, Möbel nur dort und dort zu kaufen, besondere Kosmetika nur in dem Geschäft, während Wohnungen nur über die und die Firma zu haben sind. Man erfährst, wo es ganz billig Zucker gibt, wo man Telefonapparate reparieren lassen, wo man garantiert echte italienische Küchen, Neujahrsgeschenke, Kristallgläser, frische Äpfel, Eisenbetongaragen, wie man nach Australien reisen oder einen Sack Mehl kaufen kann. Und bei welcher Reklameagentur es am preiswertesten ist. Da hat man dann die Wahl: sich auf den Film oder auf die Reklame zu konzentrieren.

„Eigentlich ist alles schlimmer geworden. Inzwischen kannst du, nein, könntest du fast alles kaufen, aber es ist so teuer, daß du es eben nicht kaufen kannst."

„Dabei sind die westlichen Angebote natürlich eine große Verlokkung, besonders für die Kinder eine große Versuchung. Hast du die Kioske gesehen, die überall wie von Geisterhand gelenkt, auftauchen? Die schießen so schnell in die Höhe wie die Kriminalität. Der Kiosk hier an der Ecke ist schon zwei mal abgebrannt. Brandstiftungen. Plünderungen. Sogar die Kinder bilden kleine Banden."

Eine meiner Freundinnen zum Beispiel ist völlig verzweifelt. Sie hat eine zwölfjährige, wohlbehütete, hochbegabte Tochter. „Erst ist sie nicht mehr in die Schule gegangen, sondern zu irgendwelchen obskuren

„Freunden", dann hat sie uns alles Geld gestohlen, weil sie von den Älteren erpreßt wurde." Und Maja sagte: „Man denkt immer, das kann nur anderen passieren, doch nicht mit deinen eigenen Kindern. Und nichts hilft. Kein Reden, keine Strafen. Sie weint bitterlich, bereut alles, weiß nicht, was mit ihr passiert und ist bei nächster Gelegenheit wieder verschwunden."

„Meine Kinder lachen mich aus. Die sind jetzt 13 und 14, kaufen irgendwelche Sachen auf den Märkten oder organisieren sich was, woher auch immer, und verkaufen es an der nächsten Straßenecke. Sie haben in drei Tagen mehr verdient als wir in einem Monat."

„Eben, das ist das Schlimmste, keiner will mehr was lernen, weil die Kinder sehen, daß wir quasi nichts verdienen und geschuftet haben. Und dann über all dem das Zauberwort 'Marktwirtschaft`. Hast du an der Ecke das Plakat gesehen: `Sehr verehrte Reklameaufgeber'? Das ist doch lächerlich. Vor fünf Jahren wärst du für so was noch in den Knast gekommen."

„Überhaupt das Geld. Sogar Jelzin hat neulich im Fernsehen gesagt: Geld ist eine sündhafte Verlockung für den Menschen."

„Na der hat ja auch genug."

„Geld ist doch nicht das Wichtigste."

Ein russisches Sprichwort wird bemüht: „Geld verfrißt man, aber ein schlechtes Gewissen bleibt."

„Seitdem der Staat sein Monopol auf Alkohol aufgegeben hat, kannst du noch nicht mal mehr Wodka trinken. Dauernd gibt es Meldungen über Menschen, die sich an gepanschtem Wodka vergiftet haben. Überall wird vor falschen Etiketten gewarnt. Kauf ja keinen Wodka in einem Kiosk!"

„Und wenn die Menschen Monate lang keinen Lohn bekommen, obwohl sie arbeiten, was machen sie dann? Und die berühmten Umschulungen. Da läßt man sich umschulen, ackert auf seine alten Tage wie eine Besessene, nur um dann zu erfahren, daß auch in der Berufssparte keine Stelle frei ist. Übrigens haben sie im Jugendtheater schon seit drei Monaten keine Gage mehr bekommen."

„Bei euch ist es ja so viel besser auch nicht," werfe ich ein. „Ich habe doch erlebt, wie der Zahltag immer wieder verschoben wurde. (1995) Erst sollten am 6. Januar die Gagen gezahlt werden. Lange Schlangen vor der Kasse. Dann wurde alles abgeblasen, am 11. Januar ist der nächste Zahltermin. Am 11. Januar bricht die große Verzweiflung aus, jetzt soll am 19. gezahlt werden. Ich frage mein idiotisches „Warum?" was ich mir nicht abgewöhnen kann. „Warum gibt es denn jetzt kein Geld?" und bekomme auf die absurde Frage absurde Antworten: „Vielleicht hat die Bank kein Geld."

„Vielleicht hat der Intendant kein Geld geholt."

„Weiß der Kuckuck, wahrscheinlich haben die da oben alles versoffen."

„Wir werden schon Geld finden" höre ich zum hundertsten Mal, als ob es immer noch auf der Straße läge.

Da aber fast alle immer von der Hand in den Mund leben, scheint sich das Theater in eine Börse zu verwandeln. Jeder borgt von jedem, der noch irgendeinen Rubel oder ein paar Dollar besitzt, am tatsächlichen Zahltag wandert das Geld von Hand zu Hand, die Schulden werden zurückgezahlt, damit ist meist schon wieder Ebbe in der Kasse - das Borgen beginnt von neuem und dann ist das Geld schon wieder alle.

„Wir müssen uns beeilen, daß wir der Inflation hinterher kommen. Wenn sie uns dann zwei Wochen unseren Lohn nicht zahlen, sind wir so pleite, daß wir noch nicht einmal Zigaretten kaufen können."

„Was hat sich grundsätzlich geändert? Ist die Hierarchie abgebaut? Nein, eher schlimmer geworden. Mut zum Widerspruch? Du kriegst genauso eins auf den Deckel wie früher, wenn du was sagst."

„Die Ökologie bei uns? Eine schleichende Zeitbombe. Es gibt schon so viele kranke Kinder, fast alle leiden unter irgendwelchen Allergien".

„Und ist der KGB abgeschafft?"

„Ist die Mafia noch kontrollierbar?"

„Fast jeden Tag verschwinden Menschen, die man irgendwann erschlagen auffindet." Ich reagiere etwas hilflos.

1996 hat sich die Lage dramatisch verschlimmert. Bis zum Herbst ist erst dreimal Gage, in vielen Fabriken gar kein Gehalt ausgezahlt worden. Mir ist schleierhaft, wie die Menschen so leben können, von was sie leben. So viele Vorräte kann kein Mensch horten.

Als ich im November 1996 nach Omsk komme, hat auch im Omsker Drama-Theater niemand mehr Geld - seit August ist keine Gage mehr gezahlt worden. Niemand hat den Mut, mich einzuladen. Im Büfett ein dickes Buch mit den Schulden, aber wenigstens gibt es da noch einen Tee oder ein „Buterbrod". Dabei arbeiten alle wie vorher hart und viele Stunden am Tag, vormittags, nachmittags Proben, abends Vorstellungen, zwischendurch der Kampf mit den Transportmitteln und dem Haushalt. Die Stimmung ist auf einen Tiefpunkt gesunken, Bösartigkeiten nehmen überhand, Freundschaften gehen in Brüche. Wir diskutieren auch nicht mehr über Kunst und die speziellen Probleme des Theaters, wir reden nur noch über Geld, über den Verfall der Sitten, über Mord und Totschlag in der Stadt, über den Selbstmord eines Fabrikdirektors, der seine Arbeiter seit einem halben Jahr nicht bezahlen konnte, über die Zeitungsnotiz, eine arbeitslose Frau in einem nahe gelegenen Dorf habe in ihrer Ausweglosigkeit ihren kleinen Sohn erhängt, weil der eine Mehlsuppe nicht essen wollte, über Arbeitslosigkeit im allgemeinen, die Perspektivlosigkeit der Jugend, wieder konkret über Geld. Niemand sagt mehr: „Wir werden schon welches finden." Die Frage bei allen Problemen lautet: Wer hat noch Geld, wo könnte man welches auftreiben und wie kommen wir daran?

Im Mai 1997 höre ich per Telefon verzweifelte Klagen: „Seit sieben Monaten haben wir keine Gagen mehr ausgezahlt bekommen. Gestern war eine Versammlung. Wir Frauen haben einen Aufstand gemacht. Wie um Himmels willen sollen wir unsere Kinder normal ernähren, ganz zu schweigen von Kleidung oder Ausbildung?"

Auf den Straßen sehe ich immer mehr abgerissene Gestalten. In unseren Müllkästen wühlen immer öfter alte Menschen. Ich trage unschuldig eine Mülltüte hinunter und werde von einer Frau im Pelzmantel angekeift, wieso ich sie beobachten würde. Ich hatte sie gar nicht bemerkt. Als nächstes erschreckt mich ein Hund im Müllkasten, dann entschuldigt sich eine Frau ungefragt, die Kohlblätter aus dem Müll heraussucht, sie habe Kaninchen zu Hause. Ich gebe Ratschläge für Kaninchenernährung und finde es am nächsten Tag schade, daß sie nicht da ist. Da liegen im Abfall wunderbare Kohlblätter, vielleicht ein bißchen angefroren. Ein alter Mann fischt die leeren Flaschen heraus, als ich zufällig vorbeikomme und hat schon eine große Tüte mit weiß Gott was gefüllt. Auch er meint, eine Erklärung abgeben zu müssen. „Wie kann man von 20.000 Rubeln (6 DM) im Monat leben?" Er schämt sich, ich schäme mich, in meinem Müll ist nichts Brauchbares.

Mir kommt es wie ein Wunder vor, daß die Schauspielerinnen alle noch in der Lage sind, jeden Abend zu spielen. Ich laufe auf den Märkten rum, kaufe ein, koche wie eine Verrückte, versuche, sie zu mir einzuladen. Es ist ihnen peinlich, das gehört sich nicht in sibirischen Gefilden.

Wir sitzen wieder und diskutieren. „Es muß doch irgendwelche Wege geben," behaupte ich.

„Wir haben nicht gelernt, selbständig zu denken, zu organisieren, es wurde immer von oben gedacht, wir waren Befehlsempfänger, zumindest nur Ausführende. Das läßt sich nicht so schnell ändern."

„Am Anfang der Perestrojka haben wir ungeheure Anstrengungen gemacht, etwas zu bewegen, und nichts ist passiert. Die Menschen mögen nicht mehr, können nicht mehr, sind müde, wollen nur noch ihre Ruhe."

„Unser Wille ist paralysiert, ein völliger Kollaps, eine tödliche Krankheit hat das Land befallen. Wie soll nach 70 Jahren Stumpfsinn und Vergewaltigung plötzlich eine gesunde Gesellschaft entstehen?"

„Wie viele Generationen sind nötig, bis diese zutiefst kranke Gesellschaft gesund wird?"

Natascha meint wie viele: „Wenn so lange Zeit eine stinkende Leiche das Oberhaupt dieses riesigen Reiches waren, was erwartest du von so einer Gesellschaft?"

„Die Männer sind schuld. Sie sind einfach Dummköpfe. Da kann einen die schiere Wut packen, warum sie nichts verstehen, warum sie nichts richtig machen können - es wäre doch alles so einfach!"

„Vielleicht liegt es einfach an unserem nationalen Charakter? Die Russen leiden und leiden und fressen das Leid in sich hinein, dann bricht es aus ihnen heraus, sie fangen an, alles wild zu zerstören und beginnen, Schuldige zu suchen."

„Und wie soll das weiter gehen? Habt Ihr irgendeine Vorstellung?"

„Jeder versucht, irgend etwas nebenbei zu machen." Manche haben Glück, machen im Fernsehen Werbung. Manche finden irgendwelche anderen Nebenjobs.

Ljuba beklagt: „Zu Neujahr bricht eine ganze Armee von Weihnachtsmännern auf - unsere besten Schauspieler ziehen in die Kindergärten und Schulen und hopsen albern rum."

Der fünfzehnjährige Taras schiebt Nachtwachen bei einer Fabrik, die meisten versuchen, irgend etwas zu verkaufen. Walerij, der Physikprofessor, der jetzt in der Uni als Administrator für ausländische Kooperation arbeitet, erzählt: „Auf jeden Fall konnte ich das Geld für meinen älteren Sohn auftreiben, der jetzt ein Jahr lang in Amerika zum Austausch ist." „Zum Austausch? Habt Ihr dann später auch einen amerikanischen Schüler hier?" „Wir hoffen, daß der Angst hat oder kriegt und gar nicht erst herkommt!" antwortet Walerij mit entwaffnendem Optimismus, ganz wider jede russische Gastfreundschaft.

Gegen diese ganze Misere helfen nur die bewährte russische Gelassenheit, ihre Geduld und ihre unverwüstliche Lebensfreude.

„Verhungern werden wir schon nicht. Viele von uns haben ja ein Stückchen Land, das heißt eigene Kartoffeln, Gurken, Tomaten, im Herbst kann man Pilze und Beeren sammeln, in Sibirien sind wir immer noch besser dran als in Moskau oder Sankt Leningrad."

„Man muß das eben durchstehen, die Augen zu und abwarten, bis es besser wird," sagt Lilja.

„Das versteht woanders kein Mensch. Das kann ich niemandem erzählen," widerspreche ich.

„Du änderst doch nichts. Jetzt streiken die Bergarbeiter und prompt ist es auch noch kalt in unseren Wohnungen."

„Aber allein mit Leiden und Passivität kann man doch keine Wirtschaft aufbauen? Was seht Ihr denn für Perspektiven?"

Allgemeine Ratlosigkeit. Sie sehen keine. Politik interessiert vor allem die Frauen nicht. Dafür bleibt bei dem Alltagsstreß auch wenig Zeit.

Dazu kommt die allgemeine Politikverdrossenheit der letzten Jahrzehnte.

„Aber irgend etwas muß doch geschehen?" insistiere ich schüchtern.

Ich bekomme enigmatische Nicht-Antworten:

„Rußland ist groß."

„Der Zar ist weit."

„Der Himmel ist hoch in Sibirien."

„Alles ist Schicksal."

„Alles wird gut."

„Rußland kann man nicht verstehen."

„An Rußland muß man glauben."

Diese Diskussion führten wir 1997. Im Jahr 1998 schien eine gewisse Stabilisierung eingetreten zu sein. Die Kurse waren einigermaßen gleichbleibend, es schien, als ob die Wirtschaft sich auch ein wenig erholte, neue Joint-ventures abgeschlossen wurden und einige Fabriken neuen Aufschwung erhielten. Aber das erwies sich als Schein. Der Bank-Crash im August 1998 machte alles zunichte Für viele meiner Freunde war er eine völlige Katastrophe. Zwei meiner Theaterfreunde hatten, nachdem die Hoffnung bestand, es ginge etwas aufwärts, sich Geld von mir geliehen, um das erste Mal in ihrem über vierzigjährigen Leben auf einem sibirischen Fluß mit ihren Familien Urlaub zu machen und mir vorgerechnet, wann und wie sie mir bei sparsamsten Umgang mit ihren Gagen das Geld bis Weihnachten zurückzahlen könnten. „Geht das in Rubel?" „Warum nicht?" Nur daß der Rubelkurs im Dezember nicht mehr eins zu drei, sondern eins zu dreizehn stand. Wer soll da seine Schulden bezahlen können?

Am 20.Dezember 1999 steigen der Intendant des Omsker Theaters Boris und ich in Moskau in den Zug nach Omsk. Ich habe einen Tag in Moskau verbracht und war in Supermärkten, die jetzt eine geradezu phänomenale Auswahl an Delikatessen aus allen Ländern haben. Das Angebot übersteigt alles, was ich je im Westen gesehen habe.

Der Intendant kommt aus Mexiko und ist entsprechend marode. Im Abteil erster Klasse rote Nelken mit noch aufgehenden Knospen (natürlich aus Plaste) und überaus kunstvoll in Tortenstücke gefaltete Handtücher. „Mein Gott", denke ich, „wieviel Arbeitszeit für so eine kitschige Begrüßung."

Anscheinend hat sich inzwischen hier viel geändert, zumindest zwischen arm und reich. Wir zählen hier im Zug zu den Reichen. Keine fünf Minuten nach Abfahrt des Zuges erschien die erste Maid mit lukrativen Angeboten. Ein Service, reichhaltiger als in jedem westlichen Zug: roter und schwarzer Kaviar, schwedische Leckerbissen, Bündner Schinken, diverse Brotsorten, eiskalter Wodka, Champagner ...

Wir fahren zweieinhalb Tage und zwei Nächte. Meine dringenden Fragen, die finanzielle Situation des Theaters, die neuen Organisationsformen, den Spielplan und die Schauspieler betreffend, kann ich nur während der kurzen Essenspausen anschneiden, geschweige denn mit Boris Lösungen durchdenken. Fast auf der gesamten Zugfahrt sehe ich ihn nur als dicke zusammengerollte Kugel, die an meinem Weltradio hängt, um die gerade stattfindenden Wahlen im Omsker, bzw. Nowosibirsker Gebiet zu verfolgen. Ich kapiere, daß von der Wahl des einen oder anderen das Wohl - insbesondere das finanzielle, unseres Theaters abhängt. Oder nur das des Intendanten? Will er wegen der finanziellen Schwierigkeiten türmen, ins lukrative „Bissness-Geschäft" abtauchen, wie es unlängst mein damaliger Hauptagent in Sachen Telefon getan hat? Er scheint wie alle nicht sehr fröhlich.

Aber als wir am 22.12. mittags in Omsk ankommen, werden wir stürmisch begrüßt. Der Empfang ist fast wie früher, als die Flugzeuge noch um 18 Uhr abends und nicht wie jetzt um 6 Uhr früh, da sie die meisten Flüge aus Geldnot gestrichen haben, landeten.

Ansonsten habe ich bald wieder das Gefühl, das Chaos im Lande ist wie ein Lindwurm, der wächst und alles, was je an Ordnung, Systematik oder Anstand vorhanden war, um sich herum verschlingt.

Die Kriminalität hat wie überall in der Welt zugenommen. Aber hier erscheint sie mir schlimmer, brutaler, vielleicht weil ich mehr direkt und nicht alles nur aus den Medien erfahre. Ein sechzehnjähriger Schüler, der Sohn des Schuldirektors, hat mit seinem Freund seine Klassenkameradin besucht. Die beiden wußten, sie war allein, die Großmutter einkaufen, die kleinere Schwester noch in der Schule, beide Elternteile arbeiteten. Erfreut hat das Mädchen ihren Freunden aufgemacht und wurde von den beiden in der Badewanne vergewaltigt und ermordet, nachdem sie die Wohnung erfolglos nach Geld durchsucht hatten. Dann kam die ahnungslose Großmutter nach Hause, die prompt auch dran glauben mußte.

Die fassungslosen Eltern fanden die eigene Mutter mit durchgeschnittener Kehle in einer Blutlache auf dem Flur und die Tochter blutbesudelt versenkt in der Badewanne. Der Vater mußte in psychiatrische Behandlung und ist nie wieder in diese Wohnung und zu seiner Frau und seiner jüngeren Tochter zurückgekehrt. Und das alles haben die beiden Knaben für eine Ausbeute von ganzen 200 Rubeln (damals ca. 17 DM) veranstaltet.

In diesem Fall wurden die Täter sofort gefunden und waren geständig. In andern Fällen gibt es bis heute keine Spur. Die neunzehnjährige

Sekretärin des Intendanten wartete vier Wochen vor ihrer Hochzeit vergeblich auf ihren Verlobten, der nach zehn Tagen erschlagen in einem kleinen Wäldchen vor Omsk aufgefunden wurde. Sie wanderte nach Amerika aus.

Dauernd werde ich gewarnt, in der Dunkelheit nicht allein nach Hause zu gehen. Fast alle haben sich zusätzlich Stahltüren vor die eigentlichen Haustüren einbauen lassen. Vor meiner neuen Zweizimmerwohnung habe ich nun auch so eine Eisentür, was mir eine zusätzliche einen Quadratmeter große „Garderobe" beschert hat, dann zwei Holztüren als Eingangstüren, und ich brauche Ewigkeiten, um alle diese Schlösser zu öffnen, wenn überraschend ein Gast kommt.

Die Kluft zwischen arm und reich ist noch erschreckender geworden. Zu den großen Rudeln der heimatlosen, streunenden Hunde gesellen sich erschreckend viele ausgehungerte Menschen, die gemeinsam mit den Hunden die riesigen Mülltonnen und Container vor meinem Haus nach Eßbarem durchwühlen.

Als wir mit Aljoscha am 1. Juni 2000 zum ersten Mal auf die „Da tsche", dem ausgebauten Eisenbahnwaggon fahren, ist wieder mal alles aufgebrochen und die spärlichen Habseligkeiten sind geraubt. Das kleine wunderschönes Holzhaus auf dem Nebengrundstück, in altem Stil mit runden Holzstämmen gebaut, mit dem ich seit Jahren liebäugelte, ist bis auf den Grund abgefackelt. Als wir es näher inspizieren, kapieren wir: die haben die Stämme als Baumaterial abmontiert und den Rest zur Tarnung angezündet.

Wir haben auch keinen Strom, fragen bei den Nachbarn, die haben auch keinen. Ohne Strom kein Licht, kein Herd, vor allem aber kein Wasser, das mit einer Pumpe vom Irtysch zu uns heraufgepumpt wird. Wir laufen runter zu der Station, wo natürlich keine Menschenseele aufzutreiben ist, und einer inneren Ahnung folgend, den Leitungen nach. Und wir finden des „Rätsels" Lösung. „Findige" Menschen haben die Hochspannungsleitungen zwischen den Masten gekappt und entwendet, um die Kabel nützlichen privaten Zwecken zuzuführen. Woher bekommen wir nun Hochspannungsdraht. Ich sage, wenn wir nicht selbst was unternehmen, sind wir die nächsten zwei Jahre angeschmiert.

Diebstahl und Betrug sind so alltäglich geworden, daß es auf den großen Märkten inzwischen eine „Nachwiege oder Kontrollstelle" gibt, wo man das Gewicht der gekauften Fische oder des Fleischs nachwiegen lassen kann. Dann geht man mit seinem „offiziellen Zettel" zu dem Stand und bekommt meist eine ganze Menge Geld zurück.

Am schlimmsten ist es, wenn man krank wird. Eins habe ich mir geschworen: so sehr ich die Russen liebe, ich werde alles tun, um nie in ein russisches Gefängnis und nie in ein russisches Krankenhaus zu geraten.

In den Krankenhäusern gibt es praktisch nichts (jedenfalls in Omsk). Man muß seine eigenen Medikamente mitbringen, seine eigenen Verbände, sogar die eigene Watte. Hat jemand das Unglück, einen ihm nahe stehenden Menschen ins Krankenhaus bringen zu müssen, sind Scharen von Freunden abwechselnd damit beschäftigt, die notwendigen Medikamente aufzutreiben und den Kranken mit normalem Essen zu versorgen. Dazu muß man noch Glück haben oder Vitamin B, um in ein einigermaßen renommiertes Krankenhaus eingewiesen zu werden. Und selbst wenn das angeblich so ist, bin ich vor Schreck fast umgefallen, als ich unsere Nationalschauspielerin Jelena Psarowa, inzwischen 78 Jahre jung, nach einem Schlaganfall in einem sogenannten Prominentenspital besuche. Um nur ein Beispiel zu nennen: statt einer Toilette gähnt ohne Becken, ohne Sitzfläche, ohne Deckel, ohne Spülung ein Loch im Boden, aus dem es fürchterlich stinkt. Wie soll die alte Dame da gesund werden? Ganz zu schweigen von den für sie unbezahlbaren Kosten ...

Trotz aller dieser katastrophalen Zustände und Widerstände hat man das Gefühl von Gründerzeit und Aufbruchstimmung. Besonders junge Leute versuchen mit dem Mut der Verzweiflung etwas Neues aufzubauen. Die richtig reichen Leute, die sich große Villen und prächtige Datschenhäuser mit Swimmingpools und allen Schikanen bauen, kenne ich in Omsk so wenig wie in Deutschland und habe keine Ahnung, mit welchem „bissness" sie so viel Geld erwirtschaften.

Für meine Theaterleute bin ich immer noch „ihre Bank", die man bis zur nächsten Gagenauszahlung anpumpen kann, wobei es sich meist um so enorme Summen wie zehn oder zwanzig Mark handelt, mit denen sie dann zwei Wochen überbrücken wollen. Dabei brauchen einige zusätzlich Geld für ihre schulpflichtigen Kinder, da jetzt die Eltern neben den Schulheften, Büchern etc auch noch Beiträge zur Renovierung der Schule oder einzelner Klassenzimmer beisteuern müssen. Noch schwieriger ist die Lage bei Studienbeginn geworden. Einen Studienplatz zu ergattern, ist ohne Schmiergeld fast unmöglich. Aljoscha beklagt sich, in seine Schauspielkurse an der Uni kämen dauernd unbegabte reiche junge Leute, während die armen sehnsüchtig draußen stehen und ihn anbetteln, vorsprechen zu dürfen. Der Enkel meiner reizenden Nachbarn hat die „Geschichtsolympiade" für das gesamte Omsker Gebiet gewonnen. Bei der Aufnahmeprüfung an der Uni bekam er eine „vier". Schluchzend und fassungslos erzählt der siebzehnjährige: „Aber ich habe doch alles richtig beantwortet!" Er fuhr dann zur Uni nach Tjumen (800km entfernt), was aber natürlich wieder mit Kosten verbunden ist. Und der Vater ist arbeitslos, die herzkranke Großmutter bezieht 30 DM Rente und der Großvater hat als Ingenieur theoretisch einen Anspruch auf 100 DM Gehalt, was aber seit anderthalb Jahren nicht ausbezahlt worden ist.

Im März 2000 kam Ljuba ganz aufgeregt direkt vom Theater, wo Gage gezahlt worden war, zu mir nach Hause, um die Rubel sofort in Dollar zu tauschen, weil sie Angst hat, das Geld auszugeben und sie spart doch eisern, um im Sommer zu ihrer in Finnland lebenden Tochter fahren zu können. „Stell dir vor, sie haben uns nicht nur die Gage für Januar und Februar gezahlt, sondern auch noch eine Sonderprämie für den internationalen Theatertag (am 27.März). Ich habe einen richtigen Schreck gekriegt. Was soll das bedeuten?" Ich meine lakonisch: „Aber es stehen doch Wahlen an. Wenn willst du eigentlich am 26. März wählen. Putin?" Und wieder erhalte ich die mich so ärgernde Antwort: „Ich gehe überhaupt nicht wählen. Die beuten uns nur aus und betrügen uns!"

Ich kann im Sommer 2000 nicht entdecken, daß sich etwas Wesentliches geändert hat oder es irgendwie vorwärts geht. Überall im Kulturbereich, ob es sich um Theater, Konzerte, Ausstellungen oder andere Veranstaltungen handelt, der Schrei nach Sponsoren. Auf die Frage meines Intendanten, ob ich nicht in Deutschland Sponsoren finden könnte, richtig finanzkräftige, versuche ich ihm vorsichtig die kulturelle Misere in meinem Land zu erklären, habe aber nicht den Eindruck, daß er meiner Schilderung Glauben schenkt. „Ihr seid doch ein so reiches Land! Man muß nur den richtigen finden!" Heilige russische Unschuld. „Ihr seid ein viel reicheres und viel größeres Land als das kleine Deutschland." Wir brechen das ohnehin sinnlose Gespräch ab. Helfen kann ich sowieso nicht.

Am 20. September 2000 wird die 127. Saison des Omsker Drama-Theaters mit Lermontows „Maskerade", einem Stück über einen eifersüchtigen Lebemann, der aus Eifersucht seine unschuldige junge Frau ermordet, eröffnet. Der zwanzigste September ist auch für mich ein Jahrestag: ich habe genau vor zehn Jahren zum ersten Mal Omsker Boden betreten. Dazu haben unsere stellvertretende Intendantin und unsere frühere Verwaltungsdirektorin Geburtstag. Und eine vielköpfige japanische Delegation ist angereist. Bald erfahre ich den Grund für diesen Besuch: Der alte Japaner, der sich seit Jahren um die Omsk-Tokio-Beziehungen gekümmert hat, dem die Omsker ihr Gastspiel mit den „Drei Schwestern" in Tokio und ein Gastspiel der Japaner mit Gorkijs „Nachtasyl" in Omsk zu verdanken hat, ist im April gestorben. Zur allgemeinen Verwunderung hat er testamentarisch verfügt, daß er „wegen seiner Liebe zu Sibirien und dem Omsker Theater" in Omsk begraben werden möchte. Am nächsten Tag zieht fast das gesamte Omsker Ensemble mit den Japanern auf den Künstlerfriedhof, wo er mitten unter den Omsker Künstlern wunschgemäß beerdigt wird.

Was hat in ihm wohl eine solche Sehnsucht erweckt? Hat ihn auch der „sibirische Bazillus", wie die Polen sagen, befallen? Es ist eine uner-

klärliche, aber unstillbare Sehnsucht. Ich kann mir auch nicht mehr vorstellen, ohne Omsk und „mein" Theater zu leben, obwohl ich nicht u nbedingt da begraben werde möchte. Es fände sich wohl auch kaum eine
deutsche Delegation, die meine Urne nach Omsk schleppen würde.
Wenn ich in Omsk stürbe, wäre das etwas anderes. Aber zunächst möchte ich ja noch so lange es geht mit ihnen arbeiten und das Leben genießen.

Abschied

Wie schön ist das Ankommen. Die Freude ist bei allen groß, der Toast heißt „Auf das Wiedersehen!" und wir haben das Gefühl, daß eine Unendlichkeit an Zeit vor uns liegt. Aber diese Unendlichkeit geht zu Ende, wir zählen schon die Tage, dann die Stunden.

„Es gibt eine Krankheit, die heißt: „noch zwei Tage," sagt Lisa.

Trotzdem genießen wir das Leben jede Minute, und ich kann mir nicht vorstellen und will nicht glauben, daß schon wieder mal alles zu Ende ist und daß ich abreisen muß.

An dem immer wiederkehrenden letzten Abend mache ich eine „Abschiedsparty". In meiner winzigen Wohnung versammeln sich etwa 40 Personen. Wir schleppen die Fensterbank aus der Küche in das Zimmer, wir legen Decken auf die vorhandenen Freiflächen des Bodens und irgendwo findet schon fast jeder einen Sitzplatz. Vorräte habe ich genug. Unsere Grande Dame Nadeshdina bringt trotzdem noch ein großes Stück selbst gesalzenen Speck mit. Sie behauptet, den besten Speck in ganz Omsk zu haben, einen Teil davon muß ich unbeschadet des Hungers der hehren Gesellschaft in ein Leinentuch gehüllt nach Deutschland mitnehmen. Wo kämen wir denn da hin, wenn die Russen alles wegfräßen?

Wir tun so, als gäbe es keinen Abschied, höchstens, daß wir zu vorgerückter Stunde todtraurige Lieder über Abschied und Tod und Sehnsucht und was die russische Heimat sonst noch zu bieten hat, drei und vierstimmig in die sibirische Nacht hinausjaulen. „Schlaf lange und gut und merk dir, was du geträumt hast am letzten Abend, das gilt dann bis zum nächsten Wiedersehen."

Epilog

Es sind zwei verschiedene Leben. Ich lebe zwei verschiedene Leben mit verschiedenen Problemen und verschiedenen Freuden.

Ich fahre mit Franziska, die als Computerfachfrau das Berliner Gastspiel mit gerettet hat, an einem nieseligen Sonnabend Richtung Mecklenburg ins Grüne. Sie war gerade in Moskau, um dort ein anderes Gastspiel vorzubereiten.

Ich frage: „Wie war es denn in Moska u?"

Franziska: „Die ballern da ziemlich rum. Jeden Tag werden mehrere Menschen umgelegt."

Ich: „Da kennen die nichts. Die sind einfach hemmungslos."

Pause.

Franziska: „Jaaa, man muß die Russen einfach lieben."

Nachwort

von Margarethe von Trotta

Mitten in der Nacht klingelt das Telefon. Ich bin in Berlin, wohne bei Christa Vogel in der idyllisch gelegenen Wohnung am Stadtrand von Berlin. Ich höre sie in einer mir unbekannten Sprache reden. Aber es sind vertraute Klänge. Es ist russisch.

Meine Mutter ist in Moskau geboren und nach der Revolution mit ihren Eltern und Geschwistern aus Rußland geflohen. Sie benutzte diese Sprache zu meinem kindlichen Ärger als Geheimsprache.

Wer um Himmels willen ruft denn um drei Uhr früh an? Anscheinend jemand, der weiß, daß sie ein Nachtmensch ist. Wir treffen uns wie immer in der etwas chaotischen, aber ungemein gemütlichen Küche. Sie entschuldigt die nächtliche Anruferin damit, daß Lisa aus Omsk sicher nicht an den Zeitunterschied gedacht hat und unbedingt sofort eine bestimmte Medizin für ihre Mutter brauchte.

Wir sitzen also wie so viele Abende und Nächte in der Küche und ich frage sie zum hundertsten Mal, warum ausgerechnet Omsk?

Kennengelernt haben wir uns 1980, da war von Rußland bei ihr noch keine Rede, eher von Polen. Ich hatte ein Drehbuch „Die bleierne Zeit" geschrieben, das kein Sender wagte zu realisieren. Da kam ein überraschender Brief vom SFB, den ich als möglichen Partner nie in Erwägung gezogen hätte: ob ich vielleicht Lust hätte, mit ihnen zu arbeiten. Mehr, um nichts versäumt zu haben denn aus Hoffnung schickte ich ihnen meine Drehbuch und fuhr mit Herzklopfen zu der ersten Begegnung nach Berlin. Nach buchstäblich zehn Minuten, beziehungsweise der berühmten Liebe auf den ersten Blick waren die Redakteurin und ich Freundinnen.

Zu meinem Erstaunen verlangte man auch wenig Änderungen, sondern ich bekam im Gegenteil noch gescheite Ratschläge zu Kürzungen und Verbesserungen. Wir stritten uns – wenn überhaupt – positiv und für mich anregend.

Sie ist eigenwillig, diese meine Freundin. Sie machte und macht nie das, was man von ihr erwartet. Statt mehr Kontakt zum Westen aufzunehmen, suchte sie ihr Glück im Osten. Zunächst genügte noch die DDR und Polen, dann mußte es Sibirien sein. Warum ausgerechnet Omsk?

Da ich immer ein wenig Scheu vor der DDR, der Grenze und den Kontrollen hatte, fuhren wir oft gemeinsam zu den verschiedenen Filmveranstaltungen „rüber". Christa beruhigte und beschwichtigte, wenn mein Temperament gegenüber den oft beschränkten und engherzigen Grenzbeamten und Zöllnern durchzugehen drohte.

Wir fuhren auch gemeinsam zum ersten Mal zu Christa Wolf, die mich, nachdem sie „Bleierne Zeit" gesehen und für gut befunden hatte, zu sich nach Hause einlud. Vor Aufregung waren albern wie Teenager, brachen sofort in eine eben nicht ganz zugefrorene Pfütze auf dem Parkplatz ein – und so begann eines unserer schönsten gemeinsamen Abenteuer – die Freundschaft mit Christa und Gerhard Wolf.

Christa Vogel hat eine besondere Begabung, Menschen zueinander zu führen. Sie möchte immer, daß ihre Freunde sich gegenseitig kennenlernen und lieben. Ich folgte Christa nach Polen, wo sie eine schier unübersehbare Schar von Freundinnen und Freunden präsentierte. Sie hatte in dem zauberhaften Krakau studiert und wollte unbedingt etwas von dieser Freude, die sie in dieser Stadt und in diesem Land erfahren hatte, weitergeben, was ihr auch in meinem Fall vorzüglich gelang. Da ich es des Polnischen aber nicht mächtig bin, sollte und wollte sie eigentlich dolmetschen. Sie ist bis heute der Meinung, sie habe jedes Wort übersetzt, während ich mich mehr an Situationen erinnere, wo sie wild gestikulierend mir das „übersetzte", was unsere Gesprächspartner uns mitteilen wollten – auf polnisch natürlich – bis ich sie vorsichtig darauf aufmerksam machte, daß sie mir den Sinn der Worte leider nicht auf deutsch oder einer anderen mir verständlichen Sprache wiedergab, sondern polnisch paraphrasierte.

Später suchten wir in Polen von Norden bis Süden eine polnische Schauspielerin für die Rolle der Rosa Luxemburg. Wir fanden mehrere, de geeignet gewesen wären, aber keine, bei der wir auf Gegenliebe für diese gemeinsame deutsch-polnisch-jüdische Frauengestalt stießen. Zu tief saßen die Vorurteile, und wir waren beide enttäuscht.

Dafür trafen wir eine von Christas Freundinnen, Teresa, die als Kind in Auschwitz gewesen war und die Christa kennengelernt hatte, als sie während des Kriegszustands ganz allein mit einem Laster voll Hilfsgütern in Polen herumkurvte. Sie hatte das Kunststück fertig gebracht, Teresa dazu zu bringen, wieder mit Deutschen zu reden. Um das Geld für eine Israelreise für Teresa zusammenzubringen, hat Christa es sogar geschafft, zehn Monate nicht zu rauchen

Und das will bei ihr was heißen. Ich kenne keinen Menschen, der so viele Zigaretten an einem Tag vernichten kann. Als sie nach diesen zehn Monaten gerade das Geld für die Reise beisammen hatte, wurde sie in Rom von Straßenjungen überfallen und sagte auf de Frage, ob man ihr irgendwie helfen könne, nur eins: Una zigaretta, per favore!

Wir versuchten, Teresa zu überreden. Sie sei vom Aussehen her nahezu ideal für die Rolle der Rosa. Leider war sie keine Schauspielerin, sondern Ökonomin und Psychotherapeutin und hatte eine unüberwindliche Angst vor der Kamera. Und vor Deutschen sowieso.

Gewohnt, daß ich sie oft als Begleiterin in den Ostblockstaaten um mich habe, fragte ich sie, ob sie zu einer Retro meiner Filme nach Moskau mitkommen würde. Listig witterte sie sofort ihre Chance: „Ja, aber nur, wenn Du im Anschluß daran mit mir noch nach Omsk kommst." Wir jonglierten mit den Terminen, schließlich lieben drei freie Tage übrig. Freitag nach Omsk, am selben Tag noch ins Theater, desgleichen Sonnabend und Sonntag, Montag in aller Herrgottsfrühe wieder nach Moskau, wo unsere Wege sich trennten. Christa flog nach Berlin, um am nächsten Tag zu einer Produktion nach Israel aufzubrechen, ich nach Paris, um mich von dort aus am nächsten Tag nach Los Angelos zu begeben. Ganz schön hektisch, die Frau, denke ich und weiß, sie denkt dasselbe von mir.

Wir sitzen immer noch in der Küche. Ich bitte sie, mir endlich zu erklären, warum sie nach Omsk fährt. Das erste Mal hat dieser Name überhaupt nichts bei mir ausgelöst. Kiew, Nishnij Nowgorod, Samarkand z.B., diese Namen haben einen Glanz, auch wenn man, genau wie bei Omsk, zuerst auf dem Atlas nachsehen muß, wo die Städte denn nun genau liegen. Aber sie üben auf mich eine seltsame Anziehung aus durch ihre historischen, literarischen oder märchenhaften Assoziationen. Omsk dagegen? Ja, doch, Dostojewskij war dort im Lager, dort wurde er zur Scheinhinrichtung geführt, dort sammelte er Erfahrungen für sein Buch „Aufzeichnungen aus einem Totenhaus". Aber deswegen muß man da doch nicht gleich hinfahren!?

Trotzdem lasse ich mich von Christa überreden. Wir haben den gleichen Drang zum Abenteuer, sind ähnlich neugierig. Wir flogen also in diese ehemals geschlossene Stadt. Obwohl mir Christa von den überwältigenden Empfängen schon am Flughafen erzählt hatte, war ich tatsächlich überwältigt. Mindestens zehn Personen holten uns ab, und als allererstes mußten wir mit ihnen einen Begrüßungssekt trinken. Dazu gibt es, wie ich fand Absurderweise, Schokolade und Pralinen.

Und dort in Omsk, wo man als normaler Europäer nur Eis, Eis und Schnee vermutet, werde ich sofort in ein Theater geschleppt. Es ist nicht nur ein prächtiges Gebäude, im klassischen russisch-barocken Stil erbaut, sondern schon bei der ersten Vorstellung sehe ich: Es ist ein wunderbares Ensemble mit sehr guten Schauspielern, die es von ihrer professionellen Qualität her mit jedem in der westlichen Welt berühmten Theater aufnehmen könnten. Ich wundere mich nicht mehr über die große Anzahl von „verdienten Schauspielern". „Verdiente Schauspieler", lerne ich, ist ein Titel, der wie in Deutschland „Staatsschauspieler" für beson-

192

dere Leistungen und Begabungen vergeben wird. In Omsk ist die Hälfte aller Schauspieler „verdient".

Ich brauche nicht mehr groß zu fragen, warum sie nach Omsk fährt, warum sie es zu ihrer „zweiten Heimat" gewählt hat. Ich erfahre die von ihr beschriebene Lebensfreude der Menschen, wir verbringen nach den Vorstellungen sehr fröhliche Abende in Christas kleiner Wohnung und bei ihren Freundinnen. Es ist zwar Fastenzeit, aber wegen der Gäste wird eine Ausnahme gemacht. Alles, was Christa mir erzählt hat, bestätigt sich: die grandiosen Aufführungen, das Improvisationstalent der Russen in jeder Situation, die sprichwörtliche Gastfreundschaft, ihre natürliche Herzlichkeit, ihre Anteilnahme, ihr optimistischer Fatalismus.

Ich fühle mich getragen, wie nie zu vor, von Menschen, die ich doch gerade erst kennengelernt habe. Keine Fremdheit, kein Mißtrauen, keine Klagen über ihre weiß Gott nicht rosige Situation. Und ich hatte, als ich wieder abfuhr, den starken Wunsch, genau diese Art, dem Leben zu begegnen, von ihnen lernen zu wollen.

Das ist, was Christa auch lernen will, schon besser kann als ich, und was sie in ihrem Buch vermitteln möchte. Lebt, freut euch am Leben! Genießt es, wir haben nur eins. „Bleibt heiter!" zitiert sie Rosa Luxemburg.

Sie hilft allen, wo sie nur kann. Sie spricht Mut zu und entwickelt Perspektiven. Sie liebt diese Menschen und sie wird von ihnen geliebt. Als sie mich bat, einen Omsker Schauspieler in meinem Film „Das Versprechen" zu besetzen, war ich nicht unbedingt und sofort begeistert. Ein Schauspieler aus Sibirien (was für ein Horror für die Produktion!), der außerdem noch nie einen Film gedreht hatte! Und bei aller Hochachtung vor Christas Urteil, die ihn als genial beschrieb, war ich mir ganz und gar nicht sicher, als ich ihrem Wunsch dennoch Folge leistete.

Unsere ersten Szenen drehten wir in Prag, und an kam ein gut aussehender Mann mit eindrucksvollen Augen und einer schönen Stimme, aber er sprach und verstand kein Wort deutsch. Innerhalb von drei Tagen konnte er mit Christas Hilfe seinen Text auswendig, sogar fast ohne Akzent. Aber da er ja einen Tschechen zu spielen hatte, war ein kleiner Akzent ja erwünscht. Er spielte dann mit einer solchen Leichtigkeit, strahlte dabei eine so sympathische Wärme aus, ergötzte uns mit vielen pantomimischen, tatsächlich genialen Sketchen, daß ihn das ganze Team innerhalb der wenigen Tage, die er bei uns war, lieb gewann und vergötterte. Ich habe es nicht nur bereut, Walerij A. besetzt zu haben, sondern ich würde jederzeit und gern wieder mit ihm arbeiten. Überhaupt könnte ich (jetzt, wo ich dort war) fast alle Rollen in meinen Filmen mit SchauspielerInnen aus dem Omsker Theater besetzen.

So hat es mich auch nicht verwundert, daß dieses Theater der Mittelpunkt von Christas Omskbeschreibung zu sein scheint. Es ist wie ein Stern, von dem die Strahlen ausgehen in die Stadt hinein, in das Land und zu den Menschen. Man muß dabei kein Theaterkenner oder – Liebhaber sein, um diesen Weg mit ihr zu gehen. Der Ort des Theaters gibt dem Buch nur sein besonderes Zentrum. Und so lebendig wie eine Aufführung in diesem Theater sein kann, so lebendig gelingt es ihr, die Menschen und ihre Lebensbedingungen, ihren Glauben, Unglauben und Aberglauben, ihre persönlichen und historisch bedingten Ansichten, Vorurteile, Bekümmernisse, Qualen, Niederlagen und Siege zu beschreiben. Besonders ihre Portraits der Frauen, denen sie im und außerhalb des Theaters begegnet ist, sind liebevolle, ironisch-heitere, aber auch immer genaue, mitfühlende, analysierende Texte, durch die dem Leser nicht nur eine spezielle Person bekannt gemacht wird, sondern das Leben im ganzen Land, nicht nur das Leben dieser Stadt Omsk, von der man gar nicht wußte, wo sie liegt. Diese Portraits der Frauen, der schwachen, starken, widersprüchlichen helfen, Rußland selbst, das alte und das neue, besser zu verstehen.

Wir sitzen immer noch in der Küche. Ich frage mich, ob meine rastlose Freundin in Omsk Ruhe findet. Vielleicht, wenn alle beieinander sitzen und in russischen Lieder versinken? Oder ob sie noch weiter nach Osten ziehen wird?

Ihr Buch ist kein „Reisebuch", es vermittelt auch keine Dogmen oder Ideologien über die bessere Hälfte der Menschheit. Und doch ist es für den Leser eine Reise, die er in Sibirien als Fremdling beginnt, bei der langsam zum amüsierten Mitwisser wird, um sie als überzeugter Wahlomsker zu verlassen. Mit einer großen Hochachtung für die Frauen, die dieses Leben meistern, lenken, verschönern, ohne viel Aufhebens davon zu machen.

Vor kurzem habe ich erfahren, daß Christa schon Anfang 1997 eine Auszeichnung von der Stadt Omsk erhalten hat, für ihre Verdienste um die russische Kultur, insbesondere um das Theater. Sie hat den Orden prompt in Omsk vergessen. Das Wichtigste für sie war unter anderem ein Satz in der Laudatio: „Sie ist eine wirkliche Freundin unseres Theaters, unserer Kultur, unseres Landes."